[illegible] Salmon [illegible] pour [illegible] et pardonnent [illegible] maint [illegible] et [illegible]

[illegible] en ces poitrines [illegible] non monstre [illegible] et [illegible]

DISCOVRS SVR LA CASTRAMETATION ET DISCIPLINE MILITAIRE DES ROMAINS,

Escript par Noble Seigneur Guillaume du Choul, Conseiller du Roy, & Bailly des montaignes du Daulphiné,

DES BAINS ET ANTIQVES EXERCITATIONS GRECQVES ET ROMAINES.

DE LA RELIGION DES ANCIENS ROMAINS.

HONOR SINE HONORE BEATVS.

A LYON.

De l'imprimerie de Guillaume Rouille.

M. D. LVI.

Auec priuilege pour dix ans.

Extraict du priuilege du Roy.

PAR GRACE & priuilege du Roy, est permis, & octroyé à Guillaume Rouille, Libraire de Lyon, d'imprimer, ou faire imprimer, tant de foys, & en tel nombre que bon luy semblera, les liures cy apres declarez: c'est assçauoir, *la Castrametation des anciens Romains, auec l'ordre militaire, mise par figures retirées des marbres antiques, qui sont à Rome. Plus des Bains & exercitations antiques des Romains, auec leurs figures. Plus de la religion des anciens Romains, auec les figures, medailles & pourtraicts representans leurs façons de faire, & cerimonies de leur temps:* le tout composé par noble seigneur GVILLAVME DV CHOVL, Conseiller du Roy, & Baillif des montaignes du Daulphiné: & sont faictes inhibitions & defences de par ledict Seigneur à tous autres Libraires, & Imprimeurs & personnes quelconques, de n'imprimer, ne faire imprimer, vendre ny distribuer, en ses païs, terres, & signeuries, autres que ceux qu'aura imprimé, ou fait imprimer ledict Rouille: faire, ne contrefaire lesdites figures & pourtraictz en quelque sorte & façon que ce soit: & ce durãt le temps & terme de dix ans, à commencer du iour & datte que seront paracheués d'imprimer lesdicts liures, sur peine de confiscation des liures qu'ils imprimeroyent, & d'amende arbitraire applicable audict Seigneur. Et outre ce, ledict Seigneur, tant pour ceste œuure que pour autres contenues & mentionnees en sesdictes lettres, & autres que par cy-apres il permettra audict Rouille d'imprimer, en mettant au commencement, ou à la fin, en brief le contenu en sesdictes lettres de priuilege, veut, & luy plaist, qu'elles soyent tenues pour suffisamment signifiees à tous Libraires, Imprimeurs, & autres: & soyt cela de tel effect & vertu, que si lesdictes lettres leur auoyent esté expressément monstrées & signifiées: sauf que, s'ils veulent pretendre qu'elles contiennent moins que ce que ledict Rouille aura mis en sondict brief, ils seront remis à en demander exhibition par deuant le Senechal de Lyon, ou son Lieutenant: lequel, quant à ce, a esté commis par cesdictes presentes: le vidimus desquelles ledict Rouille sera tenu de deliurer à tous Libraires & Imprimeurs, & autres qui l'en requerront, à leurs despens: & y sera foy adioustée comme à l'original: nonobstant oppositions & appellations quelconques, mandemens, ordonnances, restrictions, defences, establissemens de Cours & iurisdictions, & lettres à ce contraires, lesdictes inhibitions & defences tenans: comme plus à plein est contenu & declairé par lesdictes lettres de priuilege, sur ce données à Villiers-Costeretz, le dernier d'Octobre, 1553. Ainsi signé,

Mahieu.

A TRESCHRESTIEN ET TRESPVISSANT PRINCE HENRI SECOND DE CE NOM, ROY DE FRANCE,

Guillaume du Choul, Conseiller dudict Signeur, & Baillif des montaignes du Daulphiné, S.

A TANT desir de vous monstrer, Prince tresuertueux & magnanime, la discipline militaire des anciens Rommains, par laquelle non seulement ils establirent l'Empire de Romme, mais encore ils perseuererent de la garder, auec vne perseuerance salutaire, sans estre violée, congnoissans que la tranquilité de leurs citoyens en procedoyt, ie me suis mis au deuoir de vous presenter ce petit discours (petit, quant à l'excellence de vostre maiesté) par lequel vous cognoistrez qu'il ne se trouue chose plus triomphante que la guerre : laquelle tousiours a esté à toutes autres choses prefe-

rée, & par la guerre nous auons gardé nostre liberté, & la dignité des prouinces en a esté tousiours estendue, les Royaumes demeurés & conserués en leur entier, & (qui plus est) par la guerre la vie en a esté souuent retenue, & s'en est ensuyui la victoire. Ce que nous monstrerent iadis les Lacedemoniens: qui abandonnerent tous les autres arts & doctrines, pour suyure la guerre du tout: & depuis commanderent longuement à toute la Grece, en se monstrant excellens sur toutes autres nations: de sorte que nous lisons qu'ils furent tant estimés des estrangers, par leur discipline militaire, que les Carthaginois, par le conseil de Xanthippus Lacedemonien, deffirent M. Attilius Regulus: qui les auoyt veincus assez souuent, pour la mauuaise conduicte & pouure ordre qu'ils tenoyent. Semblablement quand Hannibal passa en Italie, il voulut prendre vn maistre de la guerre Lacedemonien: tant se trouua ce gentil Empereur amateur de la militie, & studieux de la conseruer. Les Rommains encore (comme nous lisons dedans Vegece) à cause de leur discipline militaire surmonterent le nombre grand des Gaulois, la grandeur des Germains, la force des Espaignols, les cautelles des Africains, & la prudence des Grecs, non pour autre chose, que pour auoir l'art de la guerre entre les mains: et au contraire nous monstre Æschines la pouureté & misere que reçoyuent ceux, qui sont mols & effeminés & bien peu exercités à la guerre: lesquels, par faute de cueur & de l'art, sont contrains de laisser saccager leurs villes, raser leurs murailles, brusler leurs maisons, despouiller leurs temples, violer leurs filles, forcer leurs femmes, tuer les hommes, & à la fin diminuer leur region du labeur & de la ieunesse. Parquoy il est necessaire pour la conseruation d'vne Republique, de la patrie, ou d'vn

Roy

Royaume qui veut auoir de bons soudars, d'elire & choisir bons Capitaines & suffisans, pour les regir, gouuerner, & exerciter. Car, tout ainsi qu'vne maison ne peut demeurer longuement sans vn bon pere de famille, & moins vn nauire sans gouuerneur, & vne cité sans magistrat: tout ainsi vn exercite ne peut estre gouuerné sans vn bon Duc, & moins vn Royaume sans vn bon Prince: qui nous a esté donné en France par la grace du Dieu immortel: dont toute la Chrestienté se resiouyt: & sommes asseurés, Roy Tresauguste, que, par vostre seule prouidence, la pieté, la foy, la force, la temperance, la recompense de la vertu, les armes, vostre gendarmerie, sera conseruée & entretenue, & consequemment nous sera donnée la victoire que nous desirons, par la fin du petit traicté que ie vous presente: qui vous fera congnoistre l'assiette du camp des Rommains, leur ordre & discipline militaire, les armes & accoustremens de guerre, tant des gens-de-pied, que de-cheual, & plusieurs choses, qui seruiront pour tousiours rendre plus claire l'antique militie des Rommains. Et encores que l'argument soyt difficile, & qui demandoyt d'estre traicté par homme de plus grande exercitation en cest affaire que ie ne suis: toutesfois ceux, qui entendront la fin de mon petit discours, congnoistront aisement que ie ne veux instruire comme la guerre se doyt faire: ains que particulierement ie preten de representer par figures, retirées des marbres antiques qui sont à Romme & en nostre Europe, chose qui nous a esté incognue iusques à ce iour. Et pour ce faire i'ay employé ce qui est en moy de diligence, de labeur, & d'esprit, congnoissant le plaisir que naturellement vous prenez aux armes, & aussi pour vous faire congnoistre l'affection tres-

obeïssante que i'ay de vous faire seruice: vous suppliant treshumblement, Sire, de prendre la garde & protection de la gendarmerie, cy-apres mise: qui se presentera furieuse à l'ennemi, quand elle congnoistra estre fauorisee du seruice de vostre maiesté sacrée.

POVR

DE LA CASTRAMETATION ET DISCIPLINE MILITAIRE DES ANCIENS ROMMAINS.

POVR vous monstrer, Sire, la fin de ce qui est necessaire à vn Prince, qui veut faire la guerre triomphãment, il faudroit auãt toutes choses, ordõner vne armee, &, pour ce faire, il cõuiendroit de trouuer les hõmes, les armer, les mettre en ordõnãce, les exerciter, les loger, et cõduire, pour apres les presenter à son ennemy. Et en cecy cõsiste & demeure toute l'industrie de la guerre, à qui veut venir à chef, & tirer aucũ fruict d'vne vertueuse entreprise. Et pource que la premiere chose & la plus necessaire est de trouuer les hommes, nous commencerons à parler de l'election que faisoyent les anciens Rõmains, quand ils venoyent à prendre tous les meilleurs hõmes d'vne prouince pour leurs nouueaux soldats: & pour les mieux choisir, ils recouroyent à la coniecture: laquelle vient & se tire des ans & de la presence. Et combien que Pyrrhus, Roy des Epirottes, demãdoyt le soldat grãd, ie seroye

Ce qu'est necessaire à vn Prince qui veut faire la guerre triomphamment.

Coustume des Rõmains à l'election de leurs nouueaux soldats.

Pyrrhus Roy des Epirottes.

seroye toutesfois d'opinion de n'auoir point de regard à la grandeur du corps: mais seroyt plustost requis de considerer la grandeur du courage: pource que la magnanimité & force du cueur fait renommer, par raison, les hommes plus forts que la grandeur. Cesar neantmoins regardoit à la disposition de la personne & à la grace du regard. Qui a fait dire à ceux, qui ont escrit de l'art de la guerre, que le bon soudard doyt auoir les yeux grãds, le coul nerueux, l'estomach releué, les doigts lõgs, le ventre petit, la iambe seche, & le pié essuit: lesquelles parties rendent volontiers l'homme dispos & fort: qui sont deux qualités biẽ requises, & que l'on doit chercher ordinairemẽt en vn bon soudard. Les autres ont dit que sur toutes choses il est trop plus que necessaire de regarder aux coustumes & honnesteté: autrement vous elisez vn instrument de scandale & vn commencemẽt de corruption: pource qu'il est impossible qu'vn hõme, qui a esté mal nourri, puisse faire acte digne de louange: & par resolution il ne se trouuera chose, qui tant rende suffisant le soudard, que la vertu, qui engendre la honte, & qui le garde de fuir, & par ce moyen le fait venir à la victoire. Que profite de bien armer le soudard, & de bien mõter l'hõme-d'armes, s'il se trouue couard & foible de cueur? Certainement les choses, qui se font par dissimulation, par faueur, ou de grâce, font souuentesfois honte à celuy qui l'a fauorisé: et (qui plus est) auecques la perte de l'honneur, grand dõmage: qui le plus souuẽt ne se repare iusques à la mort. Parquoy il est de besoing qu'vn gẽtil Capitaine choisisse, quãd il vient à faire sa bãde & à drecer sa compaignie, gens de seruice, vaillans, hardis, & suffisans: desquels il puisse retirer honneur pour luy, & seruice pour son maistre, sans se fier aucunement en son

Cesar.

Les qualités requises en vn bon soudard.

Office d'vn bon Capitaine.

lieute

lieutenant,ou bien au rapport de ses compaignons. Car lon trouue souuentesfois des hommes, qui de corps & de visage se treuuent dignes d'estre mis au rang des gens de bien:lesquels, apres auoir esté experimentés à la guerre, sont indignes de manier les armes,& de se trouuer en bonne compaignie. Ce n'est pas le tout à vn Prince d'auoir grand nombre de gensdarmes à sa soude: veu que (si nous voulons croire les anciens)plus profite à la guerre la vertu,que la compaignie:&,si vn Capitaine veut auoir de bons soudars,il est de necessité qu'il soit luymesme bon soudard.Mais ce,qui le plus souuent abolit toutes ces choses, est la faueur:qui donne à gens sans experience les compaignies. Car certes il est bien difficile que le Capitaine puisse enseigner & monstrer à ses soudars ce que luy mesme ne sait faire. Nous lisons que Pompée le Grand faisoit exerciter ses gensdarmes à courir, & couroyt auecques les plus legers,& failloit auecques les plus dextres, & cõbatoyt auecques les plus forts,& prenoyt grãd plaisir à ruer la pierre,ietter la barre de fer, & le dard, & finalement à luiter à force de bras.ce qui nous donne à congnoistre en quelle reputation il auoit toutes ces exercitations belliqueuses. Scipio l'Africain faisoyt aussi en tout tẽps exerciter ses soudars, sans pardonner au repos, empeschant par ce moyen l'oisiueté: ne iamais fatigue ny lassitude les seut aucunement rendre recreus. Or,pource que l'importance de l'election, de laquelle nous auons parlé cy dessus, n'est pas petite, i'escriray premierement, le plus sommairement qu'il me sera possible, l'ordre, que tenoyent les Consuls Rommains en la leuee de leurs legions, remettant le lecteur à lire plus au long la traduction des restes du sixiéme liure de Polybe (que tous ceux, qui ont escrit de l'art de la guerre,ont suyui) par lequel se

Plus profite à la guerre la vertu que la compaignie.

Exercitatiõ belliqueuse de Pompée auec ses soudars.

Scipio l'Africain.

Polybe.

pourra veoir suffisamment ce qui ne seruiroyt que de redicte. Car certainement les traductions, que i'ay faictes des auteurs Grecs & Latins, & tout ce que i'en ay peu recueillir, n'a esté que pour donner autorité à noz figures: qui presteront (peut estre) quelque soulagement à ceux, qui sont curieux d'entendre la façon qu'auoyent les anciẽs Rommains d'armer leurs soudars, de drecer leur camp & leurs boleuerts pour la seurté de leurs viures, faire la tortue, porter le belier, drecer les scorpions, arbalestes, catapultes, tours ambulatoires, grues, corbeaux, & plusieurs autres choses, qui concernent l'art & mestier de la guerre.

Machines de guerre.

Ainsi donc, pour le regard que les Rommains auoyent de leurs continuelles guerres, ils elisoyent des ieunes & des vieux soudars: & par ce moyen procedoyent à l'experience par les vieux, & à la coniecture par les nouueaux. Sur quoy faut noter que les Rommains faisoyent ceste election, ou pour combattre soudainement, ou pour les exerciter en l'art de la guerre, pour s'en seruir quand l'affaire le demanderoyt. Au surplus, pour suyure l'election des Rommains, apres que les Consuls auoyent pris la charge de la guerre, ils ordonnoyent leurs armees: pource que la coustume estoyt que chascun d'eux fist sa leuee de deux legions de soudars Rommains: qui estoyt le nerf de leur exercite. Ils faisoyent encores vingtetquatre Tribuns militaires: quatorze du nombre de ceux qui auoyẽt serui à la guerre l'espace de cinq ans, & dix de ceux qui l'auoyent suyuie dix ans: & en departoyent six en chascune legion: lesquels tenoyent le lieu de ceux que nous auons nommés depuis Capitaines. Or est il que, quand les Consuls auoyent affaire d'vne leuee de soudars, ils faisoyẽt crier, à son de trõpe, le iour que tous les Rommains, suffisans pour porter armes, se deuoyent trouuer ensemble. Ce qu'ils faisoyẽt tous les ans: &, là ou le iour determiné

Election des soudars Rõmains.

Nerfz de l'exercite Rommain.

Capitaines.

né estoyt venu,& qu'ils estoyent arriués dedans la vile & assemblés au Capitole,les Tribuns se departoyent, par le commandement du Consul,en quatre parts:pource qu'en quatre legions faisoyent les Rommains l'vniuerselle diuision de leur armee. Les quatre Tribuns, premiers éleus, estoyent ordonnés à la premiere legion,les trois ensuyuãs à la seconde,les quatre subsequẽs à la tierce,& les trois derniers à la quarte:& des plus anciens Tribuns les deux premiers à la premiere legion,les trois seconds à la seconde, les deux ensuyuãs à la tierce,& les trois derniers à la quarte. Apres que les Tribuns auoyent esté ainsi departis & ordonnés,de sorte que toutes les legions auoyent leurs Capitaines egaux,les Tribũs de chascune legion se separoyẽt les vns des autres,& tiroyẽt par sort les compaignies, desquelles se deuoyt faire la premiere leuee:& de ceste cõpaignie elisoyent quatre des meilleurs hommes, ieunes, & semblables de taille:lesquels venus,les Tribũs de la premiere legion faisoyẽt le premier chois,le second ceux de la seconde,& le tiers ceux de la tierce, & le dernier venoyt à tumber à la quatriéme legion.Puis des quatre, qui estoyẽt presentés apres ces autres, les Tribuns de la tierce legion elisoyent les premiers.ceux de la seconde estoyent les derniers.Par ce moyen,faisant tousiours ceste electiõ par ordre,la distribution des hommes en chascune legion estoyt egale.La leuee n'estoyt pas si tost faicte,que les Tribũs assembloyent leurs soudars,en choisissant l'vn des plus suffisans:duquel il prenoyt le sermẽt d'obeïr loyalement à son Capitaine,& de tout son pouuoir accomplir ses cõmandemens. Alheure tous les autres,en passant,iuroyẽt particulierement,monstrans,par signes, de faire tout ce qu'auoyt iuré le premier.Au mesme temps les Consuls Rommains mandoyẽt aux gouuerneurs des cités cõfederees d'Italie le

Diuision de l'armee des Rommains.

Tribuns ordonnés pour la premiere legion.

Premiere leuee des soudars Rommains.

Serment du soudard Rõmain.

iour & le lieu, auquel se deuoyẽt assẽbler ceux qui seroyẽt leués: lesquels, apres auoir fait leur leuee & le serment accoustumé, ils les enuoyoyẽt, leur baillãt vn chef & vn thresorier. Apres que les hommes estoyẽt trouués choisis, & enrolés, il estoyt necessaire de les armer: &, pour entendre cõment, il faut examiner de quelles armes vsoyent les anciẽs Rõmains: afin de congnoistre si celles, que lon porte auiourdhuy, sont approchãtes des leurs. Nous lisons donc, pour le commencement, que les Rõmains diuisoyẽt leurs gens-de-pied en gẽs armés pesammẽt & en gens armés legeremẽt: & tous les soudars, qui estoyẽt armés d'armes legeres, d'vn mesme nõ estoyẽt par eux appelés Velites: sous lequel nõ & vocable estoyẽt cõpris tous ceux qui de loing pouuoyẽt offenser l'ennemi: cõme ietteurs de pierres par la fonde, particulierement nommés Fonditeurs: ainsi que ceux, qui s'aidoyẽt de lãcer des dards estoyẽt nõmés Iaculateurs. La pluspart desquels (cõme dit Polybe) estoyẽt armés d'vn morrion lassé: & portoyẽt, au bras, pour leurs deffenses & pour se couurir, vne rõdelle, ayant trois pieds de diametre, auec vn pile (qui estoyt faict comme vn dard, & vne courte dague, lõgue d'vne brasse, sus le costé droict. Le pile auoyt la lõgueur de trois pieds & demy, & de la grosseur d'vn doygt, auec vn fer d'vne paume de lõg, delié & agu: de sorte qu'à le ietter necessairemẽt il estoyt cõtraint de pleyer, & pour cela inutile pour le redarder. car autremẽt il eust peu seruir aux vns & aux autres. Du tẽps de Traiã, d'Adrian, & d'Antonin Pie, ces Auãtcoureurs estoyẽt vestus les vns de corcelets simples: les autres les portoyent faits à escaille, cõme ceux des archers: & les Fonditeurs estoyent vestus simplement de leurs habits & mãteaux: qui leur seruoyẽt pour porter les pierres qu'ils iettoyẽt. Et tous ces Velites, Fonditeurs, Iaculateurs, & Archers, faisoient courses & entreprises à toutes heures sur les ennemis.

Velites.

Fonditeurs.

Iaculateurs.

Armes des auantcoureurs.

Lõgueur & grosseur du pile.

Acoustremẽt de guerre des auãtcoureurs.

Velit

VELITES, OV

Auantcoureurs.

FONDITEURS, OU IET-teurs de pierres.

ARCHERS auantcoureurs.

Les hommes,qui suyuoyent les Velites, & qui estoyent en la force de leur aage,portoyēt armes pesantes:desquelles estoyt vne salade,qui leur couuroyt la teste, en leur descendant par le deuant iusques aux yeux,& par le derriere iusques sur les espaules. Ils auoyent le corps armé d'vne cuirace: qui aloyt, auecques ses faudes, iusques sus le genouil:& si auoyent encores les bras & les iambes couuerts de greues ou auantbras: & si portoyent vn escu large de deux pieds & demy,& de quatre de long: lequel auoyt vn cercle de fer par le haut, pour mieux soustenir les coups d'espee,& pour le garder d'vser & de se cōsommer en l'appuyant contre terre. Il retiroyt à vn pauois, sans la bosse ou coupe de fer,qui estoyt sur le fin milieu,faicte pour receuoir les coups de pierres,de pertuisanes,de dards,& d'autres armes violentes. Outre le pauois ils portoyent ceincte vne espee sus le costé gauche, & sus le costé droict vne courte dague(qui trēchoyt des deux costés)auec vne poincte fort aigue: laquelle ils nommerent Espaignole. Ils auoyent encores vn dard en la main, pour lancer contre l'ennemy:& portoyent aussi comme deux espieux, qui auoyent deux ælles:la hante desquels ne passoyt point la longueur de quatre pieds & demy, estant ferree iusques au bout. Ce sont les armes des Rommains:auec lesquelles ils se feirent Signeurs de tout le monde. Polybe (qui estoyt du tēps de Scipio l'Africain) leur donne vn espieu, grand cōme vn lançon, ferré & cloué iusques au bout de la hāte: toutesfois il est bien difficile à croire qu'vn espieu, si pesant,& si large,se puisse aysémēt manier auec vn pauois & vn dard. Car, pour le manier à deux mains, le pauois le deuoyt empescher: & d'vne main estoyt bien difficile d'en faire chose,qui eust esté bonne, pour la pesanteur desdictes armes:&, d'en combattre dedans les rangs, c'estoyt

Armes pesantes des soudars Rōmains.

Description de l'escu Rōmain.

Courte dague nommée Espaignole.

Polybe estoyt du tēps de Scipio l'Africain.

ſtoyt choſe inutile,n'euſt eſté au premier rang:ou l'eſpace eſtoyt aſſez large pour s'aider de ladicte hâte. Et, qu'il ſoyt ainſi que les Rommains, qui portoyent armes peſantes,ne s'aidoyent point de telles armes, ou bien s'ils les portoyẽt, elles eſtoyẽt inutiles,nous pourrons veoir, par les batailles renommees de Tite Liue, qu'il fait bien peu mention de telles armes: mais touſiours eſcrit que, quand les dards eſtoyent lancés, les ſoudars auoyent de couſtume de mettre incontinent la main à l'eſpee. Les Grecs n'armoyent pas leurs ſoudars ſi peſamment que les Rommains: mais, pour aſſaillir leurs ennemis,ils ſe fondoyent ſus les picques longues, principalement ſi nous voulons croire Aelianus:qui dit que les phalanges de Macedoine vſerent de ſarices (qui eſtoyent baſtons de dixhuict pieds de lõg) auec leſquelles ils ouuroyẽt les bataillons de leurs ennemis:cõbien qu'aucuns des Hiſtoriens ayent voulu dire qu'ils portoyent des pauois auecques leurs picques. qui eſt choſe autãt difficile à entẽdre comme ce qui eſt eſcript des eſpieux des Rõmains. Auſſi en la deffaicte de Perſes, Roy de Macedoine, faicte par P. Aemilius, Tite Liue ne fait point mention des pauois:ains ſeulement parle des ſarices. Dion, en la vie d'Antoninus Caracalla, fils de Seuerus, recite que la phalange de Macedoine,du temps d'Alexãdre le Grãd, eſtoyt de ſeize mil hommes: laquelle vſoyt d'vne ſalade, faicte de cuir de beuf tout crud: & la cuyrace, que portoyt le ſoudard,eſtoyt triple, faicte de lin:l'eſcu de cuyure:la picque longue: la iaueline & l'eſpee courte. Mais, pource que nous ſommes venus à parler des armes des Grecs,il m'a ſemblé n'eſtre point hors de propos de mettre la maniere,de laquelle Homere,au troiſiéme liure de ſon Iliade,a voulu armer Paris Alexãdre:quãd il dit que

Tite Liue.

Picques longues des Grecs.

Sarices eſtoyẽt baſtõs de 18. pieds de long.

Perſes Roy de Macedoine.

Dion.

Armes de la phalange de Macedoine du temps d'Alexandre le Grãd.

Armes de Paris ſelon la deſcriptiõ

d'Homere, au 3. de son Iliade

premierement il s'accoustra de ses greues : secondement il prit sa cuyrace:en apres il pendit son espee sus son costé,& mit son escu,grand & fort , sus ses espaules, & sus sa teste son morrion:lequel estoyt accoustré d'vn pennache, qui branloyt quand il venoyt à se remuer. depuis il prit vne haste roide & forte:de laquelle le fer reluisoyt comme fin argent,& dont aysément il se pouuoyt aider en bataille. & de ceste façon de pennaches rouges & noirs , releués d'vn pied & demy sus leurs morrions,vserent encores les anciens Rommains , faisant cela resembler le soudard plus grand,& par ce moyen de plus belle apparence & plus furieuse à l'ennemi.

LEGIONAIRE ROMMAIN, retiré du marbre antique, qui est à Magonce.

LE LEGIONAIRE ANtique, qui est à Narbone.

LEGIONAIRE ROMMAIN,
sus la declination de
l'Empire.

Ie n'auoye pas deliberé d'escrire du legionaire Rommain, qui estoyt du temps des Empereurs Orientaux, faisans la guerre contre les Goths en Italie, sans vne figure retiree de l'antique, qui autrefois, m'a esté donnee par vn Allemand, homme de lettres & de sauoir: par laquelle l'on pourra voir les armes & accoustremens de guerre, que porterent les soudars sur l'inclination de l'Empire de Romme. Ce qui se trouuera fort different à l'accoustrement des legionaires, qui florissoyēt sous les bons Empereurs Rommains: comme furent Traian, Hadrian, Antonin Pie, & Marc Aurele: sous lesquels les gens-de-guerre, tant de pied que de cheual, estoyēt en leur force & vigueur, & les armes & discipline militaire en tresgrande reputation. Et ne faut s'esbair, si Vegece crie contre les soudars de son temps, qui auoyent laissé l'armeure legere & pesante des anciens, & alloyēt tous nus à la guerre: dont se trouua la cause & le vray chemin de la perte de plusieurs batailles, ayans les soudars à la fin pris vn accoustremēt barbare & Gottique, fort different à celuy que i'ay representé cy dessus. Car, pour les corselets & cuyraces, ilz s'armerent de cotte de laine & de coton contrepoinctees, imposant vn nom inusité de Thoracomache à leur iacques: & iusques à ce iour tel accoustrement a retenu ce nom: qui ne signifie autre chose que thorace ou cuyrace de guerre: mais bien tenoyt le lieu du corselet militaire des anciens: & ont duré telles armes, accompaignees des grandes arbalestes de bois, iusques à ce que les arts & la discipline militaire sont retournees en leur entier, & que, pour l'arbaleste de bois & d'acier, le soudard a pris l'arquebus, l'alebarde, & la picque. Telle façon de se vestir fut inuentee pour euiter la pesanteur & la rudesse des harnois, & pour

Armes & accoustremēs de guerre, que portoyt le soudard sus la declination de l'Empire de Romme.

Vegece.

Thoracomache, accoustrement barbare & Gottique.

pour obuier au froid, eſtant deuenu le ſoudard plus delicat, pour la crainte qu'il auoyt de campeger en hyuer. Et ſi par fortune le lecteur demandoyt, comme pouuoyt le ſoudard porter tel habit, quand il eſtoyt mouillé pour la pluye, ie reſpondray que la couſtume pour lors eſtoyt d'auoir vn accouſtrement de cuir à mâches: qu'ils iettoyent, au temps de la pluye, ſur leurs thoracomaches: les Capitaines les portoyẽt de velours & ſatin cramoiſis: les Dizeniers & Centeniers, de ſoye de differentes couleurs: les ſoudars, de futaine & de toile teincte. *Iacques de differentes couleurs.* Au demeurant, pour le cabacet ou morrion, portoyt le ſoudard vne ſalade à rouelles: & armoyt ſes iambes, de greues, & les pieds, de ſouliers bandés & bordés de fer, ceignãt ſon eſpee ſus le coſté gauche: &, pour ſe couurir, portoyt, de la main gauche, vn grand bouclier de bois, couuert de cuir, bãdé de fer, à l'enuirõ, & de l'autre main vne haſte, longue comme vne zagaye à la genette, ou bien vn pile fort & puiſſant, qui auoyt le fer triangulaire: & en tel equipage marchoyt le ſoudard & legionaire thoracomaché contre l'ennemi. *Zagaye à la genette.*

Pour retourner à noz gens-de-guerre Rommains, la plus grand' partie des Haſtats portoyt vne piece d'ærain, d'vne paume de large (qu'ils nommoyent Gardecueur) deuãt l'eſtomach: & auec telles pieces ils eſtoyẽt entierement armés. *Armes des haſtatz, gar de-cueur.* Ceux, qui paſſoyent de leur bien quinze cens liures, prenoyent, pour leurs garde-cueurs, auecques les autres armes, des cottes de mailles. *Cottes de mailles.* Les Princes & les Triaires auoyent vne meſme maniere de s'armer: fors que pour les eſpieux ils portoyẽt certaines haſtes plus lõgues et ſemblables aux zagayes. *Armes des Princes & Triaires.* Or eliſoyẽt ils les Chefz-de-bandes de toutes ces façons deſſuſdictes (exceptés des plus ieunes) iuſques à dix les plus gens de

bien

bien : &, outre ceux là, encores autres dix : lesquels ils nommerent tous Chefz-d'ordonnance : & de tous ceux là le premier eleu entroyt au conseil. Ceux cy elisoyent tout autant d'Arriere-Chefz. Cecy faict, ilz diuisoyēt, auecques les Capitaines, chascune aage en dix parties (exceptés ceux qui portoyēt le pile) ordōnant à chascune bande deux Chefz & deux Arriere-Chefz, de ceux qui desia auoyent esté esleus. Au regard des Hastats, qui demeuroyent, ils les distribuoyent esgalemēt par toutes les bandes : lesquelles ils nommoyent ordres, trouppes, enseignes, & leurs Capitaines, Centurions, & Chefz-de-bandes. Ceux cy elisoyent encores, pour chascune bande de ceux qui restoyēt, deux puissans hommes, genereux, & hardis, pour Portenseignes : desquels ilz se seruoyent pour guide & pour se mettre en ordre : &, à ce que lon peut veoir par les antiques marbres & sculptures, selon les trouppes, cohortes, & compaignies, les enseignes estoyent differentes. par ce que les vns portoyent l'image & le visage du Prince, nommés des Latins Imaginiferi : les autres fercules, auecques les mains, symbole de concorde : & les autres l'aigle d'argent, se reposant sus vne petite arule ou fercule : qui se portoyt par le porteur de l'aigle (quils nommerent Aquilifer) au bout d'vne haste, ou demie picque, se finissant en poincte aigue, pour plus aisément la planter dedans terre, comme dit Dion, au liure quarantiéme de son histoire Rommaine. Et la raison, qui meut les Rommains de la porter d'argent plus tost que d'or, fut pource que l'argent se voyt de plus loing, comme dit Pline. Les draconaires portoyent le dragon : qui auoyt la teste d'argent, & le demeurant de tafetas : que le vent faisoyt

Bandes. Ordres. Trouppes. Enseignes.

Enseignes des Rōmains differentes.

Portenseigne de l'image du Prince.

Les mains, deuise de cōcorde.

Portenseigne de l'aigle.

Dion.

Pline.

Façon de l'ēseigne du dragon.

faisoyt branler en lair en la façon d'vn vray dragon:qui estoyt attaché aut bout d'vne haste, auecques gros cordons,enrichis par le bout de houppes de soye. Le Labarum, porté quand l'Empereur se trouuoyt au camp, estoyt vne enseigne de couleur de pourpre, enrichie d'vne frange d'or par le bout, & de pierres precieuses, comme lon verra plus amplement au liure de mes Antiquités de Romme.

Enseigne du Labarum.

CASTRAMETATION

IMAGINIFERI,
Portenseignes de l'image
du Prince.

SIGNIFERI,
Portenseignes.

AQVILIFERI,
Portenseignes des
Aigles.

DRACONARII, ET LABARIFERI,

Portenseignes du Dragon & du Labarum, cornette de l'Empereur.

Lòn pourra veoir, par les figures precedentes, comme les Portenſeignes portoyent leur cuirace, la courte dague, ceincte ſus le coſté droict, la cotte dármes, gréues, &, pour le morrion, vn accouſtrement faict à la vraye ſemblance dvne teſte arrachee dvn lyon: laquelle ſeruoyt (comme dit Vegece) pour rendre le Portenſeigne plus feroce & plus terrible à lènnemi.

Vegece.

Apres les Portenſeignes les Rommains auoyent deux Capitaines à chaſcune bande, pour eſtre choſe incertaine que pouuoyt endurer vn chaſcun déux. Car (comme Cato diſoyt que les affaires de la guerre nàuoyent point dèxcuſe: pource que ſoudainement la penitence ſuyuoyt la faute) pour ceſte cauſe ne permettoyent iamais les Rommains que leur bande demeuraſt ſans Chef ou Gouuerneur: &, ſi par fortune les deux Capitaines eſtoyent preſens, celuy, qui auoyt eſté éleu le premier, guidoyt le coſté droict de la bande, & le ſecond ceux qui eſtoyẽt du coſté gauche de lènſeigne. Si lvn defailloyt, celuy, qui eſtoyt preſent, gouuernoyt tout.

Affaires de guerre n'ont point d'excuſe.

Les Rõmains diuiſoyent leur caualerie en dix ælles, que nous appelons bandes (nom, ſil ne ſe trouue propre, à tout le moins aſſez cognu, pour ſon vſage) prenans de chaſcune trois Capitaines: deſquels lòn choiſiſſoyt trois Arriere-chefs: & de ceux cy le premier eſtoyt Chef de la bande, les autres tenoyẽt lòrdre de Decurions ou Dizeniers: le ſecond tenoyt le lieu du premier en ſon abſence. Au demeurant ilz ne deſiroyent pas tant la hardieſſe & meſpris de la mort en leurs Capitaines, quils faiſoyent la bonne conduitte & le bon conſeil, & quilz teinſſent bon, ſans abãdonner le lieu qui leur eſtoyt ordonné. Apres que les tribuns auoyent fait leurs diuiſions, & quils auoyent fait ces manieres dòrdonnances

Diuiſion de la caualerie des Rommains.

La bonne cõduitte & le bõ conſeil eſt trop mieux à la guerre que la hardieſſe.

concer

concernāts les armes, ilz renuoyoyēt les nouueaux soudars en leurs maisons : &, quand le iour ordonné estoyt venu, auquel ils estoyent asignés par les Consuls, tous ceux, qui auoyent fait monstre & qui estoyent enrolés, s'assembloyent, sans nul excepter : attendu que lon ne receuoyt point dexcuse: sinon pour l'augure ou pour la santé. Les aliés nestoyent pas si tost assemblés auecques les Rommains, que les Capitaines, ordonnés par les Consuls & appelés Prefects (nous les nommerons Gouuerneurs) iusques au nombre de douze auoyent la charge de leur departement & traictement: lesquels elisoyent les plus adroits de tous leurs gens pour seruir loyalement aux Consuls, autant ceux de cheual que les gens-de-pied, qui estoyent arriués pour le secours, & nommés Extraordinaires. Toute la trouppe des auxiliaires estoyt le plus souuent, quant aux gens-de-pied, egale aux legions Rommaines. Le gens-de-cheual estoyent deux fois plus: desquels ils prenoyent presque la tierce partie en extraordinaire, & la cinqiéme aux gens-de-pied. Au demeurant, ils diuisoyent la reste en deux bataillons: le premier ils nommerent bataillon dextre, & lautre senestre. Toutes ces choses ainsi ordonnées, les Tribuns, prenans les Rommains auecques les aliés & confederés, tenoyent camp, ayans tousiours vne mesme façon de faire à lasseoir : dont ils vserent en tout temps & en tous lieux. Mais, premierement quils veinssent à le drecer, ils regardoyent, sur toutes choses, la bonté de lair (ainsi que recite Vitruue) & pour ce faire, ils regardoyent les intestins des bestes quilz auoyent immolees, pour sauoir si elles estoyent entieres & saines : & sils trouuoyent quelles eussent esté offensees & blecees de leaue, ou du pasturage, ils

Les Rommains à la guerre ne receuoyēt point d'excuse, sinon pour l'augure ou pour la santé.

Vitruue.

trans

transportoyent & remuoyent leur camp en vn autre lieu: tant ilz furent soigneux & diligens pour garder la santé de leur camp & de leurs soudars. Si le Mareschal du camp trouuoyt que le camp se peust asseoir pres des forests & des bois, il commandoyt aux soudars de prendre leurs coignees & de couper du bois, pour faire le palissement & closture. Ce que les vns faisoyẽt, & les autres le fossé pour se fermer à toute diligence, boutant souuentesfois la terre par le dedans, à seruir de rempars. Par ce moyen le camp estoyt en defense, les gensdarmes plus forts, & leurs ennemis plus greués: & si pouuoyent demeurer plus seurement aupres de leurs ennemis. ce que nous lisons au neufiéme de Tite Liue: qui dit que les loges & demeurances des Rommains, en leur camp estoyent asses seures: pource qu'elles se trouuoyent ordinairement bien fortifiées. C'estoyt vn grand plaisir que de veoir les ieunes soudars, quand la trompette sonnoyt, delaisser leurs armes, mettre bas leurs pauois, oster leurs morrions hors de la teste, & souuentesfois se despouiller de leurs corselets, & prendre des houes, & des pales, pour nettoyer le fossé: qui se faisoyt ordinairement de douze pieds de profondeur & autant de largeur: & si les Rommains estoyent pres de leurs ennemis, les Triaires & la caualerie estoyt en ordre de bataille, pour garder ces ieunes soudars d'estre surpris de leurs ennemis.

Diligẽce des Rommains, pour garder la santé de leur camp.

Palissement fossé et clousture du cãp des Rõmains.

Tite Liue.

Caualerie des Rommains pour la garde des ieunes soudars.

SOVD

SOVDARS, QVI COVPPENT du bois, pour faire le camp.

transſportoyent & remuoyent leur camp en vn autre lieu : tant ilz furent ſoigneux & diligens pour garder la ſanté de leur camp & de leurs ſoudars. Si le Mareſchal du camp trouuoyt que le camp ſe peuſt aſſeoir pres des foreſts & des bois, il commandoyt aux ſoudars de prendre leurs coignees & de couper du bois, pour faire le paliſſement & cloſture. Ce que les vns faiſoyẽt, & les autres le foſſé pour ſe fermer à toute diligence, boutant ſouuentesfois la terre par le dedans, à ſeruir de rempars. Par ce moyen le camp eſtoyt en defenſe, les gensdarmes plus forts, & leurs ennemis plus greués : & ſi pouuoyent demeurer plus ſeurement aupres de leurs ennemis. ce que nous liſons au neufiéme de Tite Liue: qui dit que les loges & demeurances des Rommains, en leur camp eſtoyent aſſes ſeures : pource qu'elles ſe trouuoyent ordinairement bien fortifiées. C'eſtoyt vn grand plaiſir que de veoir les ieunes ſoudars, quand la trompette ſonnoyt, delaiſſer leurs armes, mettre bas leurs pauois, oſter leurs morrions hors de la teſte, & ſouuentesfois ſe deſpouiller de leurs corſelets, & prendre des houes, & des pales, pour nettoyer le foſſé : qui ſe faiſoyt ordinairement de douze pieds de profondeur & autant de largeur : & ſi les Rommains eſtoyent pres de leurs ennemis, les Triaires & la caualerie eſtoyt en ordre de bataille, pour garder ces ieunes ſoudars d'eſtre ſurpris de leurs ennemis.

Diligẽce des Rommains, pour garder la ſanté de leur camp.

Paliſſement foſſé et clouſture du cãp des Rõmains.

Tite Liue.

Caualerie des Rommains pour la garde des ieunes ſoudars.

LES SOVDARS, QVI font le fossé & palissement.

Apres toutes ces choses, les Chefs de bandes venoyent regarder les trenchees, & mesurer la grandeur & profondeur des fossés, faisant punir ceux, qui auoyent esté paresseux & negligents à faire leur deuoir: & sauoyent les Capitaines les quartiers, que chascune trouppe de soudars deuoyent tenir. Cela faict, la trompette sonnoyt la retraicte: & alors le Tribun & le Prefect des gens-darmes, qui auoyent visité le lieu pour assoir le camp, marquoyent premierement la place pour la tente du Consul ou General, & puis celle des Tribuns ou Mareschaulx, & consequemment des legions. puis ilz designoyent les rues. parquoy chascun cognoissoyt la rue & le quartier ou deuoyt estre son pauillon: veu qu'ils tenoyent tousiours vne mesme place au camp: & tous, en general & en particulier, sauoyent en quel quartier estoyt leur demeurance. Et, alors que tout estoyt acheué, les gens-darmes Rõmains, confederez & aliéz, se retiroyent dedans leurs tentes & pauillons: qui estoyent couuerts de petits ais, & enuironnéz de toile: comme la figure de l'antique marbre, cy apres mise, facilement le fait congnoistre.

Trẽchees du camp.

La retraicte ce faisoyt au son de la trõpette.

Façon des tẽtes & pauillons des Rõmains.

CASTRAMETATION

FIGVRE DV CAMP DES ROMmains, portes, palissemens, fossés, tentes, pauillons des gensdarmes & soudars, retirés du marbre antique: qui se voyt encores auiourdhuy.

Au ſurplus, c'eſtoyt vne choſe bien neceſſaire, apres que le camp eſtoyt fortifié, de pourueoir à la campaigne, de donner ordre que les blez & les vins & le beſtial fuſſent gardés de la courſe des ennemis, tant pour la ſeureté des viures & munitions, que pour garder le foing, la paille, le bois, & tout autre fourrage. Ce qui ne ſe pouuoyt bonnement faire, ſans que les lieux circunuoiſins fuſſent gardés par les gens-darmes: & par ce moyen eſtoyent aſſeurés les chemins: eſtant bien difficile à l'ennemi d'entreprendre d'aler courir iuſques aux lieux qui eſtoyent gardés le iour, & la nuict auecques flambeaux. Les anciens, ſur toutes choſes, penſoyent de tenir leur camp bien pourueu de blé & de vin: combien que les Rommains ne penſerent oncques au vin. Car, ſi leur venoyt à faillir, ils beuuoyent de l'eaue, meſlee auecques vn peu de vinaigre: & ne ſe trouue gueres qu'entre leurs munitions ſoyt parlé, en ſorte que ce ſoyt, du vin: mais touſiours d'eau & du vinaigre. Toutesfoys, ſi les Rommains auoyent la commodité des riuieres, ils faiſoyent venir du vin, le faiſant charrier & decharger par les ſoudars, ſans empechement, iuſques au camp: là ou il eſtoyt en ſeureté pour la garde des petites loges paliſſées, qui ſeruoyent de bouleuerts: que les anciens hiſtoriographes ont nommé Proceſtria.

Loges paliſſees nommés des Latins Proceſtria.

FIGVRE DES BOVLEVERTS antiques, pour garder le blé & le vin, nommés Procestria.

SOVDARS, QVI CHARGEOYENT du vin, pour le conduire iusques au camp.

Par la peincture qui est veue cy dessus, prise du marbre de la colonne Traiane, il est à presupposer que les muis & tonneaux estoyent plus tost rẽplis de vin que de vinaigre: & ne fays point de doute que, du tẽps des Cõsuls & de l'ancienne discipline militaire, les gens-darmes ne beussent de l'eaue, meslee auecques vn peu de vinaigre, cõme i'ay dit: &, s'ils beuuoyent du vin, c'estoyt par accident. Depuis qu'ils vindrent à viure sous les Empereurs, ilz eurẽt le moyẽ d'en boire, manger du pain frais, & viure plus à leur aise qu'ils ne faisoyẽt au parauant: & la coustume, qu'ils auoyent de ne cuire point le pain au four, se trouua par succesiõ de tẽps abolie, & laisserent les gasteaux, tourtes, bignetz, talemouses, & autres viandes de bõne saueur: qu'ils faisoyẽt d'vne certaine quãtité de farine, qui leur estoyt distribuée tous les iours à la munitiõ. Bien est il vray qu'ilz auoyẽt quelque peu de lard, qui leur seruoyt pour faire leur potage, & donner quelque peu de goust à leur viande. Ausi c'estoyt tout. Ilz auoyẽt grãde quãtité de bestail à leur suitte: cõme beufs, vaches, pourceaux, et moutõs: qui ne dõnoyẽt point d'empeschemẽt à vn camp: dont auenoyt que l'armee des Rõmains faisoyt grãd chemin, sans souffrir aucune necessité de viures: pource que le bestail, gros & menu, les suyuoyt biẽ facilemẽt. Et, si par fortune l'armee estoyt contrainte de cheminer plusieurs iournées par lieux deserts & solitaires, les soldars, en ces entreprises difficiles & dãgereuses & là ou le peril estoyt eminent, portoyent leurs viures, hardes, farine, vase, pot, & culier, au bout des hastes, ou iauelines, desquelles ils s'aidoyent pour repousser leurs ennemis: & si ne le trouuoyẽt point penible & difficile. par ce qu'estans ieunes, ilz s'estoyẽt exercités à porter gros fais & grosse pesanteur. De telle ordonnãce fut inuenteur Marius, pour oster la superfluité du bagage, & de

Le soudard Rõmain beuuoit de l'eau meslee auec du vinaigre.

Bestail à la suitte du cãp des Romains.

Le soldard portoyt au bout de son haste hardes, & farine.

de tout autre attiral,que souloyt porter son exercite:par quoy furent nommés ses soudars les mulets de Marius. *Les mulets de Marius.* C'est ce Marius sept fois Consul, qui par ordre vint aux honneurs,& fit la guerre contre Iugurtha, Roy de Numidie:le deffit,& le prit,& triomphant le mena deuant son char. Il deffit encores l'exercite des Allemans,& chassa les Cimbres, peuple de Germanie: & de ceux là & des Theutones il triompha pour la seconde fois. Estant en son sixiéme Consulat, il remit la Republique Rommaine, toute troublée de seditions, en son entier. Apres la soixantedixiéme année de son aage il fut chassé de Romme par les guerres ciuiles: & depuis auecques les armes restitué. Et au dernier de ses Consulats, il edifia, des despouilles des Cimbres & des Allemans, le temple d'Honneur & de la Vertu, comme l'on peut veoir plus amplement par l'epitaphe qui est au liure des Epigrammes de l'antique Romme.

Par la peincture qui eſt veue cy deſſus, priſe du marbre de la colonne Traiane, il eſt à preſuppoſer que les muis & tonneaux eſtoyent plus toſt rẽplis de vin que de vinaigre : & ne fays point de doute que, du tẽps des Cõſuls & de l'ancienne diſcipline militaire, les gens-darmes ne beuſſent de l'eaue, meſlee auecques vn peu de vinaigre, cõme i'ay dit: &, s'ils beuuoyent du vin, c'eſtoyt par accident. Depuis qu'ils vindrent à viure ſous les Empereurs, ilz eurẽt le moyẽ d'en boire, manger du pain frais, & viure plus à leur aiſe qu'ils ne faiſoyẽt au parauant: & la couſtume, qu'ils auoyent de ne cuire point le pain au four, ſe trouua par ſucceſsiõ de tẽps abolie, & laiſſerent les gaſteaux, tourtes, bignetz, talemouſes, & autres viandes de bõne ſaueur : qu'ils faiſoyẽt d'vne certaine quãtité de farine, qui leur eſtoyt diſtribuée tous les iours à la munitiõ. Bien eſt il vray qu'ilz auoyẽt quelque peu de lard, qui leur ſeruoyt pour faire leur potage, & donner quelque peu de gouſt à leur viande. Auſsi c'eſtoyt tout. Ilz auoyẽt grãde quãtité de beſtail à leur ſuitte : cõme beufs, vaches, pourceaux, et moutõs: qui ne dõnoyẽt point d'empeſchemẽt à vn camp: dont auenoyt que l'armee des Rõmains faiſoyt grãd chemin, ſans ſouffrir aucune neceſsité de viures : pource que le beſtail, gros & menu, les ſuyuoyt biẽ facilemẽt. Et, ſi par fortune l'armee eſtoyt contrainte de cheminer pluſieurs iournées par lieux deſerts & ſolitaires, les ſoldars, en ces entrepriſes difficiles & dãgereuſes & là où le peril eſtoyt eminent, portoyent leurs viures, hardes, farine, vaſe, pot, & culier, au bout des haſtes, ou iauelines, deſquelles ils s'aidoyent pour repouſſer leurs ennemis: & ſi ne le trouuoyẽt point penible & difficile. par ce qu'eſtans ieunes, ilz s'eſtoyẽt exercités à porter gros fais & groſſe peſanteur. De telle ordonnãce fut inuenteur Marius, pour oſter la ſuperfluité du bagage, & de

Le ſoudard Rõmain beuuoit de l'eau meſlee auec du vinaigre.

Beſtail à la ſuitte du cãp des Rommains.

Le ſoldard portoyt au bout de ſon haſte hardes, & farine.

CASTRAMETATION

LEGIONAIRE ROMMAIN,
qui porte ſes hardes & viures
par païs.

Auiourdhuy les soldats sont deuenus si delicatz que, si le iour se passoyt sans boire bon vin & manger pain frais, le seruice du Prince, ou de la Republique, qu'ils seruiroyent, ne passeroyt point vn iour. Les gens-de-cheual du Grand-Seigneur, pour grands qu'ilz soyent, portent tous, à l'arçon de la selle, vne maniere de vase d'argēt ou de bronse (selon la qualité des personnes) qui ne sert d'autre chose, que pour porter vn pain d'vn double, accompaigné d'vn morceau de chair (soyt de mouton, de beuf ou de poule) auecques vne poigneé de raisins de Damas, figues, ou bien autre fruict: ayans egard que, s'ils venoyent à faire long chemin & à passer par lieux deserts & que par fortune leur bagage ou attiral ne les peust suyure, ne se trouuassent sans viures. Et, cōme les Rommains en tel cas passoyent douze ou quinze iours de chemin, portans leurs viures, tout ainsi les Turcz les portent pour trois iours, & pour le cheual vne certaine mesure d'orge sus la crouppe, pour obuier à tous inconueniens qui leur pourroyent suruenir. Les Tartares, en la necessité de la fain, font saigner leurs cheuaux (par ce que tous vniuersellement sont gens de cheual) & si la fain les presse trop (combien qu'ilz la portent asses longuement) ilz les tuent, & les mangent, plus tost que de se retirer à honte de leurs expeditions: & ne faut point trouuer estrange s'ils trouuent telle chair de bonne saueur. car il n'y a si grand Signeur entre eux, qui ne tienne pour viande la plus delicate qu'il puisse manger, la teste d'vn cheual: mesmement si elle est encore saignante, & bien mal cuitte: & la seruent toute entiere en leurs festins & banquets, comme nous faisons en France la hure d'vn grand sanglier, par singularité. En ce temps le Grand-Signeur n'a que faire de

Delicatesse des soldats d'auiourdhuy.

Gēs-de-cheual du Grād Signeur.

Les Turcz portent à la guerre viures pour trois iours.

Les Tartares à la necessité de la fain font saigner leurs cheuaux.

Viande delicate des Tartares que la teste mal cuitte d'vn cheual.

vin pour ses soudars,qui sont Turcs:à cause que leur loy le defend: & en la necessité ilz se passent bien longuement sans manger pain: à cause de l'abondance du ris, que l'on porte continuellement apres leur camp. Aussi est le ris leur plus estimé manger, le faisant cuire si espois,qu'ils le leuẽt par pieces auecques les doigts:&,outre, ils ont vne certaine paste de froment, meslee auecques du laict, nommée en langue Turquesque Boudoquy: qui se fait en ceste maniere. Premierement ils prennent le grain du froment,tout pur,& le font boullir iusques à ce qu'il soyt creué. Apres ils le prennent auecques sa decoction, & vne certaine quantité de laict aigre,& le reduisent par pelottes,grosses comme vn esteuf,les faisans secher au four,ou bien au souleil,selon la disposition du temps, portãts ce boudoquy les Turcs ordinairement auecques eux. Quand ils tiennẽt camp, les soudars Turcs, qui ont besoin de pain, en font vne maniere, qu'ils appellent pain de pierre: qui se fait en prenant vne quantité de cailloux, ou bien autres pierres,de la grosseur d'vn oeuf,les rengeans par terre & faisans du feu par dessus, iusques à ce qu'ils congnoissent qu'elles soyent chaudes, faisans de leur farine paste en maniere de tourte, qu'ils estendent sur lesdicts cailloux, pour les cuire. qui est vn pain de tresbonne saueur, faict selon la coustume retenue des anciens Rommains. Encores se passent les Turcs bien aisement de chair fraische:par ce qu'ils portẽt auecques eux chair de beuf, moyennement salee: laquelle ils nomment Pastrema, qui se fait par pieces decouppees de l'espesseur d'vn doigt,comme si c'estoyent carbonnades qui eussent pris sel de deux ou trois iours: & pendent lesdictes pieces en lieu sec & ou le vent frappe le plus fort: si que par ce moyen

Abondance du ris au cãp du grand Turc.

Boudoquy paste de froment.

Pain de pierre.

Pastrema chair de beuf peu salee.

moyen sont dessechees de telle sorte, quelles se portent facilement, & les mangent les gens-de-guerre, autant de pied que de cheual, crue & roustie dessus les charbons, si la chair fraische leur vient à faillir: & les portent les Turcs pour le dernier remede, quant à la chair. car, des autres viures, ils en sont bien fournis: cōme des biscuits, ris, féues, lentilles, miel de mousches, & de carobes, & d'vne autre espece de miel de raisins, qu'ils nomment Debs. Quant à l'eaue, les gens-de-cheual, de quelque condition qu'ils soyent, sont contrains de la faire porter, & les Iannissaires & Solacques (pietons) sont fournis d'eaue, par le commandement du Grand-Signeur: qui leur est portée en certains lieux ordonnés (par ce qu'ils marchent ordinairement tous ensemble) & là leur est distribuee, comme est le vin aux soldats François, à l'estape & munition. Toutesfois les Grands signeurs ne boyuent pas l'eaue tousiours pure: mais souuentesfois la meslent auecques le sucre: & nomment cette eaue sucree, entre eux, Secher. Celle, qui se fait auecques le miel, se nomme Terbech, ou Cherbech. Ils font encores vne autre sorte de breuuage, bon & doux, composé d'vues passes (que nous appelons raisins de Damas) apres qu'ils ont ietté le grain dehors, les faisant cuire auecques l'eaue. Aucuns y aioustent souuentesfois prunes, abricotz, poires, & figues seches, & d'autres y mettent de l'eaue rose, & vn petit de vray miel. Cette eaue se demande Hossaph: laquelle se vend au camp, & par toute la Turquie. Ils ont encores vne espece d'eaue, faicte de moust: &, au goust & à la veoir, elle retire au miel: & detrempent telle composition auecque l'eaue, la faisant seruir pour le boire de leurs esclaues. Le Grand-Signeur vse en son camp d'vne

Carobes.

Debs, miel de raisins que font les Turcs.

Iannissaires et Solacques pietons.

Secher.

Cherbech.

Hossaph.

Hospitalité du Grand Signeur. grande hospitalité, à lendroict de ses soudats. car il fait tenir par dedans gens expressement : qui portent de leaue à pleines vtres, faictes comme celles ou lon porte le vin par les montaignes d'Auuergne, auecques tasses dairain, pour dõner, en l'honneur de leur prophete Mahomet, à boire à chascun, qui en veut, & qui en demande. *Bassats. Billarbeycs. Sanjarques. Agaps. Capiagaps.* Outre cela, les Bassats, Billarbeycs, Sanjarques, Agaps, Capiagaps, Gouuerneurs des prouinces, Capitaines, & Lieutenans, font vne mesme charité & aumosne, pour les ames de leurs predecesseurs. Or est il quil ne se trouuera entre eux personne, qui ne porte à la guerre vn vase de cuir: qui se plie comme fait vn bonnet carré. la façon en est auiourdhuy assez cõgnue par toute la France. Au dedans il est garni dvne esponge: qui est imbue & remplie deaue, pour la crainte quils ont quelle ne verse, quand ce vient à courir & cheminer par païs: &, si le Turc veut boire, il vient à serrer lesponge: qui rend facilement leaue, quelle a receue: & par ce moyen le soldat sestanche la soif, quand il a appetit de boire. Vniuersellement par toute la *La loy de Mahomet defent le vin.* Turquie, selon la loy de Mahomet, est defendu le vin (cõme iay dit) & boyuent tous les Turcs ordinairemẽt de leaue. Les plus grands, & les plus riches, eaues com*Eaue cuitte auec le miel pour les grãs signeurs.*posees; comme sont iulets, eaues sucrees, ou cuittes auec le miel, en tout temps: &, craignans que leaue l'hyuer ne leur face mal pour sa froideur, ils boutent vn charbon vif dedans le verre ou vase, qui est plein deaue: & par ce moyen la boyuent sans nul danger. Par toutes ces choses lon pourra congnoistre la façon de faire des Turcs, & leur maniere de viure à la guerre, en ensuyuant lancienne coustume de la discipline militaire Rommaine.

Apres que le camp estoyt drecé,& les gens-de-pied,& la Caualerie,mis en ordre, auant que de combattre, le Consul, ou l'Empereur, faisoyt drecer vn autel, pour faire sacrifices, conduisant en leurs compaignies sacerdotes & victimaires: tant ils eurent la religion deuant les yeux. Ce que nous congnoissons par la tresnoble sentence de Cicero, De aruspicum responsis: quand il a dit que les Rommains, encores qu'ils ne fussent de nombre égaux aux Espaignols, de force aux Gaulois, d'astuce aux Africains, de science aux Grecs, d'esprit aux Latins, de pieté, religion, & auecques la seule sagesse (par laquelle ils auoyent regardé que toutes choses estoyent gouuernées par l'aide des Dieux immortels) auoyent vaincu toutes manieres de gens & estrangeres nations. Certainement c'est vne chose tresnecessaire pour maintenir vne armee, vn Royaume, & vne Republicque, que la religion en vn exercite: laquelle est cause du bon ordre: le bon ordre fait la bonne fortune: & de la bonne fortune succedent les heureuses entreprises. Parquoy les anciens Rommains penserent que la religion gouuernoyt les armes: au contraire, sans icelle, qu'il estoyt bien difficile de les maintenir longuement, principalement en leurs entreprinses d'importance. Et en tous leurs faicts militaires, mesmement quand ce venoyt à combattre, ils vsoyent des sacrifices: ny iamais vn Consul, ou General, eust pris le chemin de son expedition, qu'il n'eust premierement persuadé à ses soudars que les Dieux leur promettoyent la victoire. A cette cause ils n'alerent oncques sans les ministres de leur religion: qui menoyent auecques eux ce qui estoyt necessaire pour sacrifier: ne trouuans meilleur moyen les Rommains, pour

Cicero De aruspicum responsis.

De la bonne fortune succedēt les heureuses entreprises.

Religion des Rommains.

pour mettre le cueur de leurs ſoldats en obſtination de la victoire, que les inciter à faire iurer: tant ils eurent la religion en reuerence & honneur. Parquoy ſouuentefois cela ſeſt trouué le dernier refuge pour gaigner vne bataille, ou pour prendre lesperance de recouurer la vertu, perdue par la crainte quils auoyent eue de leurs ennemis.

SACRIFICE DV CONSVL,

accompaigné de ses sacerdotes, victimaires, & ministre qui porte l'acerra.

Nous auons entendu brieuement comme estoyt armee l'infanterie des Rommains. Il demeure à veoir les armes de la caualerie : lesquelles furent au commencement fort semblables à celles des Grecs : qui estoyent sans cuirace, & combattoyent en saye, par ce moyen plus adroits à cheual, mais en plus grand danger au combat, comme gens nus & desarmés, estans leurs piles, dars & iauelots inutiles, pour le mouuement du cheual, leurs escus de cuir de beuf releués, qui s'enfloyent à la pluye: parquoy sans proffit. qui en feit perdre l'vsage, les changeans incontinent, pour prendre la façon des armes Grecques. Auiourdhuy, pour le regard des selles arçonnées & des estriers non vsés des anciens, les gensdarmes sont mieux à cheual, & plus adroicts qu'ils n'estoyēt pas alors: & s'arme nostre gendarmerie trop plus seurement: de sorte qu'auiourdhuy vne compaignie d'hommes d'armes seroyt auec plus grande difficulté soustenue que l'antique caualerie des Rommains : à cause des selles de leurs cheuaux, qui retiroyent plus aux bastieres couuertes de cuir, qu'aux selles d'armes : qui depuis ont esté trouuees.

Les gensdarmes rōmains alloyēt à cheual sans estriers.

CHE

CHEVAL HARNACHÉ à l'antique de l'homme d'armes Rommain.

Au regard des gens de cheual, l'homme d'armes Romain estoyt pourueu d'vn lançon, qu'il portoyt à la main droicte, & d'vn grand escu à la gauche: & estoyt couuert d'vne cotte de mailles, qui luy tomboyt iusques sus les genoux, d'auantbras, gantelets, gréues, & d'vn morrion, lacé & accoustré par le dessus de son pennache. Souuentefois les cheuaux estoyent bardés de mailles & lames de fer, mises par ordre, comme celles des brigandines, que lon portoyt au temps passé, comme i'ay veu par vne figure retiree du marbre antique. Telle coustume leur estoyt venue des Perses: comme lon peut veoir par Q. Curse: qui recite que les Persiens auoyent leurs cheuaux bardés de lames de fer, comme nous auons encores auiourdhuy.

Armes des gẽs-de-cheual.

Q. Curse.

HOMME D'ARMES DV temps des anciens Rommains.

Des cheuaux legers, les vns portoyent vne iaueline, & au bras gauche vn grand eſcu : les autres trois dards, d'aſſez large poinĉte, auec le meſme eſcu, qui leur pendoyt au bras ſeneſtre, & de la main droiĉte vn tout ſeul, auec vne ſalade, ou cabacet, & cuiraces ſemblables à celles des genſ-de-pied.

Armes des cheuaux legers.

CHEVAVX LEGERS
armés à l'antique.

IACVLATORES, IETteurs de dards.

Les Archers à cheual, qui estoyent armés à la legere, portoyent sur le dos vne trousse pleine de fléches, & vn arc comme turquois à la main gauche, la fléche à l'autre main, preste à tirer, l'espee pendue sus le costé senestre: & tous portoyent morrions & gréues, & aucuns vne dague sur le costé droit. Quant au reste des autres armes, selon le temps elles ont esté differentes. Car, de ceux que i'ay fait peindre cy apres, elles sont retirées de la caualerie de Traian & d'Antonin Pie, comme l'on voit par les marbres antiques, qui sont à Romme.

Archers à cheual armés à la legere.

h

ARCHER-A-CHEVAL, DV nombre des Cheuaux-legers.

Tous ces Cheuaux legers, encores qu'ils fussent d'armes & accoustremens differens, si est ce qu'ils estoyent conduits & menés par leur Enseigne: qui portoyt l'aigle, de la main gauche, assise sus vne petite arule, à la mode des autres, que nous auons veues cy dessus: liee toutefois, par dessous, d'vne cornette de tafetas: qui monstroyt la difference de l'aigle des Hommes d'armes à celle des Cheuaux legers. Pour le morrion il portoyt vne teste de beste feroce: qui le monstroyt plus furieux & terrible, à la vraye semblance des Portenseignes des gens de pied, que nous auons veus cy dessus.

Acoustrement de teste furieux de l'enseigne qui portoyt l'aigle des gens de cheual.

ENSEIGNE DES CHEuaux-legers des anciens Rommains.

Telle fut la gendarmerie des anciens Rommains, tant des gens de pied que de cheual, comme nous l'auons figurée cy dessus. Il sera bien raisonnable de monstrer cy apres l'ordre de leur armee: qui estoyt de deux legions d'hommes Rommains, & le nombre de douze mil hommes de pied, & six cens de cheual: lesquels estoyent accompaignés d'autres onze mil hommes, enuoyés par leurs aliés, confederés, & amis, pour leur secours: ny iamais en leur armee l'on ne trouuoyt plus de soldats estrangers que de Rommains, excepté, que des gens-de-cheual: desquels il ne leur chaloyt s'ils passoyent le nombre de la gendarmerie Rommaine. Et comme en tous leurs affaires ils boutoyent les legions au milieu, & les auxiliaires sus les flãs, tout ainsi ils obseruerẽt vne mesme maniere de se loger: à ce que nous lisons par les Histoires. A cette cause ie ne suis pas deliberé de les reciter plus au long: mais, le plus sommairement qu'il me sera possible, ie mettray leur maniere de campeger qui estoyt telle.

L'ordre de la gendarmerie des Rommains.

La tente du Consul estoyt drecee au lieu le plus commode du camp, & au milieu d'vne place quarrée: de sorte que tous les costés estoyent à cent pieds de ladicte tente: & aux quatre coins estoyent assis les pauillons des soldats, qui estoyent ordonnés pour la garde du Consul: & au costé le plus commode se logeoyent les legions Rommaines, pour les eaues & pour le fourrage. Chascune auoyt, ainsi que nous auons dit, six Tribuns: & chascun Cõsul deux legions. Il est manifeste qu'aux deux legions auoyt douze Tribuns, pour la guerre: lesquels dreçoyent leurs tentes & se logeoyent, auecques leurs cheuaux, leur train, & leurs hardes, à vne ligne droicte, distante également de cinquante pieds, du costé qui

Maniere de cãpeger des Rommains.

Garde du Consul.

auoyt esté choisi du quarré. Or estoyent les tentes tendues, détournans leur regard au dehors du quarré. La place des pauillons des Tribuns estoyt égale, & de telle estendue qu'elle tenoyt autant de païs qu'auoyent en largeur les tentes des legions Rommaines: & au deuant de leurs pauillons auoyt vn espace de cent pieds, iusques aux tentes desdictes legions. Ils logeoyent les gens-de-cheual des deux legions à l'opposite les vns des autres: & l'assiette des tentes des gens-de-cheual & des gens-de-pied estoyt semblable. Les loges des cheualiers respondoyent au milieu des tentes des Tribuns. Il se faisoyt encore vne certaine voye trauersante la susdicte ligne droicte & place vuyde de deuant les Tribuns. Aussi la figure de tous les passages auoyt semblãce de rues: & cõme d'vn costé & d'autre estoyẽt les bandes & trouppes, ils logeoyent, apres la caualerie des deux legions, les Triaires. Derechef estoyent mis les Principaux, ou les Princes, distans de ces autres à l'opposite des Triaires. Apres les Principaux estoyẽt logés semblablement en derriere les Hastats, en regard opposite. Subsequemment apres les picquiers se trouuoyt, vis à vis d'eux, la caualerie des Aliés. Or estoyt, comme nous auons dit, le nombre des gens-de-pied des Aliés égal aux legiõs Rõmaines (excepté seulement les extraordinaires) & celuy des cheuaux plus grãd au double: encores que la tierce partie se trouuast roignée pour les extraordinaires. Apres que les Rõmains auoyent fait cinq rues, ils logeoyent l'infanterie des Aliés, les détournans de la caualerie, & leur baillant tousiours le regard au rampar. Ils faisoyent encores vn passage au trauers des legions, & au trauers des rues: qui estoyt vne voye equidistante toutesfois des tentes des Tribuns, appelee Quintaine ou cinqiéme: par ce qu'elle estoyt

Loges des gens de cheual.

Voye quintaine.

estoyt tiree apres les cinq bandes. La place, qui demeuroyt au derriere des tentes des Tribuns,& qui touchoyt d'vn costé & d'autre le pauillon du Consul, seruoyt en partie pour le marché, & en partie pour la Treforerie, & pour ses munitions, au regard des deux derniers pauillons d'vne part & d'autre des Tribuns. Les Cheualiers (i'entens les cheuaux d'élite & voulontaires, qui suyuoyēt le camp pour l'amour du Consul) estoyent logés sur les costés trauersans des rampars, regardans les vns aux munitions du Questeur, & les autres au marché. Il aduenoyt souuent que ceux cy n'estoyent pas logés seulement pres du Consul: mais aussi faisoyent leur deuoir aupres de luy & du Tresorier, quand l'armee marchoyt, & en leurs autres affaires. A ceux cy estoyēt cōioins les gens-de-pied, regardās au rampar: qui seruoyēt de mesme que les susdicts hommes-de-cheual: apres lesquels on laissoyt vn espace de deux cēt pieds: qui sont seize toises quatre pieds de large, equidistant des tentes des Tribuns. Outre le marché, le Pretoire, & la Tresorerie, qui s'estendoyt par toutes les susdictes parties du rampar: sus le costé haut duquel les gens-de-cheual extraordinaires des Aliés campegeoyent: qui auoyent leur regard sur le Pretoire & Questoire, au milieu des pauillons des Tribuns estoyt laissé vn passage, pour aller en la place du Preteur ou Consul, tirant au dernier costé du camp. Apres ceux cy estoyent logés les gens-de-pied extraordinaires du secours, leur tournans le dos, & qui auoyent leur regard au rampar, & au dernier costé de tout le camp. Au regard du lieu vuide, qui estoyt d'vn costé & d'autre, il estoyt ordonné pour les estrangers & suruenans, & pour le Capitaine des ouuriers, nommé Præfectus fabrorum, comme charpētiers, mareschaux, armu

Cheuaux d'elite & voulontaires.

Le marché, le Pretoire, & la Tresorerie.

Præfectus fabrorum.

armuriers,faiseurs dengins,& machines de guerre,& pour l'Armamentaire du camp:c'est à dire le lieu, ou tenoyent les Rommains leurs armes. Les choses estans telles,toute la forme du camp demeuroyt quarrée.Quãt aux particulieres figures, tant des separations des rues que des autres ordonnances,elles auoyent grande similitude de vile. Ils reculoyent le rampar loing des loges deux cent pieds,sur chascun costé, pour la commodité des legions Rommaines. car il estoyt fort aisé pour entrer & saillir sans se rencontrer: & aussi ils gardoyent là le bestial asseurément la nuit, & le pillage & butin qu'ils auoyent fait sus les ennemis: mais encore c'estoyt vn grand bien que, si l'ennemy les assailloyt la nuit, le feu,ny le dard,ne pouuoyt donner iusques à eux,pour la distance,qui estoyt asses grande. Or est il facile à considerer combien estoyt ce lieu logeable,& le camp ample, pour le remplir d'vne grosse compaignie de gens de pied & de cheual,si nous considerons les espaces des chemins. Si les deux Consuls & les quatre legions estoyent assemblées en vn mesme camp, ce n'estoyt autre chose que deux armées,qui estoyent ioinctes l'vne contre l'autre, & la place deux fois plus grande. Et tousiours les Consuls campegeoyent ensemble, & vserent tousiours de cette façon de faire:&,si chascun à part,ils faisoyent toutes les autres choses de mesme. Au regard du marché du Pretoire & de la Tresorerie,ils les logeoyent au milieu des deux armées.

Armamentaire.

FIGVRE DV CAMP DES ROMAINS.

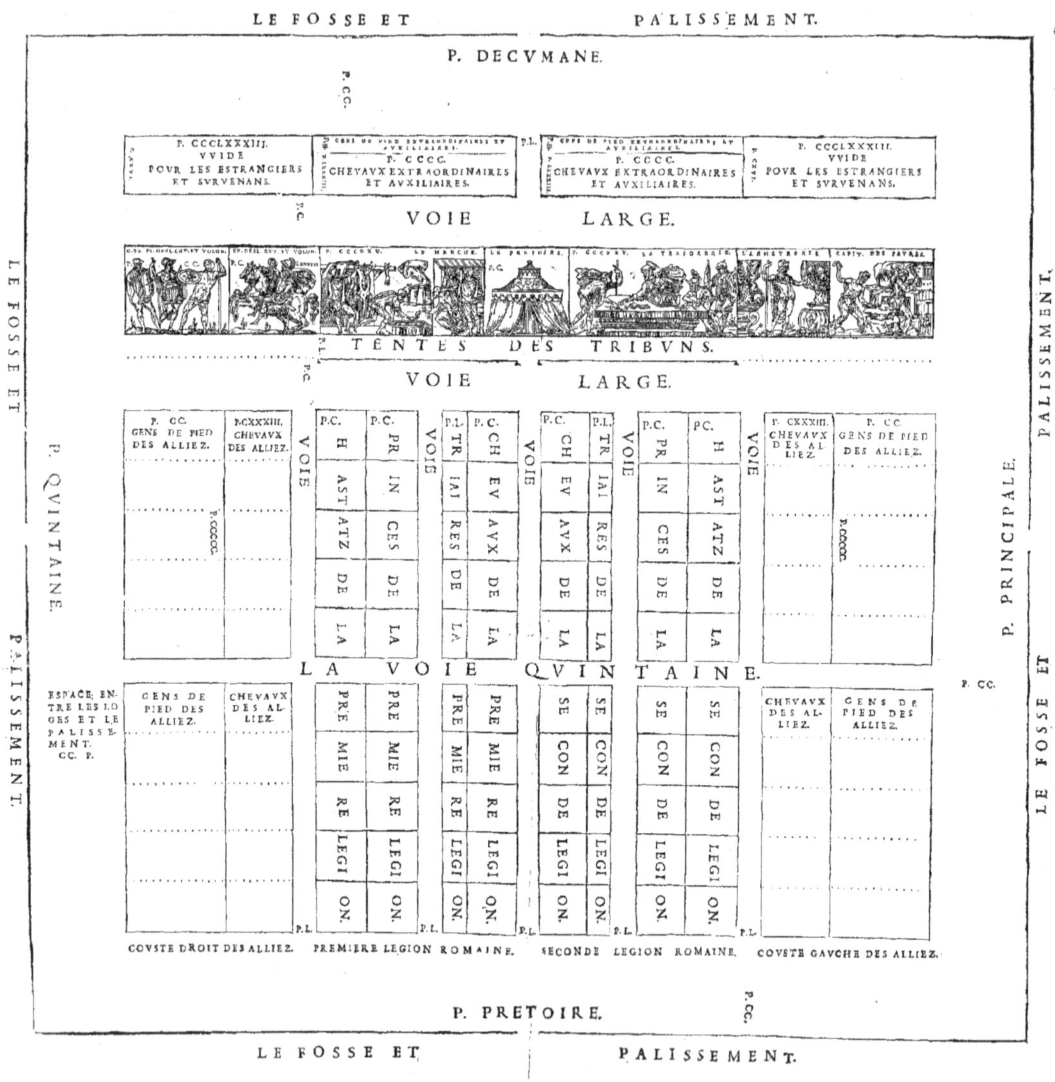

Apres que le camp estoyt drecé,les Tribuns s'assembloyent:qui prenoyent le serment particulierement de tous ceux qui estoyent au camp,estant accoustrés & vestus de leurs paludamens(que nous appelons cottes-d'armes)comme l'on peut veoir par les figures representees cy apres. Le soldat iuroyt ne dérober chose qu'il eust trouuee,& que,si par fortune il trouuoyt quelque chose,il l'apporteroyt aux Tribuns:autrement il estoyt puni griéuement. Et font encores auiourdhuy les Turcs le semblable.car le soldat à la guerre n'oseroyt prendre iniustement aucune chose:autrement il seroyt sans misericorde puni:& entre eux y a gardes ordinaires, qui defendent de prendre aux soldats ce que l'on trouue que portent les gens par chemin : de sorte que les enfans de huit à dix ans vont vendant pain,fruict, orge & choses semblables asseurément. Encores sont tenus de defendre les iardins & vergiers ou sont les fruicts, qui se trouuent le long des chemins:de maniere que les gardes mesmes n'oseroyent prendre vne pomme, sans le congé du maistre à qui est le fruict : & cela sus peine de la teste.

Paludamẽt.

Serment du soldat Rommain.

Peine rigoureuse du Turc.

En-apres ils ordonnoyent les enseignes,& deputoyẽt deux des Principaux des deux legions & des Hastats: qui seruoyent pour garder la place, qui estoyt deuant eux. Pource que là frequentoyent tous les iours la plus grand' partie des Rommains : & pourtant il estoyt de besoing qu'elle fust tenue nette, & arrosée au temps des chaleurs: combien qu'aucuns ayent voulu dire que c'estoyt la charge des calons & lixes:qui estoyẽt seruiteurs & valets suyuans le camp en grande compaignie, & tellement accoustumés aux trauaux de la guerre(ainsi que dit Iosephe en ses liures,qu'il a fait de la guerre des Iuifs) qu'ils differoyent bien peu à ceux qui mieux sauoyent

Lixes & calons.

Iosephe.

combattre. Parce qu'en paix ils accompaignoyent leurs maiſtres en leurs exercitations & trauaux, & en temps de guerre aux perils & dangers auſquels ils s'offroyent. Or gouuernoyent ſix Tribuns chaſcun à leur tour, & particulierement trois enſeignes: leſquelles dreçoyent la tente, au lieu ordonné, à celuy qui auoyt le gouuernement, pauiſſans le lieu, qui eſtoyt autour d'elles. Au demeurant, ils auoyent le ſoing de fortifier, ſi le beſoing le demandoyt, pour garder le bagage. Par ce mot de bagage les anciens comprenoyent toutes choſes neceſſaires pour le ſeruice de leur armée. Ils ordonnoyent auſsi deux guets: chaſcun deſquels eſtoyt de quatre hommes: dont les vns le faiſoyent deuant la tente, les autres derriere, aupres des cheuaux. Quant au mot-du-guet, ils le bailloyent bien ſeurement, comme plus amplement l'on pourra veoir par la deſcription de Polybe: qui dit que, s'il ſe trouuoyt qu'vn ſoldat euſt failli à faire le guet, il eſtoyt amené deuant le Tribun: qui luy faiſoyt faire ſon proces ſus le champ, en la preſence de toute l'aſſemblée: &, s'il eſtoyt condamné, la maniere de la punition eſtoyt telle. Le Tribun n'auoyt pas quaſi atteint d'vne verge le condamné, qu'il auoyt liberté de s'enfuir: & ce pendant il eſtoyt permis aux ſoldats de le tuer à grans coups de pierre, de dards, de fléches, & autres ſortes de baſtons. Si par fortune il échapoyt, il n'eſtoyt pas pourtant ſauué. car le retour en ſon païs luy eſtoyt denié: & ſi n'auoyt parent, ny amy, qui l'euſt oſé retirer en ſa maiſon. Parquoy, à ceux qui tomboyent en telle calamité & miſere de viure, il leur eſtoyt trop mieux de mourir que d'endurer vne peine ſi rude & irremiſsible: & cela eſtoyt cauſe que le guet ne faiſoyt iamais faute. Cette façon de faire ancienne des Rommains eſt encores gardée & obſer

Bagage des anciens Rōmains.

Le mot du guet.

Peine irremiſsible de celuy qui auoyt failli à faire le guet.

obſeruée des Suiſſes:qui ſont paſſer ceux, qui ont failli, par les picques. Quant aux autres fautes, qui eſtoyent plus legeres(comme ſi le gendarme Rommain ſe trouuoyt deſobeiſſant, & auoir failli) le Tribun commandoyt au Centurion de le battre de ſermens, au lieu du fouet. Qui a fait dire à Pline *Vitis ipſa in delictis pœnam honorat.* c'eſt à dire, que la vigne faiſoyt honneur à la peine. Et,ſi par fortune le gendarme euſt retenu la main du Centurion,ou les ſermens, il eſtoyt caſſé de ſa place,& de Gendarme il eſtoyt faict Archer: &, ſi par force il ſe deffendoyt,il eſtoyt puni comme de crime capital. Sur les autres ſoldats les Chefs & Capitaines auoyent le meſme droict, comme auſsi ſur les Aliés. Or faloyt il par ce moyen que les gens-de-guerre fuſſent obeiſſans aux Tribuns, & les Tribuns aux Conſuls: &, outre toutes ces choſes, auoyent les Tribuns puiſſance de gager & condamner à l'emende. Si quelcun auoyt eſté trois fois repris pour vn meſme delict, l'on le puniſſoyt grieuement,cõme obſtiné.Encores eſtoyt-ce grãde infamie & deshonneur,ſi le gendarme ou ſoldat s'eſtoyt vanté au Tribun fauſſement de ſes proueſſes, pour acquerir honneur & louenge:ou bien qu'il euſt abandonné par laſcheté le lieu,qui luy auoyt eſté donné:ou ſi par crainte il auoyt quité & laſché les armes au combat.Qui eſtoyt cauſe que les ſoldats, craignans la peine, n'abandonnoyent point la place, qui vne fois leur auoyt eſté ordonnee. Quand ces choſes auenoyent à toute vne bande,& que les Enſeignes auoyent, par le commandement de tous,abandonné leur place, le Conſul, ou General,ne trouuoyt pas bon de faire mourir tant de gens: mais prenoyt vn expedient autant neceſſaire que terrible.Car,apres auoir aſſemblé tout le camp, le Tribun

La vigne anciennement faiſoyt honneur à la peine.

les amenoyt au milieu de l'armee : là ou il les accusoyt auecques grosses paroles. Finalement il en retiroyt à-part, par sort, cinq, dix, ou vingt, ayant égard à la trouppe: de sorte que la cinqiéme, dixiéme, ou vingtiéme partie des delinquans s'y trouuoyt : lesquels il faisoyt passer au fil de l'espee, sans aucune remission : &, si tous ne sentoyent la peine, au moins ils la craignoyent merueilleusement. Telle façon de faire estoyt appelée des Rommains Decimer: & de cette decimation i'ay vn medaillon de bronze entre mes mains: qui en mõstre la terrible execution. Et, quant au demeurant de la compaignie, les Tribuns les faisoyent loger hors des rampars & palissemẽs du camp, leur faisant liurer de l'orge pour froment. Par ce moyen, & pour la crainte du sort touchant à tous égalément, les gens-d'armes & soldats venoyent à s'amender de leurs fautes : &, comme le Rommain estoyt en sa iustice & punition inuincible, tout ainsi il incitoyt honnestement la Ieunesse à prendre le peril, recompensant fort bien ceux, qui auoyent fait acte de vertu. Car, par le commandement du General, son armée estoyt assemblée, & là, en presence de tous, il commençoyt de louer chascun à-part, du cas qu'il auoyt fait vaillamment & digne de memoire : &, pour recompense il donnoyt vn dard Gallique à celuy qui auoyt blécé son ennemi. A l'homme-de-pied, qui l'auoyt porté de cheual à terre, vn vase d'or. A l'homme-d'armes, le harnois d'vn cheual: &, à ceux, qui premiers auoyent monté la muraille des ennemis, vne couronne d'or. Le Consul encores monstroyt ceux, qui auoyent defendu & sauué quelcun de leurs citoyens, en luy donnant la couronne quernee, faicte d'or: & de là veint la façon que, quand le Senat & le peuple de Romme vouloyent honnorer leurs

Decimation Rommaine.

Le Rõmain en sa iustice & punition inuincible.

Dard Gallique.

Couronne quernee.

leurs bons Empereurs, ils faisoyẽt mettre en leur monnoye d'or, d'argent, & de bronze, la couronne de chesne, auecques telle inscription, S. P. Q. R. OB CIVIS SERVATOS. Ce qu'ils feirent depuis, quand par grande adulation ils vouloyent flater leurs meschans Empereurs, qui auoyent fait mourir grand nombre des citoyens Rommains: tant furent grandes les meschantes flateries à-l'endroit de leurs Empereurs: qui prirent de leurs subiects ce que les bons Consuls Rõmains donnoyent, pour recompense, à celuy qui auoyt sauué en la guerre vn citoyen Rõmain. Toutes ces choses prouoquoyẽt non seulemẽt les autres gẽs-d'armes & soldats au combat, mais encores les autres citoyens qui estoyẽt demeurés en la cité. Car ceux, qui auoyent eu ces beaux presens, & gaigné ces dons, auoyent, outre la gloire des gens-de-guerre, pompes auecques grans honneurs: &, quand ils estoyent de retour en leur patrie, ils attachoyent, es plus apparens lieux de leur cité, les despouilles des ennemis, cõme tesmoignage de leur propre vertu. Au demeurant, quant à tous deuoirs, l'administration necessaire, l'honneur, & l'obeïssance, estoyt deüe au Tribun: qui rendoyt au camp iustice à vn chascun, & à son tour, deuant sa tente, estant vestu de son paludament & accoustrement militaire, assis sus vne chaire de guerre, accompaigné des Centurions & Decurions comme la figure le monstre.

Inscription des medailles antiques.

Charge du Tribun.

FIGVRE DV TRIBVN de la guerre.

CENTVRIONS ET DECVRIONS en leur accoustrement de guerre, tel qu'ils les portoyent au camp.

Au commencement les Consuls élisoyent les Tribuns, pour presider aux legions Rommaines, & pour auoir l'autorité sur les gens-d'armes & exercite des Rõmains. Depuis ils furent éleus par les gens-d'armes, à qui estoyt donnée cette charge & preeminence. Par succession de temps ils veindrent à estre faicts par le suffrage du peuple. Apres que la republicque Rommaine vint sous la puissance des Cesars, ils éleurent les Tribuns, hommes de vertu, de bon aage, de grande prudence, & de sauoir: ou demeuroyt l'experience de la guerre. Depuis vint la coustume, que, si l'Empereur donnoyt l'office de Tribun à vn gendarme, ils luy mettoyent l'espee en la main, pour signifier le commandemẽt qu'il auoyt, par droict militaire, sus les soldats & gens-de-guerre. Sa charge principale estoyt d'auoir la cure & le soing du camp & de l'armee, & de prendre garde qu'il ne demeurast sans munitions, & commander de faire le guet de iour & de nuit, pour la crainte que les Rommains auoyent que les espies des ennemis secrettement ne vinssent iusques à leur camp. Ils receuoyent solennellement le serment des gens-d'armes. car il n'estoyt permis ne licite à vn soldat ou homme-de-cheual de prendre les armes, sans que premierement il eust fait le serment legitime au Tribun, quand il faloyt combattre. C'estoyt la charge du Tribun de mettre en ordre l'infanterie & la caualerie, de dõner honneste cõgé aux gens-d'armes qui auoyẽt bien serui, & le temps requis à la militie, pour se retirer en leur maison: toutesfois par le commandemẽt du Consul ou Lieutenant general de l'armee. Ce que Marcellus a noté en l'art militaire: qui dit que la charge du Tribun estoyt de tenir encores, sur toutes choses, les gens-d'armes obeïssans à ses commandemens, de les faire exer

Election des Tribuns.

Autorité du Tribun.

Marcellus.

re exer

re exerciter, de prendre les clefs des portes du camp, de donner ordre que les gens-d'armes ne fussent surpris, quand ils aloyent au fourrage: principalement s'ils estoyent pres des ennemis. Les Tribuns auoyent encores la charge, auec les Capitaines, des armes, des cheuaux, de l'argent, de visiter les malades, de faire penser les blecés, & de mettre en memoire le nom des Centeniers, Dizeniers, Portenseignes, & Sergens-de-bande. Car les anciēs estimerent déraisonnable au Consul, ou Tribun, d'ignorer le nom de ses Capitaines. Il estoyt encores necessaire que le Tribun eust la patience d'ouir les querelles des gens-d'armes, & de leur faire raison: &, s'il trouuoyt que par les bandes des bons soldats, s'en trouuast des meschans & mutins, il les faisoyt chacer & casser de leurs compaignies. Comme donc chascun Tribun eust trois enseignes, & en chascune plus de cent hōmes, exceptés les Triaires & les Hastats, qui n'estoyēt point tenus à la charge, pourquoy se trouuoyt plus legere: attendu que le guet tōboyt à chascune Enseigne au quatriéme iour. Les Enseignes des Triaires estoyēt exēptées des charges des Tribuns: mais aussi ils seruoyent tous les iours aux trouppes des gens-de-cheual, selon qu'ils estoyent logés en suitte: & auoyent mesmement la charge de garder les cheuaux: de peur que, s'ils venoyent à s'encheuestrer, ils ne se battissent & bléçassent, pour estre apres inutiles & de peu de seruice. Car, s'ils s'entrebattoyent, cela pouuoyt estre cause de dréçer vne alarme au cāp. Au surplus, l'vne de toutes les Enseignes faisoyt le guet tous les iours, deuāt le Consul, pour sa seurté, & pour autre chose, qui pouuoyt suruenir. Parquoy en estoyt trop plus honnorable le magistrat. Les Aliés auoyent la charge des deux costés du fossé & *Charge des Aliés.*

paliſſement (par ce que chaſcune de leur trouppe en eſtoyt plus prochaine) & les Rōmains des autres deux: & en auoyt chaſcune legion vn. Les Chefs-de-bande des gens-de-cheual venoyent au Souleil leuant aux tentes des Tribuns, & les Tribuns alloyent faire la court au Conſul: & là ordonnoyent & parloyent des affaires, qui eſtoyent ſuruenues: & les Tribuns aux gens-de-cheual & Chefs-de-bande: leſquels commandoyent aux compaignies, quand la neceſsité le requeroyt. Enapres le Conſul ſortoyt de ſa tente, accompaigné de tous ſes Tribuns, Centurions, & Decurions, & ſa garde autour de luy auecques les verges & haches Conſulaires: qui ſe portoyent ordinairement en ſa compaignie. Ce qui rendoyt ſa dignité plus terrible, comme la figure le monſtre.

Les Tribuns Cēturions & Decuriōs accompaignoyent le Conſul qui faiſoyt porter les verges et haches Conſulaires en ſa compaignie.

LE

LE CONSVL EN SON CAMP accompaigné de ſes Capitaines & de ſa garde.

Au demeurant ils ordonnoyent leur guet, comme nous auõs dict. Les Hastats rẽplissoyẽt le dehors du cãp, faisans de iour la garde tout autour du palissement (pource que c'estoyt leur charge) & de ceux là auoyt dix hommes à chascune porte, pour la garder. Or, pource que nous sommes venus à parler des portes, il faut entendre qu'il se trouuoyt ordinairement quatre portes au camp des Rommains, larges, & amples, pour receuoir la gendarmerie, les iumens, bagages, fourrages, butins, & pillages, si la necessité les contraignoyt. Et, autant de diuerses portes qu'ils auoyent, autant de noms differens ils leur donnoyent. Quant à la premiere ils la nommerent Pretoire: pource qu'elle regardoyt droict à la tente du Preteur (qui estoyt le General, & qui presidoyt ordinairement au camp des Rommains) & regardoyt tousiours l'Orient, ou les ennemis: & la raison estoyt que, si par fortune il venoyt vne alarme, ou que l'on veint à combattre, les ordres, compaignies, cohortes, squadrons, & enseignes, eussent le pouuoir de saillir dehors, sans tumulte. La seconde (qui estoyt nommée pour sa grandeur & largeur Decumane) seruoyt pour passer les larrons & meschans, qui auoyent failli, & dérobé le camp, quand ce venoyt à les punir, & en faire la iustice. La tierce se nommoyt Principale: par laquelle les gens-d'armes principaux (qu'ils nommoyent Princes) & les Capitaines sailloyent, comme d'vne fausse porte: &, si l'affaire le demandoyt, par là passoyent les bandes & la gendarmerie, pour secourir leur armée en la necessité: & le chemin principal, qui aloyt à ladicte porte, estoyt nommé Voye principale. La porte Quintaine prenoyt son nom de la voye cinqiéme: ainsi nommée pour les cinq rues, ou chemins, desquels nous auons

Charge des Hastats.

Quatre portes au camp des Rommains.

Porte Pretoire.

Porte Decumane.

Porte Principale.

Voye principale.

Porte Quintaine.

auons parlé cy dessus. Par là entroyent les viures au camp, vtensiles, marchandises, munitions de tous oustils, qu'ils faisoyent porter quand & eux, pour le seruice de l'armée.

Nous auons sommairement escrit l'assiete du camp des anciens Rommains, l'estat & la charge du Tribun de la guerre. Il demeure à veoir l'ordre qu'ils tenoyent, quand il venoyt à déloger, qui estoyt tel, Que soudainement, au premier son de trompette (que nous pourrons nommer le premier Boutefelle) on abbatoyt & serroyt les tentes & pauillons, & faisoyt on les charges. Par-ce qu'il n'estoyt permis à homme de dréçer pauillon, que les tentes des Tribuns ou Consuls n'eussent esté dréçées ou abbatues. Au secōd son (qui estoyt A cheual) ils troussoyent leurs bagages sur des sommiers: & au tiers (qui estoyt A l'estendard) tout le camp s'ébrãloyt, & prenoyt les champs, & marchoyt ou les Consuls les vouloyent mener. Les trois bataillons des Hastats, des Principaux, & des Triaires, faisans mettre le bagage de toutes les Enseignes, qui marchoyent audeuant: & tout ainsi marchoyt la gendarmerie des Rommains pas à pas.

Boutefelle.

A cheual.

A l'estandard.

CASTRAMETATION

SOLDATS ROMMAINS marchants par païs accompaignés de leurs Enſeignes.

Si par fortune ils eussent rencontré vne petite riuiere, ou grand ruisseau, soudainement ils se despouilloyent, & tous bouttoyent leurs cuiraces, corselets, dagues, & morrions, dedans leurs grands pauois, quils portoyent sur la teste. Par ce moyen passoyent la riuiere. Tantost apres ils estoyent reuestus, & au mesme ordre marchoyent, suyuans tousiours leur chemin encommencé. Et par la peincture, cy apres mise, lon congnoistra lvtilité & commodité que receuoyēt les soldats Rommains de leurs longues targues & grands pauois.

A quoy seruoyent les grans pauois des soldats Rommains.

SOL

SOLDATS ROMMAINS QVI portent leurs cuiraces & cabassets dedans leurs grans escus.

Si les Tribuns estoyent aduertis de quelque fort des ennemis, ils commandoyent que tout incontinent ils fussent sommés de se rendre : & au premier refus vne ou deux Enseignes partoyent pour les aler assaillir, marchans droict, iusques aupres de la forteresse, serrés & couuerts de leurs pauois, comme s'ils eussent esté coupplés ensemble : & par ce moyen ils se trouuoyent inexpugnables, & se couuroyent si bien & dextrement, qu'ils échapoyent & obuioyent à la fureur du traict & impetuosité des grosses pierres. Ceste façon de faire a esté nommée de Cesar & de Tite Liue, au liure cinqiéme de la premiere Decade, faire la tortue : laquelle i'ay fait peindre cy apres, retiree du marbre antique, qui est à Romme. *Faire la tortue.*

l

SOLDATS ROMMAINS QVI portent leurs cuiraces & cabassets dedans leurs grans escus.

Si les Tribuns estoyent aduertis de quelque fort des ennemis, ils commandoyent que tout incontinent ils fussent sommés de se rendre: & au premier refus vne ou deux Enseignes partoyent pour les aler assaillir, marchans droict, iusques aupres de la forteresse, serrés & couuerts de leurs pauois, comme s'ils eussent esté coupplés ensemble: & par ce moyen ils se trouuoyent inexpugnables, & se couuroyent si bien & dextrement, qu'ils échapoyent & obuioyent à la fureur du traict & impetuosité des grosses pierres. Ceste façon de faire a esté nommée de Cesar & de Tite Liue, au liure cinqiéme de la premiere Decade, faire la tortue: laquelle i'ay fait peindre cy apres, retiree du marbre antique, qui est à Romme. *Faire la tortue.*

LA FACON DE FAIRE la Tortue.

Les autres ſoldats enuironnoyent la forteresſe. Les fonditeurs, qui eſtoyent les iecteurs de pierres, & les *Fonditeurs.* Archers tiroyent de tous coſtés & offenſoyent l'ennemy de loing, pour emporter plus aiſément la place, tandis que les autres rompoyent la muraille, auecques les beliers & autres torments de guerre, que portoyent les ſoldats à force de bras.

BELIER DES ANciens Rommains.

Et pour ſauoir que veut dire ce mot belier, il faut entendre que c'eſtoyt vne machine, ainſi nommee du nom de l'animal, que nous appelons belier, ou mouton: duquel l'on vſoyt anciennement contre la fureur des aſſaux des ennemis. Toutesfois c'eſtoyt encores vn inſtrument de guerre, faict à la ſimilitude d'vn mas de nauire: qui eſtoyt par le bout tout de fer maſsif, forgé à la forme d'vne teſte de belier, & pendu, par le milieu, d'vne corde, comme vne balance, attachee à vne pouſtre, ſouſtenue de deux paux bien plantés & fermés d'vne part & d'autre: lequel belier, tiré en-arriere auec grand nombre de gens, & repouſſé par eux de toute leur puiſſance, vrtoyt, de ſa teſte de fer, la muraille, de telle impetuoſité & furie inſupportable, qu'il n'eſtoyt ſi forte tour, ny mur ſi eſpoys, que par continuelle batterie ne demeuraſt abbatu & ruiné: comme le ſeut treſbien experimenter Veſpaſian, depuis Empereur, à l'eſſay de huit machines ſemblables, qu'il mit en ordre pour forcer la cité de Iotopathe, comme recite Ioſephe en la guerre des Iuifs. L'inuention de cette machine, comme dit Vitruue au dixiéme liure de ſon Architecture, fut trouuée du temps que les Carthaginois aſsiegerent la vile de Gade: qui eſtoyt aſsiſe au cap de la mer, appelee des Latins *fretum Gaditanum*, que nous appelons auiourdhuy l'eſtroit de Gilbertas. Là fut premierement edifiée vne petite cité par ceux de Tyre: laquelle depuis habiterent les Rommains: qui la mirent en ſi grande reputation, qu'il ſe trouua en vn meſme temps dedans la cité cinq cens hommes d'equeſtre dignité. Ayans pris les Carthaginois la fortereſſe, eſtans deliberés de la ruiner, & ſe trouuans en neceſsité de paux de fer propres à ce faire, prirent vne groſſe pouſtre, & la ſouſtenans

Le belier machine de guerre.

Impetuoſité du belier.

Ioſephe.

Vitruue.

L'eſtroit de Gilbertas.

La cité de Tyre, colonie des Rommains.

auecques les mains,en frappant continuellement auecques sa teste la sommité de la muraille, la ruinerent à la fin toute par ordre. Depuis vn certain charpantier de la cité de Tyre, qui estoyt au camp des Carthaginois, voyant l'effect de ladicte poustre, mais qu'il estoyt manié mal-aisément,feit vne nouuelle inuention. Car il planta fermement vn mas de nauire de long, & par le trauers pendit vne autre poustre, à mode de la hante d'vne balance:qui estoyt tiree & repoussee auec telle impetuosité,qu'ils ruinerent entierement les murs des Gaditains. Pline toutefois escrit au septiéme qu'Epeus, charpantier, qui feit le cheual de bois à Troye, auoyt esté inuēteur de telle machine : pource que ledict cheual ne fut autre chose qu'vn semblable instrument bellique: par le moyen duquel furent rompus les murs de la cité. Et, à ce que nous lisons, il se trouuoyt plusieurs especes de beliers : comme l'on voyt par ledict Vitruue : qui en a mis par escript la façon, selon les commentaires de Diades, auteur Grec: duquel il dit auoir translaté toutes ces choses. Et dit encores que la machine du belier, qui estoyt couuerte & enclose dedans vne tour,estoyt nommée des Grecs κριοδόκη : qui ne signifie autre chose que poustre arietaire. Si les beliers n'estoyent suffisans, les Rommains venoyent à dreçer vne certaine machine, de grandeur assez estrange, pour ietter dards & grosses sagettes : laquelle ils nommerent Catapulte, & de laquelle a esté faicte la figure par Robertus Valturius, en son liure de l'art militaire : qui respond assez mal à la description de Vitruue. Et (qu'il soyt ainsi) il est aisé à congnoistre : par-ce que Vitruue veut que la Catapulte ayt deux bras, & Valturius en a mis vn tout simplement : qui est tiré & débendé par la force d'vne

Gaditains.
Pline.
Plusieurs especes de beliers.
Diades auteur Grec.
Criodoki, poustre arietaire, ou du belier.
Catapulte de Robertus Valturius.
Vitruue.

d'vne corde : laquelle, retournante auecques grande vehemence, iette la grosse sagette, qui est mise dessus vn poge. Iucundus Veronensis, Architecte de nostre temps bien renommé, qui feit faire les figures de Vitruue, parlant de la Catapulte (combien qu'il confesse auoir pris la figure des auteurs Grecs) dit toutefois n'auoir peu tirer l'entiere & parfaicte congnoissance desdicts auteurs, & qu'il n'a point bien entendu la figure. Par cela nous congnoissons que toutes lesdictes Catupultes n'ont rien de commun auec celle de Vitruue, & qu'elle est difficile à entendre, & se rend encores plus difficile à faire. Ce qui m'en a fait donner la figure : qui est entre mes mains, retirée de l'antique marbre, & qui en donnera la vraye congnoissance aux lecteurs & amateurs des bonnes lettres.

Iucūdus Veronois Architecte biē renommé.

Chose difficile que de faire la Catapulte.

CATA

CATAPVLTE, MACHINE de guerre des anciens.

De la balifte, que nous appelons arbalefte, s'aiderent encores les anciens Rommains: qui eftoyt vne machine faicte pour tirer pierres de grand pois, comme de deux cens cinquante liures ou plus, felon le vouloir du Capitaine, qui la gouuernoyt. Aucuns ont dit qu'elle eftoyt encores faicte pour ietter groffes fagettes & garrots. Qui eft la raifon, qui nous a fait donner le nom d'arbalefte au petit inftrument, duquel nous vfons pour tirer le traict auiourdhuy.

Arbalefte des anciens pour tirer pierres de grand pois.

Voila les parties de l'afsiette du camp & de la difcipline militaire des anciens Rommains, brieuement efcripte felon la defcription de Polybe & autres Hiftoriens. Nous pourrons veoir par Iofephe, au liure qu'il a fait de la guerre des Iuifs, vne femblable chofe, quand il dit que les Rommains dreçoyent toufiours leur camp en lieu fort difficile, fouuentesfois auec grand labeur & induftrie. Car, s'il fe trouuoyt quelque place inegale ou boffue, elle eftoyt foudainement efplanadée, par le grand nombre des pionniers & munitiõs de tous ouftils, qu'ils faifoyent porter quand & eux, rendans le lieu quarré: au dedans duquel fe dreçoyent les loges & têtes en trefgrande feureté: pource que le dehors du circuit eftoyt éleué en façon de muraille, auecques bouleuerts & demi-ronds à l'entour: qu'ils garniffoyent d'arbaleftes, garrots, arcs, fagettes, & autres machines, iettans groffes pierres & cailloux, fans oublier mile efpeces de dards ou traits, dont ils fe pouuoyent aduifer. Ils faifoyent edifier quatre portes, ou entrées fort larges, pour receuoir aifément, le beftial, viures, & autres chofes, qui en fortoyent ou y arriuoyent, eftans les rues compaffées de tous coftés: le long defquelles fe logeoyent les foldats & fuitte

Polybe.
Iofephe.
Entrees des quatre portes du camp fort larges.

de l'armée : & au milieu leurs Capitaines & Chefs, auec le Pretoire semblable à vn temple des Dieux : si que, tout assemblé, l'on iugeoyt le lieu estre vne vile soudainement edifiée. Car il y auoyt marché dedans, & places pour toutes sortes d'ouuriers, & sieges pour les Chefs de la gendarmerie & Colomnels de l'armee : qui ordonnoyent & iugeoyent des querelles, qui suruenoyent au camp. Lequel estant ainsi assemblé & fortifié, par l'industrie & labeur de ceux qui en auoyent la charge, vne fois plus grand, l'autre fois moindre, selon l'assiete du lieu & deuoir des Maistres du camp, reposoyent en seurté si grande, que ou il leur suruenoyt quelques alarmes qui les contraignoyt par trop soudain, souuent se renforçoyent auec vn fossé par dehors profond de quatre coudees, & de pareille largeur. Et ainsi enuironnés d'armes & de gens seiournoyent en toute seurté, executants leurs affaires par deliberation, fust pour recouurer eau, bois, ou froment, & les autres necessités qui leur suruenoyent. Et si n'estoyt en la puissance d'aucun de disner ou souper quand il luy plaisoyt. ouy bien le dormir : lequel estoyt permis pour tous, à son de trompette, aussi tost que la sentinelle & guet estoyent assis. car rien ne se faisoyt sans edict ou commandement. Le matin venu, les soldats aloyent donner le bon iour à leurs Centeniers : les Centeniers aloyent saluer les Capitaines : auec tous lesquels les Colomnels des bandes se retiroyent par deuers le Lieutenant General, & par luy leur estoyt baillé le mot du guet, ou autres commandemens, accoustumés d'estre faicts entre gens de guerre, prests & disposés à comparoir ou combattre. Mais, quand il estoyt question de partir, la

Le Pretoire.

Maistres du camp.

Fossé du cãp de quatre coudees de profondeur.

Le mot du guet.

tromp

trompette commençoyt à sonner, & donner signe que tous se preparassent. Alors s'abbatoyent les tentes, & se troussoyt le bagage. Puis, quelque espace de temps apres, sonnoyt de-rechef la trompette: qui estoyt le signe pour faire tenir chascun en estat de déloger. Parquoy commençoyent les mulets, cheuaux de charge, charriots, & autre bagage à se mettre en ordre, attendans le troisiéme son de trompette: & tandis rompoyẽt les rampars de leur camp, & mettoyent le feu dedans leurs loges, pour oster le moyen à l'ennemy de s'en seruir puis-apres. Finalement sonnoyt le dernier & troisiéme son de trompette, & alors marchoyt l'armee en bataille, & le bagage en son ordre. Si quelcun faisoyt le long, & demeuroyt trop à suyure, il estoyt hasté & contraint de reprendre son rang. Ce faict, & estant le Chef de l'armee à la dextre, de tout l'exercite, la Trompette demandoyt par trois diuerses fois, en son langage, s'ils estoyent appareillés de combattre: auquel estoyt autant respondu de tous, & d'vne voix haute & alegre, Nous le sommes: & quelquefois preuenoyent l'interrogant: si que, remplis d'vn courage Martial, auec grand clameur leuoyent tous leur dextre, marchans en bon ordre, d'vn pas braue & posé, droict ou ils estoyent conduits & guidés. Or, pource que nous auons parlé des trompettes cy dessus, ie monstreray la façon des buccines (ainsi a nommé la trompette Vegece, en son art militaire) des litues (qui seruoyent de clairons, & estoyẽt trompettes courbes, faictes à la semblance du litue, qui estoyt le baston augural) & finalement des cornets: qui seruoyent de phiffre. Les Trompettes sonnoyent pour le combat: lesquels estoyent tous accou-

Premier son de trompette.

Secõd son de trompette.

Troisiéme son de trompette.

Demãde du trõpette aux soldats Rommains.

Buccine de Vegece.

ſtrés de leurs cuiraces, portans leurs dagues ſur le coſté droict,& pour les mourrions portoyent teſtes de peaux de lions & d'autres beſtes feroces,ſus leurs bõnets de fer (ce qui les rendoyt plus grans & épouuentables aux ennemis) & auoyent les iambes garnies de leurs gréues: comme plus amplement lon pourra veoir par la peincture, qui a eſté retirée du marbre antique, cy apres miſe.

Trompettes furieuſes des Rommains.

TVBICINES, TROMpettes.

LITICINES, LITVES,
ou Clairons.

CORNICINES, IOVEVRS-de-cornets.

Les gens-de-pied portoyent corselets & mourrions, auecques dagues & espees, l'vne à dextre l'autre à senestre. L'espee, à gauche, estoyt plus longue de beaucoup que la dague: laquelle n'excedoyt gueres la mesure d'vne paume. Ceux, qui enuironnoyent le Duc & Chef de l'armee, estoyent soldats à pied, & éleus entre les autres, portãs les vns targues & escus auecques la picque, & les autres halebardes auec longs bouciers, tous fournis de leur sie, serpe, coignee, de corbeilles à porter terre, de pales pour faire fossés, haches pour coupper bois, liens pour attacher les cheuaux, faucilles pour coupper les herbes, de sorte qu'il y auoyt peu de difference (quant à leur charge) entre les iumens bastées & eux. Au regard des gens-de-cheual, ils estoyent pourueus chascun de lance, d'vne masse en leur main, d'vn bouclier pendant à l'arçon de la selle, & d'vne trousse, auecques trois dards d'assez large poincte, & de grandeur (peu plus, peu moins) d'vne hache, auec le morrion & cuirace semblables à celles des gens-de-pied. Quant au reste des autres armes, ils ne differoyent aux Cheualiers éleus, qui estoyent à-l'entour du Prince: &, pour le regard des Auant-coureurs, ils estoyent ordonnés & éleus ainsi que le sort les appeloyt.

Armes des gẽs-de-pied.

Soldats éleus pour la garde du General.

Armes de la caualerie.

Et voila l'ordre & l'acheminement, que tenoyent les Rommains par païs, auecques leurs armes & equipage, que i'ay assez longuement poursuyui & discouru. Il demeure à monstrer, par figures antiques, la diuersité & façon variable de leurs salades, cabassets, chappeaux, bonnets de fer, morrions simples & lassés: desquels la visiere (qu'ils haussoyent & baissoyent, comme celles que portent auiourd'huy noz Hommes-d'armes) estoyt faicte à la similitude des masques, que l'on

Diuersité des morrions antiques.

voyt

voyt encores par tout le monde. Quant aux crestes, bestes, ailes, oyseaux, cornes, fueillages, & autres animaux, que les Rommains faisoyent mettre sus leurs morrions, nous en retenons encores auiourdhuy la coustume, comme lon peut veoir sur les timbres de noz enseignes & armoiries.

Coustume retenue des anciens.

MORRIONS SIMPLES, ET lacés, garnis de leurs visieres, faicts à la semblance des masques.

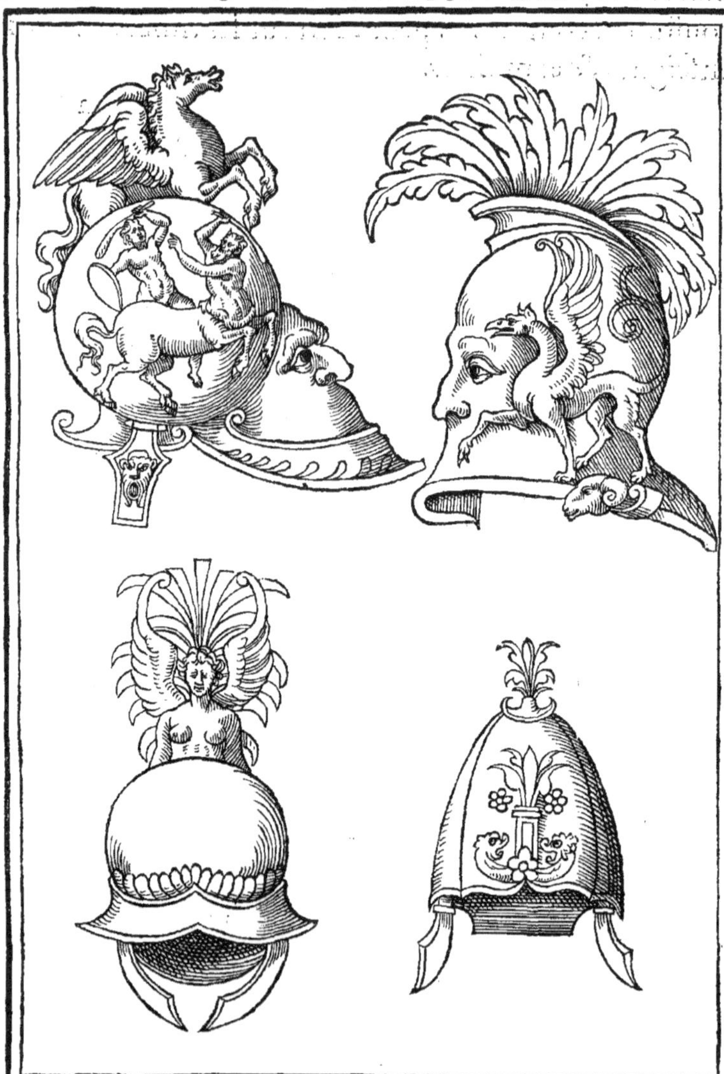

SALADES, CABASSETS, chappeaux, & bonnets de fer.

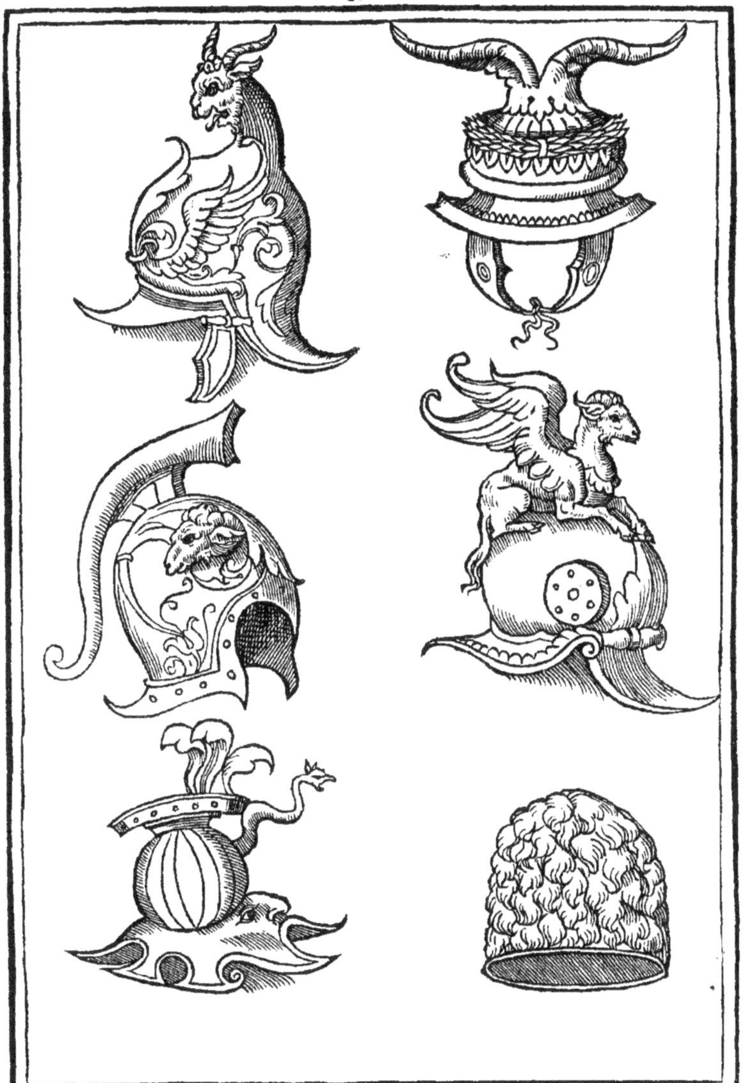

Or auons nous veu ce que dit Polybe, & Iosephe du camp, & de la discipline militaire des Rommains: qui rendent les figures, que i'ay representées, pour la diuersité du temps variables. Nous retournerons au propos dont nous sommes partis, ayās laissé les Rommains hors du camp. Il demeure à escrire l'ordonnance de leurs squadrons, ou bataillons, quand ils estoyent prests de donner la bataille à leurs ennemis. Et, par ce que nous lisons en Tite Liue, nous congnoissons qu'ils partissoyent leurs batailles en trois squadrons, en Hastats, Princes, & Triaires: que nous nommons auiourdhuy l'Auant-garde, la Bataille, & l'Arriere-garde. Premierement ils ordonnoyent le premier front des Hastats, qui estoyent si bien vnis & fermés ensemble, que souuentefois ils auoyent le pouuoir de veincre, & de soustenir leurs ennemis. Apres les Hastats suyuoyent les Princes: qui estoyent tous vieux soldats, & experimentés aux faicts de guerre, ordonnés pour les secourir, s'ils eussent esté repoussés de l'ennemi. Les Rommains ne faisoyent pas ces squadrons si serrés que le premier: mais ils entretenoyent leurs ordres plus clers, pour receuoir les Hastats, si la necessité les eust contrains de se retirer. Le troisiéme squadron estoyt des Triaires: qui portoyent l'armeure pesante, & le pauois, ayans leurs rangs si clers, qu'ils pouuoyent aisément retirer les Princes, & les Hastats. Apres que les choses estoyent venues iusques aux Triaires, & que de ces deux squadrons ils auoyent fait vn corps, ils recommençoyent la bataille: &, si la fortune vouloyt que les Triaires fussent defaits, la resorte & le remede estoyt perdu. car c'estoyt le dernier ordre pour se retirer: & en iceux demeuroyt toute la force de la bataille, estant leur deliberation de mou-

Tite Liue.

Diuision de l'armee des Rommains.

Hastats.

Princes.

Triaires.

rir ou de veincre:& de-là est venu que, sur la derniere desesperation de tous affaires,lòn disoyt anciennemẽt, *Res ad Triarios rediјt.* Les choses sont reduictes aux Triaires, pour monstrer vne chose perdue & sans remede. Cette façon de se retirer,& de combattre par trois fois, sembleroyt quasi impossible dèstre veincue. Car il conuiendroyt que par trois fois la fortune fust contraire, & que lènnemy eust le cueur & la force de demeurer par trois fois auec la victoire. Les Grecs ne tenoyent pas lòrdre des Rommains en leurs phalanges, de se retirer les vns dedans les autres:mais bien ils faisoyent vn corps de leur armee:& le moyen,qùils tenoyent, estoyt, qùvn homme entroyt en la place de làutre,faisans leurs phalanges par rangs: de sorte que, si vn soldat du premier rang tomboyt mort, ou blécé, soudainement vn autre du second rang entroyt en sa place, puis consequemment du troisiéme, & quatriéme, iusques au dernier. Par ce moyen les rangs demeuroyent tousiours entiers,& le lieu ǹestoyt iamais vuide de ceux qui combattoyent: & se trouuoyt la phalange plustost consumée que rompue: pource qùvn corps si gros les faisoyt inuincibles. Les Suisses tiennent encores auiourdhuy, en lòrdre de leurs bataillons, de la phalange des Grecs, les faisant gros & entiers, & par rangs entrans les vns en la place des autres. Au-surplus, pour acheuer nostre discours,nous mettrons la qualité que deuoyt auoir le Consul & Lieutenant general:&,pour ce faire,il faut entendre que, apres que le Senat & le Peuple de Romme auoyt deliberé de faire la guerre,ils donnoyent toute la charge de leur armée au Consul: qui iettoyt les legions aux champs:&,quand il aloyt aux expeditions & entreprises difficiles de la guerre, le Senat luy donnoyt

Prouerbe à la derniere desesperatiõ des choses.

L'ordre des Grecs en leurs phalanges.

Bataillon des Suisses.

Charge du Cõsul en l'armee des Rõmains.

l'autorité & puissance qu'il auoyt sus toute la gendarmerie, en se fiant du tout en sa vertu & diligence, en laquelle estoyt commise le salut de la patrie, des gens-d'armes, de leurs citoyens, & de toute la republicque Rommaine, ne retenant autre autorité que de confermer la paix. Ce que nous lisons en plusieurs passages de Tite Liue: qui monstre l'autorité du Consul auoir esté tresgrande du temps des Rommains. Et mesmement Polybe dit qu'il auoyt droict de commander ce que bon luy sembloyt aux confederés & Alliés: de faire les Tribuns de la guerre: & d'ordonner punition au camp, à sa volonté, gardant son autorité auecques grande seuerité, en faisant rigoureusement punir ceux, qui auoyent failli à la guerre. Encores luy estoyt permis d'employer les deniers communs, d'autant que les affaires publiques le requeroyent: estant suyui du Questeur, lequel estoyt le Tresorier general des guerres, qui obeïssoyt à ses commandemens. Quand ce venoyt à combattre, le Consul montoyt sus vn lieu haut, faict de terre ou de gazons, accompaigné de ses principaux Capitaines, remonstrant, par raisons euidentes, aux Centeniers, Dizeniers, Portenseignes, qu'il faisoyt assembler à son de trompe, que la victoire demeuroyt totalement entre leurs mains.

Tite Liue.

Ce que dit Polybe du Consul.

Centurions & Decurions.

ADLOCVTIO COHORTIS,

Harangue du Consul à ses soldats.

Et ſans point de doubte de perſuader ou diſſuader à petit nombre de gens il eſt bien facile : mais la difficulté eſt grande d'oſter vne mauaiſe opinion à vn exercite, ou d'aler contre l'opinion de tous : &, pour remedier à toutes mutineries, & pour donner courage de combattre aux gens-d'armes, vous n'auez meilleur inſtrument que la langue & les paroles : leſquelles il faut eſtre entendues de tous les ſoldats. Voila pourquoy les anciens Conſuls & Lieutenans generaux eſtoyent tous gens de ſauoir, à ce que nous liſons par les concions. de Tite Liue & autres Hiſtoriens. Et certainement l'eloquence d'vn Capitaine ſert bien aux affaires de la guerre : de ſorte que nous congnoiſſons par les Commentaires de Ceſar, combien a ſerui la parole. Quand Tranquillus parle de Germanicus, entre ſes autres louenges il dit qu'il auoyt la parole faicte pour acquerir le cueur des hommes. Car, parlant gratieuſemēt à Syphax, qui auoyt eſté mortel & capital ennemy des Rommains, il le rendit par ſa parole amy de la republicque Rommaine. Par la parole, vn gentil Duc, ou Capitaine, oſte la pœur à ſes ſoldats, leur donne courage, & leur fait croiſtre le deſir de combattre leur ennemy, decouure les perils, promet les recompenſes, & à la fin toutes paſsions ſont oſtées par la parole. Et cecy nous fait entendre que les mains & la langue des hommes ont eſté touſiours deux nobles inſtrumens pour les anoblir. Outre la parole Epaminundas Thebain, diſoyt qu'à vn bon Chef-de-guerre eſtoyt choſe treſneceſſaire de congnoiſtre la deliberation de ſon ennemy : &, d'autant qu'il ſe treuue difficile, d'autant plus a de louenge celuy, qui la peut conieɛturer. Combien profite vn bon General en vne armée Polybe l'eſcrit, au premier liure de ſon Hiſtoire

Gētil inſtrument que la langue.

L'eloquence d'vn Capitaine ſert fort bien aux affaires de la guerre.

Germanicus auoyt la parole faicte pour acquerir le cueur des hommes.

Syphax.

Force de la parole.

La lāgue & la main de l'hōme ſont deux nobles inſtrumens pour l'anoblir.

Epaminūdas Thebanus.

Rom

Rommaine, parlant de Xantippus, Capitaine Lacedemonien, homme tresexpert en l'art militaire, & en la guerre non mediocrement exercité: lequel, apres qu'il eut entendu la deffaicte des Carthaginois par les Rommains, le lieu, le temps, & la façon de faire, & qu'il vint à considerer leur appareil, & le nombre de leur caualerie, soudainement commença à se tourner contre ses compaignons, en leur disant, que certainement les Carthaginois n'auoyent pas esté defaicts par les Rommains: mais par eux mesmes s'estoyent rompus, & par l'ignorance de leurs Capitaines. Ce qu'il monstra depuis par experience, & par la victoire qu'eurent les Carthaginois encontre les Rommains, & par la prise & defaicte de M. Attilius Regulus, Consul. Qui nous fait congnoistre que la bonne conduicte d'vn bon Chef-de-guerre eut le pouuoir de veincre, & defaire vne grosse armee (qui tousiours auoyt esté inuincible, comme celle des Rommains) & de remettre sus vne cité desesperée, & de laquelle le cueur des citoyens estoyt perdu.

Ce que dit Polybe de Xantippus Duc Lacedemonien.

Victoire des Carthaginois cõtre les Rõmains.

Au-surplus, pour acheuer d'escrire la qualité que doyt auoir vn Lieutenant general, il doyt estre homme de reputation, de conseil (outre les autres bõnes conditions, qui sont requises pour le gouuernement d'vne armée) & de telle autorité que les gens-d'armes, ou soldats, qui sont soubmis à son gouuernemẽt, ayent le vouloir de luy obeïr & de luy faire seruice. car, à ce que disoyt Plato, vn Chef-de-guerre ne pouuoyt faire chose bonne, si son armée ne se rendoyt autant obeïssante cõme il deuoyt estre temperé: & pensoyt que la vertu de l'obeïssance & de commander venoyt d'vne vertueuse nourriture.

Ce que doyt auoir vn Lieutenant general.

Dict de Plato.

La vertu de l'obeissance vient d'vne vertueuse nourriture.

Nous auons cy deuant premierement éleu noz soldats, & apres les auons armés & logés. Il demeure à congnoistre la soude de l'infanterie & caualerie: qui estoyt en bien petite chose differente de la nostre: par ce que les gens-de-pied prenoyent par iour, pour leur pitance, deux oboles: qui pouuoyent valoir quatorze deniers tournois. Les Centeniers & Dizeniers, que nous auons nommés Chefs-de-bandes, quatre oboles: qui valoyent deux souls & quatre. L'homme-de-cheual vne drachme: qui valoyt trois souls & six. Outre cecy, l'homme-de-pied prenoyt par mois les deux parts d'vne mine Attique de froment (qui sont quatre boisseaux) & l'homme-de-cheual sept mines d'orge pour sa monture: qui estoyent trois setiers & mine d'orge: & deux mines de froment: qui estoyent vn setier. Au regard des auxiliaires & alliés, l'homme-de-pied prenoyt tout vn comme vn legionaire: mais l'homme-de-cheual auoyt de blé vne mine, & vn tiers de mine (qui sont huit boisseaux de froment) & cinq mines d'orge: qui sont deux setiers & mine. Ce que nous appelons mine, les Grecs l'appellent medimne: & ce mot, corrompu & syncopé, est venu de medimne à mine, comme euidemment l'on peut congnoistre. Or, pour reduire les mesures anciennes à celles de present, la mine contenoyt six boiseaux, & le medimne contenoyt six muyts. Ce que les Grecs & Rommains disoyent muyts, nous l'appelons en France boisseau. Par ces raisons il est tenu pour certain qu'vn homme-de-pied auoyt par mois quatre boisseaux de froment, pour sa nourriture: qui estoyt vn boisseau par semaine. l'homme-de-cheual sept mines d'orge, ou cinq, s'il estoyt des compaignies alliées: lesquelles faisoyent quarante

Soude de l'infanterie & caualerie des Rommains.

Gens de secours & alliés.

Medimne des Grecs.

rante

rante deux boiſſeaux pour vn Rommain, & trente pour l'autre. Et faut noter que Polybe dit en ce lieu, *Polybe.* que, quand vn gendarme legionaire auoyt faute de blé, ou eſtoyt mal veſtu, ou mal armé, le Queſteur *Queſteur, treſorier & receueur general des guerres.* (c'eſtadire le Treſorier des guerres, qui touſiours ſuyuoyt le Conſul Rommain, l'Empereur, ou le General) luy fourniſſoyt ce qu'il luy faloyt, en deduiſant ſus l'argent qu'il prenoyt par iour pour ſa pitance. D'auantage, par la deſcription que Plutarque a fait des *Plutarque.* vies de Tiberius & Caius Gracchus freres, l'on peut veoir que le Treſorier general des guerres eſtoyt homme d'honneur, d'autorité, & de grande reputation. Nous liſons encores en Cornel. Tacitus, que, du temps *Tacitus.* d'Auguſte Ceſar, les gages de l'homme-de-pied eſtoyent vn denier d'argent par iour: qui valoyt trois ſouls & ſix: & ſus cela il ſe veſtoyt, armoyt, & fourniſſoyt de pauillon. En Thucidide, Auteur Grec, nous trouuons *Thucidide.* qu'vn ſoldat, pour luy deuziéme, auoyt deux drachmes par iour: qui ſont, ſelon l'eſtimation de Budee, huit ſeſterces *Budee.* Rommains, ou deux deniers d'argent: qui valoyent ſept ſouls tournois: qui eſt vne meſme choſe. Ainſi vn homme-de-pied auoyt à Romme, en ce temps là, cent cinq ſouls tournois: qui eſtoyent trois eſcus, à trente cinq ſouls tournois par eſcu. Et pource qu'vn Chef-de-bande prenoyt double paye, & l'homme-de-cheual la prenoyt triple, comme recitent Polybe & Tite *Polybe & Tite Liue.* Liue, c'eſtoyt par mois, pour homme-de-cheual, quinze liures quinze ſouls tournois (qui ſont ſix eſcus) & pour homme-de-pied trois eſcus. I'enten touſiours des eſcus à trente cinq ſouls la piece. Par cecy on peut faire compte & eſtimer combien vne legion couſtoyt à entretenir;encores que la chose soyt incertaine:pource que le nombre des hommes n'estoyt pas tousiours semblable. Car ledict Polybe parle vne fois d'vne sorte, & l'autre fois de l'autre. Vegece en son art militaire dit qu'en la legion complette auoyt du moins six mile hommes-de-pied, & sept cens trente deux hommes-de-cheual. Il y auoyt dix cohortes en la legion. La premiere contenoyt onze cens cinq hommes-de-pied, les plus gens de bien, & cent trente deux de cheual auecques leurs cuiraces. C'estoyt celle qui auoyt l'Aigle, principale enseigne de la legion & de toute l'armée. C'estoyt encores le chef de la legion: &, quand il faloyt combattre, l'Auantgarde se faisoyt de ceste-cy. Les autres auoyent cinq cens cinquante cinq hommes-de-pied, & soixante six hommes-de-cheual: combien qu'en l'extreme necessité de la guerre les Rommains les remplissent de plus grand nombre, y adioustant souuentesfois vne cohorte simple, vne autre fois vne cohorte miliaire, ou deux, selon que l'affaire de la guerre le demandoyt. Et cecy suffira, quant à l'ancienne ordonance de la legion Rommaine. Mais, pource que les legions n'estoyent pas tousiours fournies, nous prendrons pour legion six mille hommes-de-pied, & cinq cens de cheual, à trois escus pour homme-de-pied, & ce sera par mois dixhuit mille escus, &, pour cinq cens de cheual, à neuf escus pour homme, quatre mille cinq cens escus. Puis nous adiousterons, pour soixante Chefs-de-bande, autant de payes (car ils prenoyent double paye) & cela se montera neuf vingt escus, & par an deux cens soixante & douze mille cent soixante escus.

Vegece.

Legion Rõmaine.

L'aigle, principale enseigne de la legion Rommaine.

Nombre de la legion Rõmaine.

Ce que montoyt par an le payement d'vne legion Rommaine.

Nous auons veu combien vne legion auoyt de gages par

par an. Parquoy nous pourrons facilement estimer qu'il faloyt pour en stipendier quarante & quatre (qui furent entretenues par Auguste Cesar) & trouuerons que le payement des dittes legions, au nombre dessusdict, montoyt à onze milions neuf cens soixante & quinze mile quarante escus couronne, de ceux que i'ay dict cy dessus. Toutesfois, quant est du payement des gens-de-guerre, il est difficile d'y asseoir iugemẽt. Car les Princes les augmentoyẽt souuẽtesfois, par ce que nous lisons dedãs Tranquillus, quãd il parle de Domitian, disant qu'il adiousta, aux gages des gens-d'armes, trois deniers d'or. I'ay pesé les pieces, dont il parle: qui pesent vn quart d'once communément, & d'auantage, selon que l'Empereur faisoyt battre sa monnoye forte. Auiourdhuy les medailles d'or, dont il fait mention, valent vn double ducat: & quatre liures seize souls tournois les moindres. Et, entre les autres d'or, qui sont entre mes mains, i'en ay de celles d'Auguste deux: qui sont si fortes, qu'elles viennent chascune à la valeur de cinq liures dix souls tournois.

Le payemẽt de 44. legions Rommaines.

Pois des medailles d'or d'Auguste Cesar.

Fin de la Castrametation des Rommains.

DES BAINS ET ANTIQVES EXERCITATIONS GRECQVES ET ROMMAINES.

AV ROY.

SIRE, ces iours passés estant en vostre royale maison de Fontainebleau, ie me pri à regarder ce, qui a mis souuentesfois les espris des bons Architectes en admiration: &, entre les autres choses, vostre galerie, & les personnages qui y sont, faicts par telle diligence, & si bien retirés du naturel, qu'à les bien voir l'on penseroyt que ce fust la nature mesme. D'auãtage, si la peincture est belle, la decoration du stuc n'est pas moindre, pour raison de ses fruicts, estans plus plaisans que les naturels: d'autant que ceux-cy se despouillent de leurs fleurs, &, en changeant leur couleur, s'enuieillissent & laissent leur beauté: & ceux-là monstrent vne primeuere perpetuelle, & les fleurs immortelles: de sorte que ceux, qui s'en approchent, cuidans receuoir l'odeur suaue des fleurs & des fruicts, reçoyuent la senteur par grand risee. Là ne se treuue rien d'affecté, ny de trop, ny chose que l'on puisse reprendre. Quant à la doreure, le peinctre en a mis à suffisance, sans superfluité. Ce qui enrichit le lambris par si grand grâce, que l'on iugeroyt que ce fust vn Ciel accoustré de ses estoiles: auec certains espaces tellement distans de l'vn à l'autre, qu'ils font monstrer que l'or n'y demeure point otieux, mais y est mis pour rendre le lieu (quand le soleil se iette dedans) plus delectable. Outre toutes ces choses là, si nous voulons parler de son regard, il est découuert, sans qu'il soyt empesché d'aucune part, & si bien dispose, que la maison en est plus belle, plus elegante, & digne de plus grand louange. Pource que sur vostre verger royal (qui est accoustré d'ambulations spatieuses pour se proumener) & sur le iardin, se voyt l'estang, par ses bors garni d'vne saussaye, qui presente aux regardans vne grâce de verdure si grande, que l'on iugeroyt estre vne demeurance diuine, & que les Dieux seroyent venus choisir ce lieu, pour inuiter les Nymphes à la musique. Dequoy ne se faut ebahir. car le regard des choses belles a eu grand force & pouuoir d'attraire à soy le cueur des Dieux. Et entre les autres singularités de vostre bastiment, voz thermes, Sire, & voz bains, sont faicts par telle diligence, & somptuosité, que, à les bien regarder, peuuent combattre de comparaison auecques ceux de M. Agrippe. Parquoy quand ie suis venu à considerer combien de beauté pour le contentement de l'œil, & d'vtilité & proffit ilz apportoyent aux anciens pour la santé du corps: ie me suis mis au deuoir, suyuant vostre commandement, de vous en donner la cõgnoissance par la lecture de ce petit liure: que ie vous presente, accompaigné du vouloir treshumble du Bailly des Montaignes, vostre tresobeissant seruiteur: qui vous supplie treshumblement de luy faire tant de faueur & de bien, que de le mettre au nombre de ceux que vous tenez en obeissante seruitude aupres de vous.

Ὑγίαινε Βασιλεῦ,

DISC

DISCOVRS DES BAINS ET ANTIQVES EXERCITATIONS GRECQVES ET ROMMAINES,

Eſcript par Guillaume du Choul, Gentilhomme Lyonnois, Conſeillier du Roy, & Bailly des Montaignes du Daulphiné.

POVR auoir, Sire, la cõgnoiſſance du premier vſage des bains, thermes, & gymnaſes, ou ſe lauérent iadis les anciens, l'on pourra ſommairemẽt voir par ce petit diſcours, ou abregé, ce que nous en liſons es Hiſtoires Grecques & Latines. Choſe, qui touſiours ſeruira pour l'intelligence de l'antiquité ſacroſainƈte. Il faut donc entendre pour le commencement, que les thermes publicques furent ordonnees aux anciens Grecs & Rõmains pour ſe lauer, & pour la ſanté: comme furent les thermes Agrippiniénes, Neroniénes, Domitiénes, Antoniénes, & autres: la grandeur & magnificence deſquelles ſe voyt par les ruines, qui ſont à Romme, leſquelles pouuoyẽt eſtre cõparées à l'vn des ſept ſpeƈtacles du monde:tant elles estoyent construites auecques grãd labeur,& prodigieuse despense, & enrichies d'vne infinité de colomnes de marbre different, qui auoyent esté amenées des dernieres regions, & quasi de tout le monde: de maniere que les montaignes, desquelles ont esté tirées ces grosses pierres, se plaignent encores auiourdhuy de la puissance des Rommains: & pleure encores la mer du grand fais,& de la charge qu'elle a portée. Toutesfois deuant Agrippa, Nero, Domitian, & Antonin,la chose estoyt bien venue iusques à tel poinct, que les gentilshommes Rommains les faisoyent edifier en leurs maisons par somptüosité singuliere: comme nous monstre Cicero en ses epistres à Terentia sa femme, & à Quintus son frere,quand il leur escrit,qu'ils donnent ordre que la cuue soyt en ses bains, & qu'ils le rendent certain en Asie(ou il estoyt Proconsul) de la diligence que l'on faisoyt à bien edifier ses bains en sa vile Arpinate. Depuis lequel temps semblable chose fut continuee: comme plus clairement nous enseigne Pline le Ieune,en la description de sa vile Laurentine:de laquelle, outre les autres structures & edifices, il loue le gymnase; & de ses bains la celle frigidaire, les baptisteres, l'vnctuaire, l'hypocauste, la piscine chaude, les zetes, le stibade, & l'heliocamine. Or, pource que tous ces noms sont tirés de la fontaine Grecque, ie me mettray au deuoir de les declairer particulierement, & de monstrer ce qu'a tiré souuentesfois les gens doctes en admiration: c'est qu'auecques les bains se faisoyent les ieux & exercitations: & si estoyent entremeslées auecques les bains,les disputations des gens doctes & vertueux. Ie ne doute pas que l'on ne le trouue estrãge; mais si fut il toutefois obserué & gardé des anciés:comme Pollio l'escrit au

Cicero. *La cuue aux bains des anciens.* *Pline.* *Le gymnase.* *La celle frigidaire.* *Les baptisteres.* *L'vnctuaire.* *L'hypocauste.* *La piscine chaude.* *Les zetes.* *Le stibade.* *L'heliocamine.* *Vitruue.*

au cinqiéme de ſon Architecture, & comme encores fait Ioſephe, parlant du Roy Herodes, quand il dit qu'il auoyt edifié à Tripoli & à Damas bains publicques (qui furent nommés gymnaſes) & à Bibli exedres, fores, & portiques. Encores Herodian au premier de ſes liures, recite que Cleander (ſerf premierement de Commode, par lequel il fut pouſſé ſi haut, qu'il le feit Capitaine de ſa garde, & luy donna la ſuperintendance de ſa gendarmerie) des grans richeſſes qu'il auoyt amaſſé, feit baſtir vn gymnaſe, ou eſcole fort magnifique, pour exerciter vn chacun à la luitte, & aux autres armes: & des bains, qu'il donna au peuple, ou l'on pouuoyt aler ſe lauer ſans rien payer. Ainſi donc, pour monſtrer que les Philoſophes aloyent aux gymnaſes pour diſputer, eſcoutons Vitruue, qui dit, parlant d'Ariſtippus, Philoſophe Socratique, ietté par fortune de mer au port de Rhodes, qu'apres qu'il eut veu des figures de Geometrie, commença à crier à ſes compaignons, qu'ils deuoyent eſperer quelque bonne choſe, pource qu'il auoyt veu là trace des hommes: & ſoudainement s'en ala à la vile de Rhodes, & tout droit au gymnaſe: ou apres qu'il eut diſputé en Philoſophie, luy furent faicts pluſieurs preſens. A ce propos ſeruēt les paroles de Cicero, au ſecond de l'Orateur: qui eſcrit que les auditeurs du Philoſophe, aux gymnaſes, eſtoyent trop plus aiſes de veoir le diſque, que le Philoſophe: lequel, s'il commençoyt à diſputer de choſes graues & ardues, ils le laiſſoyēt, pour s'aler oindre, au milieu de ſon oraiſon. Par ces mots, & par la ſentence de ces Auteurs, facilement l'on pourra cōgnoiſtre que les gymnaſes furent en vſage pour l'exercitation du corps & de l'eſprit; & que les bains & gymnaſes furent vne meſme choſe: & que la diſputation eſtoyt au

nomb

Ioſephe. *Exedres.* *Fores.* *Cicero.* *L'vſage des gymnaſes.*

nombre des autres exercitations, pour garder la bonne ſanté. Au demeurant nous eſcrirons particulierement les parties de noz thermes & bains, pour apres ſuyure les exercitations du gymnaſe, de la paleſtre, & des lieux neceſſaires, ou ſ'exercitoyent les paleſtrites: & commencerons à l'Hypocauſte: qui eſtoyt le lieu ou l'on faiſoyt le feu pour échaufer les vaſes eſtans aux bains, à la façon des fourneaux que l'on voyt encores pour les barbiers & teinturiers. La bouche ſe nommoyt *Præfurnium*, comme l'eſcrit Cato au liure de la choſe ruſtique, quand il nous enſeigne de quelle hauteur & largeur ſe doyt faire la fournaiſe de la chaux. Toutesfois, pour ſauoir le nom de ces vaſes, ou, pour l'vſage des bains, l'eaue ſe gardoyt, le plus diligent de tous les Architectes, Vitruue, le nous enſeigne, quand il eſcrit de ces bains la diſpoſition, le lieu, la ſituation, & ſtructure: diſant que par deſſus l'Hypocauſte il faut mettre trois vaſes d'airain: l'vn nommé Caldaire, ou ſoyt l'eaue chaude: l'autre Tepidaire, pour l'eaue tiede: & le troiſiéme Frigidaire, receuant l'eau froide, qui venoyt par le deſſus des thermes tomber dedans vne cuue de marbre: dont elle deſcendoyt par accord au vaſe Frigidaire, du Frigidaire au Tepidaire, & conſequemment au Caldaire, comme plus clairement le nous monſtrera la figure cy-apres miſe.

L'hypocauſte.

Præfurniū.

Cato.

Vitruue.

Vaſes, Caldaire, Tepidaire, Frigidaire.

ORD

ORDONANCE DE L'EDIfice des bains antiques.

[A] *Vase Frigidaire.*

[B] *Vase Tépidaire.*

[C] *Vase Caldaire.*

[D] *Præfurniũ, Bouche du fourneau.*

Galien au 10. chapitre Therapeutices. Toutefois Galien a diuisé les bains en quatre lieux separés: desquels le premier estoyt l'Hypocauste: que Senecque nomme Sudatoire: par la chaleur duquel l'on prouoquoyt la sueur: comme nous faisons en noz estuues d'auiourdhuy. *L'hypocauste.* *Senecque.* Le second lieu estoyt le Lauacre, ou estoyt la cuue, nommée *Labrum*: qui estoyt ordonnée pour lauer tout le corps auecques l'eaue chaude. *Labrum.* Le troisiéme seruoyt pour se lauer d'eaue froide: & au quatriéme ils abbatoyent la sueur, & nettoyoyent auecques les strigiles & esponges. *Strigiles.* Ie cuide que l'eaue venoyt par tuyaux, des vases desquels a parlé Vitruue: & se prenoyt dedans ces lieux l'eaue, auecques les fontaines de bronze. *Galien au liure 3. de sanitate tuenda.* Qui a fait dire audict Galien, au liure trosiéme, qu'il a fait pour garder la bonne santé, que le bain estoyt diuisé en chaud, en temperé, & en froid: qui sont les trois vases desquels nous auons parlé ci-dessus. Et seruoyent ces lieux anciénnement pour quatre choses. La premiere, pour nettoyer le corps: la seconde, pour la chaleur: l'autre, pour la santé: & la derniere, pour la volupté: comme dit Alexandrinus: *Clemẽs Alexandrinus.* qui reiette cette derniere, disant qu'il faut prendre le bain pour se nettoyer, & pour la santé seulement. *Le Baptistere.* Le Baptistere se souloyt edifier aux celles (c'est à dire, au lieu le plus secret de la maison) dont les vnes estoyent chaudes, & les autres froides. *Pline le ieune.* Ce que monstre Pline *ad Apollinarem*, qui dit que le Baptistere grand, & spatieux, se trouuoyt en la celle frigidaire: & là les anciens se plongeoyent entierement pour se lauer: dont est venu le nom de Baptistere, que nous auons en noz eglises: ou, selon nostre religion Chrestiéne, sont baptisés les enfans, & reçoyuent leurs noms, apres qu'ils ont esté par trois immersions purgés. Parquoy ne sera point mauuais de monstrer la coustu-

ime

me des anciens à ceux,qui lont ignoré iusques à present, que,neuf iours apres qu'ils estoyent nés,on les nommoit par leurs noms:& ce iour estoyt appelé Lustrique,comme Macrobe le tesmoigne,escriuant que les Rommains auoyent vne Deesse de grande religion, qu'ils nomméerent, pour le neufiéme iour de ceux qui estoyent nés, Nundina,à cause des enfans,qui estoyent lustrés,& prenoyent leurs noms en ce iour là. La raison estoyt, suyuant lopinion d'Aristote, pource que,deuant le septiéme iour, les enfans demeurent exposés à plusieurs inconueniens:&,au cõtraire,la coustume des Athéniens, & quasi de toute la Gréce, estoyt d'imposer le nom à leurs enfans au dixiéme iour de leur natiuité.

Iour Lustrique. *Macrobe.* *Deesse Nundina.* *Aristote.* *Coustume des Grecs d'imposer le nom à leurs enfans.*

Les Piscines au commencement furent lieux ordonnés pour tenir le poisson. Depuis la coustume vint que tous lieux natatoires, ou lon pouuoyt se baigner, estoyent nommés des anciens Piscines : &,combien que les Rommains les eussent en leurs thermes publiques, toutefois la piscine seruoyt de lauacre froid & chaud, aux maisons priuees,pour nager,& pour se lauer : comme nous congnoissons par Cicero : qui demandoyt en ses bains plus grande Piscine,ou les bras en nageant ne se fussent point rencontrés : & l'Empereur Heliogabalus(ainsi que nous lisons en Lampridius) fut si dissolu, qu'il ne voulut oncques se lauer ou nager en piscines, qu'elles ne fussent teinctes de saffran, ou d'autre composition bien noble.

Piscinæ κολυμβῆθραι. *Piscines,lieu pour tenir le poisson.* *Cicero.* *Heliogabalus se lauoyt en Piscines teinctes de saffran.*

Les Zetes, comme lon pourra congnoistre par le ieune Pline (qui les a nommées ses delices) estoyent lieux edifiés aux maisons pour la recreation de l'esprit, & plaisir du corps. Dont les vnes estoyent quarrées, les autres exagones, & octagones: c'est à sauoir

Les Zetes delices du ieune Pline. *Zetes exagones & octagones.*

à ſix,& à huit pants:de maniere que le Soleil y battoyt temperément,depuis qu'il ſe leuoyt, iuſques à ce qu'il ſe couchoyt, par le cours qu'il fait tout le iour: combien que,de la partie du midi, les Rommains y feiſſent mettre contrefeneſtres, pour temperer l'ardeur du Soleil, iuſques à ce qu'il s'en aloyt. Par ce moyen le lieu, bien architecté, eſtoyt aorné triomphamment, plein de iour, & odorifere,comme vne demeurance diuine:& là s'ebatoyent les anciens Rõmains auecques delices & plaiſirs ſecrettement. Pource que le lieu eſtoyt ſecret & ſeparé du bruit de la maiſon, accompaigné de plaiſans & gracieux vergers, de portiques ou galeries pour ſe pourmener. Des zetes, l'entree n'eſtoyt permiſe qu'aux Princes,ou bien au maiſtre de la maiſon,qui demeuroyt en ce lieu, accompaigné de ſa femme, de ſes amis, de Gentilshommes & de Damoiſelles: & ſouuentefois les Princes vertueux y faiſoyent venir gens de ſauoir,& de vertu,pour parler des bonnes lettres, de la peinture, de l'architecture, & autres arts excellens. Par ces moyens iouiſſoyent les Rommains de la felicité de ce monde.

Contrefeneſtres pour tẽperer l'ardeur du Soleil.

Lieu ſecret pour le plaiſir des Rommains.

Les antiques eurent les Stibades,ainſi nommés pour les herbes que les Grecs nõmérent στιβάδας: deſquelles les anciens auoyent de couſtume faire de petis licts de terre couuers de verdure, pour auoir l'ombre & pour repouſſer en l'eſté l'iniure du Soleil, comme nous faiſons encores auiourdhuy: &, au lieu qu'ils ſont faits de bois à la façon de petites chambres ou cabinets couuers de vigne, de iaſmin, de ſmilax,ou autre verdure,ils les edifioyent de marbre blanc enuironné d'ouurage topiaire, pour y manger non ſeulement auecques leurs amis, mais encores auecques leurs municipes & eſtrangers, en grande ſomptuoſité de delices.

Stibades pour auoir l'ombre.

Ouurage topiaire.

He

Heliocaminus eſtoyt vn lieu incruſté & vouté, & totalement expoſé au Soleil:dont il receuoyt la chaleur du iour la plus vehemente : & le ſeul nom Grec nous fait congnoiſtre que c'eſt vne fournaiſe du Soleil. *Fournaiſe du ſoleil.*

Il ſe trouuoyt encores en ces bains le Spheriſtere,faict en forme ronde, commode pour le ieu de la paume, & autres diuerſes exercitations.En ce lieu (comme recite Tranquillus) Veſpaſian l'Empereur ne faiſoyt autre choſe que de frotter ſes membres,pour garder ſa bonne ſanté.Les autres principales mãſions des bains eſtoyent appelées des Grecs ἀποδυτήριον, ἐλαιοθήσιον & λουτρόν. *Spheriſtere pour le ieu de paume.* *Tranquillus.* *Apodyterium.*

L'Apodytaire eſtoyt le lieu ordonné pour ſe deſpouiller & déueſtir, deuant que d'entrer aux bains : ou ſe tenoyt vn officier, nommé des anciens Capſaire : qui auoyt la charge de garder les robes & accouſtremens de ceux qui venoyent de la paleſtre. *Eleotheſium.* *Lotron.* *Capſaire.*

Au plus pres de l'Apodytaire eſtoyt l'Vnctuaire,habitation améne & elegante : qui ſe trouuoyt pleine de delicates & pretieuſes vnctions:qui eſtoyt garnie de deux entrées,pour receuoir ceux qui venoyent de la paleſtre. *Vnctorium hypocauſtum.*

La tierce manſion ſeruoyt pour ſe lauer d'eaue froide (que les Grecs ont nõmée λουτρὰ) & deuoyt, ſur tout,le lauacre froid auoir le regard ſur boreas (que nous appelons le vent de bize) & fuïr le Soleil du midi : &,tout au cõtraire,la lauation chaude (qui demãdoyt vn grãd Soleil & plus de chaleur)eſtoyt miſe cõtre les vens de Nothus, Eurus, & Zephirus : & ſi eſtoyt accompaigné des lieux propices pour ſuer, qui eſtoyent faits de forme ronde,& que les Grecs ont nommés λακωνικά, pour les Lacedemoniens, deſquels l'on receuoyt à l'entree, par vne alée, le chaud ſi ſuaue & ſi doux, que les perſonnes n'eſtoyent point ſurpriſes ny ſuffoquées de la chaleur. *Lauacre froid.* *Laconica.*

Aucuns ont voulu aiouſter vne quatriéme demeu-

Escole. rance aux thermes, appelée Escole, ample, & spatieuse pour receuoir ceux, qui estoyent vestus, & qui attendoyent es bains leurs familiers & compaignons. En ces thermes l'on trouuoyt des sieges pour se seoir & pour se reposer: les vns faits en forme d'hemicicle, & les autres quarrés, pour seruir les Rommains, qui prenoyent le soleil & l'ombre de matin & de soir, tout ainsi que la commodité le requeroyt. Le lieu, ordonné pour les bains, se trouuoyt triomphant, & l'habitation interieure pleine d'aménité & elegance, clere & resplendissante, & toutes les appartenances illustrées de lumiere & de grand iour, de portiques peins au frais, pour se pourmener, & propices pour se réiouir: qui passoyent de magnificence & de beauté, pour les coulonnes & peintures, toutes les autres habitations. Quant à la decoration du frontispice, il estoyt enrichi de deux statues de marbre, ou de bronze: dont l'vne estoyt consacrée à Aesculapius, & l'autre dediée à la Santé: lesquelles monstroyent vne face elegante & splendide, que les Grecs ont nommée ἐυρυθμία, que nous disons forme venuste & bien proportionée: qui monstre par destination des membres la chose belle auecques delectation. Les autres parties, necessaires pour la commodité des bains, sont assés congnues par ce que Vitruue en escrit au cinqiéme liure de son Architecture. Quant à la cuue, nommée *Labrum*, la semblance se voyt par celles, qui sont deuant la Rotunde de Romme (l'vne desquelles ie representeray ciapres) & celle de porphire, qui est en l'eglise de S. Denys en France.

Thermes.

Statues dediees à Esculapius & à la Santé.

Eurythmia.

Vitruue.

Labrum. Cuue.

CVVE

CVVE, OV SE LAVOYENT
les anciens Rommains.

Il demeure à veoir par figure les Strigiles (que nous pouons nommer Estrilles à estuues) à ceux qui n'ont veu celuy que i'ay presenté à vostre maiesté (qui est faict selon la description d'Apulée, au commencement du liure second de ses Florides) & par celuy de bronze doré que i'ay entre mes mains, fort antique. *Apulée.*

STRI

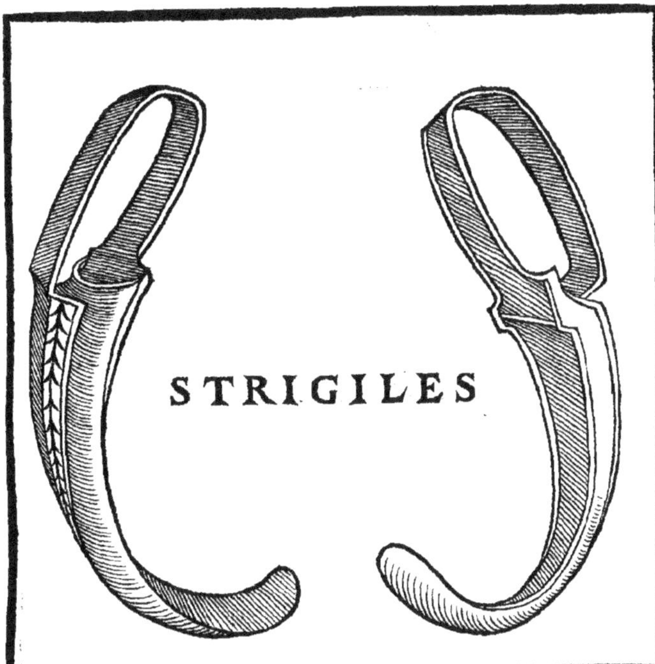

L'vſage des Strigiles. Et, pource que ceux qui verront les ſtrigiles, en pourroyent demander l'vſage : il faut qu'ils entendent que les anciens Rommains les faiſoyent porter aux bains par leurs pages, quand ils alloyent aux thermes, auec les guttes (comme lón pourra veoir ci-apres) pour abbatre la ſueur, au lieu que nous vſons de couurechefs:& les faiſoyēt faire d'or, d'argēt, & de bronze: cōbien que Strabo, au quinziéme de ſa Geographie, recite que les Indiens, entre les autres exercitations, auoyēt couſtume de ſe polir le corps auecques ſtrigiles legéres d'hebéne. Les plus delicas des anciēs Rōmains (cōme nous liſons en Pline) vſérent d'eſponges pour les ſtrigiles: qu'ils faiſoyent teindre en eſcarlatte, pour leurs delices: & ſouuentefois les faiſoyent blanches, par grande ſingularité.

Strigiles d'or d'argent & de bronze.

Strabo.

Pline.

Eſpōges teinctes en eſcarlatte pour les delices.

HERVS

LE ROMMAIN QVI S'ALOYT estuuer, & lauer, accompaigné de son page, qui portoyt le strigile, & le gutte.

Guttus, ou le gutte, que nous auons veu ci-dessus, fut ainsi nommé, pource que la liqueur en descẽdoyt goutte à goutte. Les grans Princes & les plus nobles les auoyent de licorne, & la plus grande partie de voirre, ou de corne de buffle. De ce vase vsérent les Rommains en leurs bains, pour tenir les huiles odoriferans: desquels, apres qu'ils estoyent laués, ils se faisoyent oindre, vnir, & adoucir la chair: comme lon pourra veoir par la figure, que i'ay emprunté de Fabius, aux simulacres qu'il a faits de la cité de Romme.

Guttus.

Vase pour tenir les huiles odoriferans.

Fabius.

DES BAINS

BAIN VOVTÉ DES anciens Rommains.

Les mixtions toutefois & cõpositions en furent differentes. Car les vns demandoyent les huiles composés de fleurs: comme le *Rhodinum*, qui estoyt de roses, & le *Lirinum*, des fleurs du lis: ou du *Cyprinum*, qui estoyt faict de la fleur d'vn arbre nommé *Cyprus*: qui a la fleur blanche & bien fort odoriferante. Il viẽt en plusieurs lieux: mais en l'isle de Cypre passe d'odeur suaue tous les autres. Les Anciens eurent encores entre les huiles, le Baccarin: duquel parle Aristophane. l'herbe est nommee *Baccar*: qui porte vne fleur de couleur de pourpre: dont la racine en quelque chose porte la senteur du cinnamome. Il s'en treuue assez en nostre France: lequel est appelé vulgairement Cabaret par transposition de lettres. Ils eurent aussi l'huile Gleucin & Myrrhin en grands delices. Le Gleucin se faisoyt de moust, que les Grecs appellent γλεῦκος: combien que Columelle, au cinquantiéme chapitre de son treiziéme liure, le compose de simples odoriferans. Pline a mis cest huile entre les especes des artificiels, disant, qu'il est froid, au vint-et-troisiéme liure de son histoire naturelle. ce qui est contre l'opinion de Theophraste & de Dioscoride. Le Myrrhin se cõposoyt de myrrhe, & desechoyt suffisamment. Nous auõs perdu l'vsage de telle composition. pource que la myrrhe, que l'on apporte auiourdhuy d'Alexandrie, est entierement contrefaicte & sophistiquée: & en vient bien peu de la vraye en France & en Italie. i'enten de celle que Dioscoride a laissé par escript, transparente comme la corne de beuf. Les autres huiles se faisoyent des fueilles d'herbes: comme ceux qui estoyent de mariolaine, de lauande, & de la fleur de vigne sauuage: qui furent dicts *Amaracinum*, *Nardinum*, & *Oenanthinum*. Les autres se composoyent de la racine & escorce des

Huile de roses, & de lis.

Huile de cabaret.

Aristophane.

Gleucin.

Columelle.

Pline.

Huile de myrrhe.

Dioscoride.

Huiles de mariolaine, de lauãde et de la fleur de vigne sauuage.

Huile du cinnamome precieux et de grãde despense.

arbres: comme le *Cinnamominum*: qui estoyt précieux & de grande despense, qui se faisoyt anciénement auecques l'huile de been, le bois du baume, nommé *Xylobalsamum*, & du squinanthe: qui est la fleur du ionc odoriferant, aromatizé, comme recite Dioscoride, auecques le cinnamome & le *Carpobalsamum* (qui est le fruict du baume) y adioustant quatre fois autant de myrrhe que de cinnamome, & du miel autant qu'il suffisoyt, pour detremper le tout ensemble. Auiourdhuy seroyt chose bien difficile, & quasi impossible, de faire tel vnguent. car le vray cinnamome est du tout incongnu: comme disent ceux, qui vont querir les espiceries iusques au Leuant: & desia du temps des Empereurs (qui estoyent obeïs par tout le monde) estoyt rare & difficile à recouurer. Pour le cinnamome l'on prend auiourdhuy la casse odoriferante (que nous appellons canelle) pour aiouster à la composition de noz vnguens: &, quand Galien fit le theriaque pour M. Aurelius Antoninus, il ne se trouuoyt point ailleurs qu'au cabinet des Empereurs: qui le faisoyent garder bien chérement entre leurs pretieuses choses. Ledict Empereur fit monstrer à Galien plusieurs vases de bois remplis de cinnamome: lesquels auoyent esté mis en son palais: les vns du temps de Traian, & les autres d'Adrian, qui adopta Antonin Pie: lequel succeda à l'Empire, & recouura du cinnamome frais: qui passoyt de bonté & de senteur tous les autres. Depuis, Commode l'Empereur (incommode à tout le monde) se souciant bien petit du cinnamome & du theriaque, laissa perdre tout ce qui estoyt demeuré de bon, & que les bon Empereurs, ses predecesseurs, auoyent amassé de long temps par grande singularité: de sorte que, quand Galien vint à composer le theria

Dioscoride.

Casse odoriferante qui est nommee canelle.

Galien feit le theriaque pour Marc Aurele.

Cinnamome trouué aux cabinets de Traian, Hadriã, et Antonin Pie.

Galien pour la deuxiéme

theriaque pour l'Empereur Seuerus, il fut contraint de prendre le plus vieil cinnamome qu'il trouua de reste au palais desdits Empereurs: qui estoyt (ainsi comme il dit) fort foible de senteur & de force: & si ne passoyt pas trēte ans qu'il auoyt esté apporté à Romme. Quant aux autres huiles, le Narcisin (qui se fait de la fleur de *Narcissus*, que les François nomment fleur de Pasques) & l'Irin, de la racine du glaieul, se faisoyt au temps de Pline, bon en Pamphilie, mais meilleur, plus suaue, & plus odorant, en Elide, cité d'Arcadie: combien que l'Iris de Florence tienne auiourdhuy le premier lieu. L'huile Rhodin a esté tousiours le meilleur à Naples & à Capoue, &, du temps des anciens, à Malthe: à cause de la bōté des roses, desquelles on fait auiourdhuy la meilleure conserue & la plus belle que l'on puisse trouuer: & duquel, comme recite Posidonius vsoyent les Carmaniens pour reprimer les vapeurs du vin. Le Nardin se trouuoyt le meilleur à Rhodes, qui se composoyt d'huiles omphacin, de been, bois de baume, fleur du ionc odorant, calame odorifére aromatisés auecques *l'Amaracus* (qui est la mariolaine) coste, amome, nard, casse odorante, du fruict de baume & de myrrhe. Et ceux, qui le vouloyent rendre plus pretieux, y aioustoyent du cinnamome: qui a esté perdu depuis le temps que Galien en prit, qui auoyt ia trente ans, au cabinet de Marcus Aurelius Antoninus, pour luy faire sa theriaque: de laquelle il vsoyt tous les iours. Car, à ce que dit Galien, il ne seut auoir la patience qu'il n'en prist deux mois apres qu'il l'eut fait: &, à ce que recite Dion en la vie dudict Marc Aurele, il estoyt si subiet à maladie, qu'il ne prenoyt rien sus iour, outre ce medicament, qu'estoyt le theriaque: &, ne prenoyt pas tant ce pharmaque pour

fois compose le theriaque pour Seuere l'Empereur.

Huile de Narcissus et de la racine du glaieul.

Iris de Florence.

Conserue de roses de Naples entre les autres la meilleur.

Huile Nardin.

Marc Aurele vsoyt tous les iours du theriaque.

Dion.

crainte qu'il euſt d'eſtre empoiſonné, que pource qu'il a-uoyt l'eſtomac debile. Il y a lōg tēps que telle cōpoſition n'a eſté vrayement faicte, pour auoir eſté les noms de pluſieurs ſimples corrompus par les Arabes. L'huile Balanin, que les Anciens ont ainſi nommé, ſe faiſoyt du gland vnguētaire nommé des Grecs μυροβάλανος. Les Perfumeurs l'ont appelé huile de Been: pource que le fruict a eſté ainſi nommé des Arabes. Sa proprieté toutefois porte (combien qu'il ſoyt fort vieil) qu'il ne ranſit point. Qui eſt la cauſe que leſdits Perfumeurs s'en ſeruent, pour incorporer leurs mixtions, qu'ils font pour perfumer gands, faire pommes de ſenteurs, & patenoſtres, auec le muſc, ambre, & zybed, & autres ſenteurs odoriferentes. Ce gland s'apportoyt autrefois de la region Barbarique (qui eſt au iugement des doctes, l'Aethiopie en general, ou la Troglodytique partie d'icelle) & vſoyent de la liqueur tirée de la chair de ſon fruict les Perfumeurs, comme recite Galien. Et n'eſt pas de merueille ſi le fruict, duquel ſe prend ceſt huile, a eſté nommé des Anciens Gland vnguentaire: pource que ſa liqueur eſt la plus propre & la plus frequentée es compoſitions de leurs vnguens pretieux & odoriferes. C'eſt grand' choſe qu'en toutes les liqueurs vnctueuſes ne ſe treuue que l'huile de Been, qui ne ſoyt ſubiet à ranſir: &, pour ſa vertu particuliere, detrempent les vnguentaires toutes leurs compoſitions odoriferentes en ceſt huile de Been: pource qu'ils ſont aſſeurés qu'elles ſe peuuent garder ſans craindre l'iniure du temps. L'Amaracin eſtoyt le meilleur en l'iſle de Coo (que nous auons depuis nommee le Langou) &, ſelon la diuerſité & proprieté de tous ces huiles, les Anciens en vſérent en leurs bains, pour garder & entretenir leur bonne ſanté: &, à

Huile Balanin. *Huile de Been.* *Le glād vnguētaire s'aporte d'Aethiopie.* *Galien.* *Le ſeul huile de Beē ne ranſiſt iamais.* *Amaracin.* *Coo c'eſt le Langou.*

ce que nous liſons,ils ſe faiſoyẽt frotter les ſourcils & les
cheueux, le col & la teſte, d'huile de Serpolet (qui eſt
autrement nommé Polliot) dict *Serpyllinum*, & les bras
de celuy de Siſymbre (qui eſt Mente aquatique) & de celuy de Creſſon, & de l'Amaracin ou Mariolaine, les
os & les nerfs. L'Amaracin eſtoyt le meilleur de tous,
principalement pour l'yuer, & pour ceux qui habi-
toyent es regions froides. Les plus delicas des Atheniens
(comme recite Cephiſodorus) ſe faiſoyent oindre les
pieds d'onguents: & telle eſtoyt la couſtume en Athenes,
comme il dit. Nous liſons que les Thoriciens, peuple
d'Attique, ſe frottoyent les iambes depuis le genoil en
bas, & iuſques à l'extremité des pieds, μύρῳ Αἰγυπτίῳ: les ioues
& les mammelles, φοινικίῳ: l'vn des bras, σισυμβρίῳ: les ſor-
cils, & les cheueux, ἀμαρακίνῳ: les genoils & le col, ἑρπυλλίνῳ.
De l'huile baccarin (duquel nous auons parlé cy deſſus)
ont eſcrit pluſieurs Comiques, & principalement Hipponax, quand il a dit: Βακκάρει δὲ τὰς ῥῖνας ἤλειφον, dont le ſens
eſt tel: Ie me perfumoye le nez & viſage du baccarin.
Toutefois Aeſchylus a mis difference du baccarin aux
autres onguents, diſant ainſi: Ἐγώγε τὰς βακκάρεις τε καὶ μύρα: c'eſt
à dire, Ie demande le baccarin & les perfums. Par reſolu
tion les Aeoliens nommerent τὰ μύρα, les onguents, que
les autres Grecs σμύρνα: par ce que la plus grãd partie de la
compoſition des onguents, ſe faiſoyent à Smyrne: &, ce
qu'ils nommerent *Stacte*, eſt faict de la ſeule myrrhe,
comme dit Athenæus. Par ces compoſitions nous con-
gnoiſons la grande recommendation, ou furẽt ces huiles à-l'endroit des anciens Rommains: veu que les Italiens en ont gardé les noms & l'vſage, iuſques à ce iour:
&, outre ceux-cy, de l'huile Imperial, de l'huile de fleur-
d'Oranges, de Iaſmin, du Benioin, & du Stirax: mais
princi

Huiles de Serpolet & Mẽte aquatique.
Cephiſodorus.
Thoriciens peuple d'Athenes.
Huile baccarin.
Hipponax.
Aeſchylus.
Smyrna.
Stacte.
Athenæus.
Huiles, Imperial, de fleur d'orã-

ges, de Iasmin, de Benioin, de Stirax, & Royal. principalement de l'huile Royal nommé des Grecs βασίλειον: dont vsérent les Roys des Parthes, comme nous lisons en Pline: qui en escrit la cõposition, & de plusieurs, qui se vendent par les Myropoles & Vnguentaires, que nous auons nommés Perfumeurs. Les montaignes de Perse portent des noix Persiques, desquelles lon faisoyt *Amyntas.* l'huile pour le Roy, comme dit Amyntas. Et en Carma- *Ctesias. Huile Acanthin.* nie (auteur Ctesias) estoyt composé l'huile Acanthin, duquel le Roy du païs se faisoyt frotter le corps. De l'huile, qui a esté nommé des Grecs ὠμοτριβὲς, a fait men- *Theophraste.* tion Theophraste au liure quil a fait des odeurs: lequel afferme quil se faisoyt des oliues non encores meures, & amandes. Les autres compositions, seches & arides *Diapasmata.* (que les Grecs ont nommées διαπάσματα) seruoyent, selon Pline, pour arrester & secher la sueur de ceux, qui sortoyent des bains, pour apres se lauer deaue froide. Ie *Poudre de violettes & de Cypre.* croy que ce peuuent estre poudres semblables à celles de violettes & de Cypre: dont lon vse encores auiourdhuy.

Toutes ces compositions liquides se faisoyent auecques huiles: &, dautant que l'huile estoyt plus gras, elles estoyẽt meilleures & plus vtiles. Qui fut cause que l'huile damandes fut le plus propre & le plus estimé anciẽne- *Difference entre les huiles & vnguens.* ment. En parlant des huiles, Dioscoride dit que ceux, qui se font sans y aiouster autre chose que ce que lon prend du fruict des arbres, ou de la semence, sont nommés huiles, & tous les autres, vnguens: qui sont compo- *Huiles, Rosat, Sansucin, Amaracin, Melin, Telin, Eleatin, Oenanthin,* sés d'huile, & dautre matiere: comme les huiles Rosat, Sansucin, Amaracin, Melin, Telin, Eleatin, Oenanthin, Anetin, Crocin, Megalin, apellé des Grecs μεγάλειον, comme dit Sosibius, & de lvnguent duquel a parlé Epilycus, dict Sagdas, & de plusieurs autres, que ie passeray, nayãt pas deliberé descrire en ce petit Traicté si grand nombre

bre de compositions, & encore moins de parler des bains salés, sulphurés, alumineux, bitumineux, ferrugínés, & plusieurs autres : & des composés auecques plantes, & fleurs : ny de ceux qui sont faits pour restorer & remettre sus les personnes, qui sont consumées & extenuées par maladie, remettant ce demeurant aux Médecins. Ains i'ay voulu sommairement escrire de ceux, qui estoyent du temps des anciens Grecs, & Rommains : qui les frequentérent pour conseruer la santé, & pour obuier à plusieurs maladies. Car c'est vn reméde singulier pour les gens de lettres, que le bain : si nous voulons croire Galien, au troisiéme liure, qu'il a fait pour entretenir la bonne santé. Pour obuier à toutes ces grandes despenses, Athenæus recite que les Lacedemoniens chaçoyent les vendeurs de toutes ces delicates compositions : pource qu'ils perdoyent & consumoyent inutilement l'huile comme les teinturiers des laines, qui corrompoyent la blancheur : & Pline dit qu'il est certain que les Rommains n'en firent pas moins, apres la defaite du Roy Antiochus, & que l'Asie fut suppeditée, l'année, depuis que la cité de Romme fut fondée, cinq cens soixante cinq : &, alors que Publius Licinius Crassus, & L. Iulius Cesar estoyent Censeurs, fut faict vn edict que personne ne vendist huiles & vnguens exotiques : ainsi nommerent les estrangéres & peregrines compositions. Or, pour monstrer en quelle reputation estoyent à l'endroyt des bons Empereurs, ceux qui en portoyent, ie reciteray, en passant, les paroles de l'Empereur Vespasian à vn ieune adolescent, bien perfumé : qui le venoyt remercier d'vn magistrat, dont il auoyt esté pourueu : auquel il dit, tout fasché : I'aimeroye mieux que tu sentisses les aux : faisant reuo-

Reméde singulier pour les gës de lettres, que le bain.

Athenæus.

Pline.

Antiochus.

Edit du tẽps de Pu. Licinius Crassus L. Iulius Cesar Censeurs.

Response de l'Empereur Vespasian.

quer les lettres de l'office, qu'il luy auoyt dõné. En cela le sage Empereur suyuoyt la mousche à miel: qui ne peut endurer la senteur, ains picque aigrement ceux, qu'elle sent perfumés. Suyuant aussi l'opinion de Cicero: qui dit que les odeurs, qui sentent la terre, sont plus gratieuses que celles, qui tiennent de l'odeur du saffran. Par la lecture de ce, que nous auons dit ci-dessus, l'on congnoistra les grandes despenses, que firẽt les Rommains, à bien edifier leurs bains: ou ils ne gardérent ny moyen ny mesure. Ce qui se voyt par les ruines des thermes d'Antonin, & de Diocletian, à Romme: ou se treuuent coulomnes de marbre de couleur differentes, & lieux infinis appropriés à plusieurs vsages: qui estoyent entretenus curieusement par les Anciens: qui se lauoyent quasi tous les iours, en prouoquant la sueur, pour entretenir leur bonne santé. Ce que monstre Seneque en ses Epistres à Lucille, quand il dit que Scipio l'Africain, qui s'estoyt retiré voulontairement à Linterne, en vne sienne maison, qui estoyt construite de pierre quarrée: auoyt en sa vile vn bain estroict & obscur, lequel ne luy eust point semblé chaud, sans qu'il eust esté obscur: & en ce petit bain l'horreur de Carthage Scipio lauoyt son corps lassé, apres qu'il auoyt trauaillé tout le iour en ses œuures champestres & rustiques. Depuis, les Rommains tournérent les bains en delices, & firent les thermes pour aider à la digestion crue de l'estomac. Qui a fait dire à Pline, chastiant vne si mauuaise façon de faire, que pour ceste cause en son temps auoyent ordonné les bains chauds les Médecins: qui auoyent persuadé aux Rommains que la concoction & digestion de la viande se faisoyt par ce moyen dedans l'estomac: combien qu'au saillir des bains ils se trouuassent si mal, qu'ils se fai

Cicero.

Thermes d'Antonin & de Diocletian.

Les Anciẽs se lauoyent quasi tous les iours.

Seneque.

L'interne, maison de Scipio l'Africain.

Pline.

ſe faiſoyent porter, par trop croire les Médecins, tous vifs en leurs ſepultures. Pour les bons Capitaines & Empereurs Rommains, nés au labeur, furent ordonnés les bains, & non pour les delices, dont vſa depuis le peuple de Romme. Car ils furent à la fin ſi communs, que les Princes ſe lauoyent auecques le peuple: & fut le premier Hadrian: lequel, en ſe lauant vn iour aux bains, & regardant vn vieux ſoldat (qu'il auoyt autrefois congnu en la gendarmerie) qui ſe frottoit le dos contre les murailles, apres auoir entendu de luy que c'eſtoyt par neceſsité, luy donna ſeruiteurs & argent par grande liberalité. Vne autrefois pluſieurs gens-d'armes vindrent aux bains, pour ainſi prouoquer la liberalité du Prince: & alors Hadrian leur commanda que chaſcun frotaſt ſon compaignon, par grand' riſee.

Bains ordonnés pour les bons Empereurs.

Hadrian.

Nous auons aſſes demeuré ſur les Bains, Thermes, & Lauacres. Nous eſcrirons preſentement des Gymnaſes, & de la Paleſtre: que les Grecs firent pour exerciter les ieunes gens, les vns à luiter, à iouer de l'eſpée, à la picque, & les autres à ſauter, à tirer de l'arc, à lancer le dard, à picquer cheuaux, à voltiger, à courir au ſtade, & à toutes autres militaires exercitations. Et pour inciter les ieunes enfans à la vertu, ils faiſoyent dreçer ſtatues aux Gymnaſes, pour la memoire de ceux qui eſtoyẽt paruenus à la ſommité de ces exercitations & diſciplines: leſquelles ſtatues repoſoyent ſur baſes inſculpées & grauées des inſcriptions & excellence de leurs exercices. En ces Paleſtres deuoyent eſtre mis les ieunes enfans (comme dit Ariſtote, au huitiéme des Polytiques) pour les rendre plus forts & plus robuſtes. Encores Plato ne reprouuoyt point que les vier-

Gymnaſes de la paleſtre pour exerciter la ieuneſſe.

Ariſtote au 8. des Polytiques.

Plato.

ges s'exercitassent toutes nues à ietter le Disque, à courir, à luiter: & fut son opinion que non seulement les ieunes filles, mais encores les femmes d'aage, luiteroyent auecques les hommes, pour entreprendre, auec la patience de ces labeurs, choses ardues & difficiles. Ce que Xenophon a monstré en la politie des Lacedemoniens: qui dit que Lycurgus pensa que les esclaues suffiroyent pour faire les robes, & accoustremẽs, & que les femmes libres (qui vaqueroyent à faire des enfans) exerciteroyent leurs corps comme les hommes. Depuis il ordonna que le combat de force & de courir seroyt entre les femmes, comme il estoyt entre les hommes: cuidant que de tous deux les enfans se feroyent plus robustes & plus forts, suyuant l'opinion des Grecs. Cicero ne reprouue point toutes ces choses, quand il escrit que ceux, qui donnérent la façon de viure aux Republiques de Gréce, voulurent fortifier le corps des ieunes hommes, auecques le labeur. Ce que les Spartiates auoyent traduit aux femmes: lesquelles aux autres viles viuoyent serrées dedans les murailles delicieusement. Parquoy Properce, perdu d'impatience d'amour, se plaignant que les filles Rommaines n'estoyent point veues publiquement, loue la Palestre Spartiane, auecques vne vehemence d'amour & fureur de ieunesse, tout ainsi:

Xenophon. *Lycurgus.* *Cicero.* *Properce li.3.eleg.13*

Multa tuæ, Sparte, miramr iura palæstræ,
Sed mage virginei tot bona gymnasij.
Quòd non infames exercet corpore laudes
Inter luctantes nuda puella viros,
Cùm pila veloceis fallit per brachia iactus,
Increpat & versi clauis adunca trochi,
Puluerulentaq; ad extremas stat fœmina metas,
Et patitur duro vulnera Pancratio,

Nunc

Nunc ligat ad cæstum gaudentia brachia loris,
Missile nunc disci pondus in orbe rotat,
Gyrum pulsat equis, niueum latus ense reuincit,
Virgineumq; cauo protegit ære caput.

Pour retourner à nostre propos, les Princes frequentoyent non seulement les Gymnases, pour plaisir & pour congnoistre les bons Athletes, mais aussi pour ouir les disputations des Philosophes, & de ceux qui disputoyent aux autres facultés & disciplines. Parquoy faloyt qu'en ces Palestres fussent diuerses habitations, grãdes places, & Portiques: (que nous auõs nõmés galeries) & aux Portiques Exedres spatieuses: qui estoyent lieux semblables aux escholes publiques, & mieux aux chapitres des cloistres de noz Religions: & là estoyent sieges ordonnés: ou estoyent assis les Philosophes, & ceux qui prenoyent plaisir à disputer. Outre les Exedres se trouuoyent Peristyles quarrés (qui estoyent garnis & enuironnés de coulomnes, qui auoyẽt douze cens piéds de tour) pour se pourmener, que les Grecs nommerent διαυλον. L'vn des Portiques, & celuy, qui regardoyt sur la region du midi, estoyt double, pour euiter que le vent ne portast la pluye iusques au dedans. *Portiques.* *Exedres.* *Peristyles.* *Diaulon.*

De ce double portique tenoyt le milieu l'Ephebeum: qui estoyt la place, ou les adolescens auoyent sieges pour estudier, comme nous pourrions dire les sieges extrémes des chores ecclesiastiques. Et deuoyt auoir ce Portique plus de longueur, la troisiéme partie, que de largeur. Au plus pres estoyent lieux ordonnés pour le seruice de ceux, qui s'exercitoyent en la Palestre: comme le Corycée (qui estoyt le ieu de la grosse bale, nommé *Corycum*) & le Conistere: qui seruoyt à tenir la poudre de ceux, qui luittoyent à force de bras: & aux Geometriens, *L'ephebee.* *Corycẽ, ieu de la grosse bale.* *Conistere.*

pour designer, en estudiant, leurs figures. Entre ces portiques auoyt petits bois, iardins, & vergers, plantés en quincunce, ou à la ligne: dont les arbres estoyent lauriers, cyprés, palmes, myrthes, pins, sabines, ieneures, cedres, tamaris, houx, bouis, & oliuiers: qui sont tous arbres qui ne se despouillent point de leurs fueilles, & rendent pour cela les vergiers plaisans: & si donnoyent aux Athletes & à ceux, qui les regardoyent, outre l'ombre, senteur & verdure, confort & consolation. Parmy ces arbres se faisoyent pourmenoirs & hypetres ambulations: que les Grecs ont nõmées παραδρόμιδες & que nous pouuons interpreter descouuertes & soubs le Soleil: ausquelles l'hyuer (quãd le temps estoyt cler & beau, & le ciel serein) les Athletes, appelés Xystiques, pour le Xyste, qui estoyt couuert, descendoyent pour se pourmener, exerciter, & courir. Apres le Xyste estoyt le Stade, lieu de la course: qui estoyt faict par telle maniere que chascun, à son plaisir, pouuoyt regarder courir les Athletes: qui estoyent (comme dit Iulius Pollux) tous ceux, qui s'exercitoyent au Gymnase de la Palestre.

Arbres qui ne se despouillẽt point de leurs fueilles.

Hypetres ambulatiõs.

Paradromides.

Xyste.

Le Stade.

Iulius Pollux.

Apres que nous auons eu congnoissance des habitations diuerses de la Palestre, il faut exposer, à ceste heure, qui estoyent les noms de ces Athletes. Et premierement nous escrirõs de ceux, qui de celerité passoyẽt tous les autres: lesquels les Grecs nommérẽt δρομεῖς: c'est-à-dire Coureurs: qui couroyent legérement & longuement: & si auoyent la force & le pouuoir, en courant, de pousser & retenir leur aduersaire. De ces coureurs les vns estoyent Stadiodromes (pource qu'ils couroyent au stade) & les autres Diaulodromes: qui redoubloyent leur course: c'est à sauoir que, quand ils auoyent couru iusques aux metes, retournoyent, dont ils estoyent partis.

Dromides.

Stadiodromes.

Diaulodromes.

tis. Les Dolichodromes couroyent six courses au stade: toutefois il est à presumer que c'estoyent ceux, qui le plus longuement continuoyent vne course: & les Athletes, qui se exercitoyent nus à la luitte, furent nommés Palestiques. Telle coustume de monstrer au Gymnase le corps nud, & de le frotter d'huile, vint des Lacedemoniens: ainsi que nous lisons en Thucidide. Les autres aioustérent de la terre auecques l'huile: & telle composition fut depuis nommée *Ceroma:* qui seruoyt pour fortifier les nerfs & les mẽbres (pource que l'huile mollifie le corps: & luy donne force & vigueur) selon Pline qui dit: *Duo sunt liquores corporibus humanis gratissimi, intus vini, foris olei: arborum è genere ambo præcipui, sed olei necessarius.* C'est à dire, qu'il ya deux liqueurs gratieuses pour le corps humain, le vin pour le dedans, & l'huile pour le dehors: l'huile toutefois fort necessaire. Encores parlant ledit Pline d'Auguste Cesar, qui s'enqueroyt de Romulus Pollio son hoste (qui auoyt passé cent ans) du moyen qu'il auoyt tenu, pour garder la vigueur & force de son corps: il luy respondit, *Jntus mulso, foris oleo:* qui nous fait congnoistre, que l'huile de tout temps a esté meilleur pour les parties exterieures, que pour les interieures. Combien que anciennement l'on seruoyt l'huile à la premiere table, comme l'on fait encores auiourdhuy. Et celuy se trouuoyt en plus grand'estime, qui estoyt le plus blanc: cõme est à-present entre nous l'huile vierge: duquel a parlé Antiphanes auteur Grec, qui l'a nommé huile Samique. La renommée dure encores de Democritus Abderites qui auoit deliberé de donner fin à sa longue vieillesse: & pour ce faire, iournellement il appetissoyt son mãger: parquoy il fut prié de ses femmes domestiques de ne se laisser point mourir aux

iours,

Dolichodromes.

Athletes.

Palestiques.

Thucydide.

Pline li. 14. *c.* 22.

Li. 22. *cha.* 24.

Auguste, Cesar.

Huile vierge.

Antiphanes.

Huile Samique.

Democritus Abderites.

Ceres. iours, qui estoyent consacrés à Ceres: ce qu'il accorda, commandant qu'on luy apportast vn vase plein de miel, qu'il mangea: & par ce moyen prolongea sa vie iusques *Cereales.* à ce que les Cereales (iours consacrés à la Deesse) fussent passés. Et interrogé de ses amis, comme pourroyt vn homme en santé viure longuement: il leur feit re- *Vtilité du miel.* sponce, s'il vsoyt du miel par le dedans, & de l'huile par *Themistocles.* le dehors. A ce propos seruent les paroles de Themistocles: qui se mit en cholere contre son argentier (qui luy rendoyt compte de sa despence) d'vne bien petite somme d'argent, qu'il auoyt emplié pour achepter de l'huile: & regardant les assistans, qui s'ébahissoyēt bien fort de son espargne, il commença à leur dire, qu'ils auoyēt mal entendu la cause de son courroux, qui estoyt pource que son cuisinier luy auoyt fait trop manger de *L'huile asses mauuais pour le dedās du corps humain.* l'huile assés mauuais pour le dedans du corps de l'hōme.

Quant aux oliues, on les seruoyt anciennement à la seconde table: desquelles les vnes estoyent nommées des *Drypetæ oleæ.* Grecs δρυπεταί, & des Latins *drupæ*, quand les bacques *Drupæ.* (comme tesmoigne Pline) cōmençoyent à noircir. Di- *Diphilus.* philus a dit qu'elles sont de bien petit nourrissement, & engendrent douleur de teste: & que les noires sont pernicieuses à l'estomac. Les plus saines & les meilleures sont celles, qui ont esté nommées des anciens κο- *Colymbades.* λυμβάδες. Les autres qui sont confictes auecques le fenoil, *Halmades.* ont esté dictes ἁλμάδες: & celles, qui estoyent pilées dans *Stemphyla.* vn mortier, furent appelées des Atheniens, στέμφυλα, com- *Athenæus.* me recite Athenæus. Quoy que disent les Grecs, les Rommains vserent des oliues depuis le commencemēt *Martialis in Xenijs.* de table iusques à la fin: comme dit Martial,

Hæc, quæ Picenis venit subducta trapetis,
Inchoat, atque eadem finit oliua dapes.

Plusi

Plusieurs autres especes ont esté nommées de Macrobe & de Pline : comme les Africaines, Licinienes, Sergianes, Salentines, & Royales. Et certainement de toutes les oliues la plus grosse est meilleure pour manger, que la petite, qui est plus conuenable pour faire l'huile: comme Columelle l'escrit au sixiéme liure de la chose rustique. A l'oliue firent cest honneur les Rommains, qu'ils en coronnerent ceux qui triomphoyent en leurs petis triomphes : & la Grece coronnoyt les victeurs à Olympe d'oliuastre. Les Atheniens en leurs monnoyes accompaignerent la cheuesche (consacrée à Minerue) d'vne branche d'oliue : comme plus amplement nous en monstrerons la figure au liure de noz Antiquités de Romme. Aucuns ont voulu dire que l'huile seruoyt pour rendre le corps des Palestrites plus lubrique, & pour prendre les bras auecques vne plus grande difficulté: toutefois les Grecs (qui furent les premiers inuenteurs de tous vices) le tournoyent à luxure, en le publiãt aux Gymnases: & l'huile, qui seruoyt pour les Athletes, fut à la fin mxtionné de choses odoriferentes : si nous voulons croire Pline : qui dit que aucuns mesloyent aux Gymnases senteurs auecques l'huile, mais plus vtiles & de moindre valeur. Apres que les Luitteurs s'estoyent faits oindre, ils estoyent arrousés & couuerts d'vne poudre, ou sable (qui estoyt nommé Aphé) pour aider à fortifier le corps. Ce que nous enseigne Lucain : quand il dit, en parlant du combat d'Hercules & d'Anteus:

Oliues Africaines, Liciniénes, Sergianes, Salentines, & Royales.

Columelle.

Ouation.

Mõnoye des Atheniens, ou est la chouette.

Pline.

Aphé poudre pour les Athletes.

Lucain.

Auxilium membris calidas infundit arenas.

Qui nous fait congnoistre que les Luitteurs & Pugiles combattoyent auecques la poudre : dont est venu le prouerbe, que l'on disoyt entre les Grecs ἀκονιτὶ νικᾷν : qui veut

Aconiti vicit.

dire emporter la victoire, sans s'estre mis en besongne, sans peine & sueur, ne se presentant personne au combat. Ce que nous lisons en Pausanias: qui parle de Dioreus Athlete: qui auoyt esté victorieux à Olympe ἀκονιτί: que Pline a interpreté sans poudre (c'est-à-dire, sans que nul se presentast pour l'attendre, & sans qu'on le mist en peine de prendre la poudre pour faire son deuoir) quand il escrit, au trentecinquiéme de l'Histoire naturelle, qu'Alcimachus auoyt peint ou portrait Dioxypus: qui estoyt demeuré victorieux à Olympe, sans auoir combatu: que les Grecs auoyent dit ἀκονιτί, & à Nemée κονιτί (c'est-à-dire, de force apres auoir cõbatu) pour le nom de la poudre: qui estoyt nõmée κόνις: dont est venu au Gymnase le nom de Conistere: duquel nous auons fait mention ci-dessus: qui seruoyt pour garder la poudre palestrique: laquelle fut de si grande curiosité aux Anciens, qu'ils la faisoyent venir d'Aegypte: comme recite Tranquillus, quand il monstre l'indignation du peuple de Romme contre Nero: qui auoyt fait venir, au temps de la famine publique, vn nauire, chargé de ceste poudre, pour les Athletes de la court. Son vsage nous enseigne Pline: qui escrit, que la difference estoyt bien petite de la poudre Puteolane à la plus subtile partie du sable du Nil: non qu'elle seruist pour resister aux ondes de la mer, comme la poudre de Pussol: mais bien pour effeminer les corps des Athletes en la Palestre: & d'Aegypte la faisoyt venir à Rõme Patrobius liberte de Nero. Leonatus Craterus, & Meleager, Capitaines d'Alexandre le Grand (comme il dit) la faisoyent porter apres eux auecques leur bagage. Les Pyctes ou Plectiques, que les Latins nomment *Pugiles*, combattoyent à coups de poing: &, en frappant leurs aduersaires, com

Pausanias.

Pline au 35. de l'histoire naturelle.

Alcimachus.

Dioxypus.

Coniti.

Conis.

Conistere.

Tranquillus in Nerone.

Pline.

Poudre Puteolane.

Patrobius liberte de Nero.

Leonatus Craterus Meleager Capitaines d'Alexandre le Grand.

Pyctes, ou Pugiles.

comme dit Cicero au second des Tusculanes, ils se plaignoyent en iettant les Cestes, non par faute de courage, ou pour douleur qu'ils sentissent, mais pource qu'auec le cry & la voix ils auoyent le cueur plus grand, & donnoyent le coup plus véhement. Et, pour venir au combat, ils s'accoustroyent les bras & les mains de Cestes, qui estoyent faicts de cuir de buffle, remplis de plomb par le dedans. De ce combat escrit la façon Virgile, au cinqiéme des Aeneides : qui en donnera aux lecteurs la cognoissance, auecques la figure retirée de l'antique, que i'ay fait peindre ci-apres.

Cicero.

De quelle matiere estoyẽt faicts les Cestes.

Virgile.

COMBAT DES CESTES
entre Dares & Entellus, ſelon la deſcription de Virgile.

Les Pancratiaſtes eſtoyent Luitteurs & Pugiles tout enſemble, & les Diſcoboles iettoyent vne boule ronde de pierre ou de cuyure, perſée par le milieu, appelé le Diſque: &, d'autant que celuy qui le iettoyt eſtoyt plus fort, il le receuoyt de plus haut à force de bras. Quant aux Sailleurs, ils portoyent en leurs mains, pour mieux ſaillir, des Alteres: qui eſtoyent petites maces, ou boules de plomb, faictes à la façon d'vn cercle, qui auoyt la moitié plus de longueur que de largeur: & ſi auoyent des boucles pour y mettre les mains à l'aiſe, comme dedans vn bouclier. Le lieu, dont partoyent les Sailleurs, les Grecs le nommerent βάπτιρα, & la meſure κανὼν, & le ſaut ἐσκαμμένα: c'eſt à dire, foſſé. pource que le ſaut le plus ſouuēt ſe faiſoyt à ſauter ſur vn foſſé, pour ſeruir à l'exercitatiō militaire, & pour garder l'ennemy à la guerre, en ſautant vn foſſé, de ſe ſauuer. Tous ceux, qui s'exercitoyent en ces cinq eſpeces de ieux (c'eſt à ſauoir à courir, à luitter, à ſaillir, à ruer la barre de fer, & aux Ceſtes) furent nommés des Grecs πένθαλοι, & des Latins *Quinquertiones*: deſquels a parlé Pline, en parlant de Myroné: qui auoyt fait vn Diſcobole, Minerue, les Penthales Delphiques, & les Pancratiaſtes. Les autres exercitations furent differentes. car les vnes eſtoyent lentes, & les autres robuſtes & legéres tout enſemble. La robuſte, de laquelle les Grecs s'exercitoyent violentement ſans celerité, fut par eux nommée ἔυτονον, & la violente σφοδρὸν. La valide eſtoyt comme de monter par vne corde à force de bras: & à telle exercitation faiſoyent exerciter les ieunes enfans ceux, qui les preparoyent à la force. Car il eſt certain, ſi l'on monte par vne corde à force de bras, que c'eſt vne robuſte & valide exercitation, outre toutefois la celerité: & ſi eſt meilleure celle, qui ſe faiſoyt en iettāt

Pancratiaſtes. *Diſcoboles.* *Diſque.* *Alteres.* *Vaptira.* *Canon.* *Eſcămena.* *Penthales, Quinquertiones.* *Pline.* *Exercitations differentes.* *Eutonon.* *Sphodron.* *Robuſte & valide exercitation.*

les Alteres, ou bien de tenir en vn lieu le pié ferme, & à la main vne pomme, qui ne ſe puiſſe oſter: comme le faiſoyt Milo Crotoniates, pour mõſtrer vne grande oſtentation de force. Et Soſtratus Sicyonius, Athlete Pancratiaſte, eſtoyt ſi fort, que Pauſanias recite qu'il fut ſurnõmé Acrocherſites: pource qu'en prenãt ſon aduerſaire auecques les mains, il le froiſſoyt de telle ſorte, qu'auant que de le laiſſer, il le cõtraignoyt à mourir. Au cõtraire, les exercitations legéres eſtoyent ſans force & violence: comme τὸ ἐκπλεθρίζειν & πυλίζειν: dont πυλίζειν ſe faiſoyt marchãt ſur le bout des piés & remuant continuellemẽt les mains, l'vne par deuãt en haut, & l'autre par derriere en bas: & τὸ ἐκπλεθρίζειν, quand en la ſixiéme partie d'vn Stade appelée πλέθρον, on couroyt s'auançant & reculãt alternatiuemẽt, ſans ſe tourner ça ny là: & à chaſque courſe on gaignoyt quelque auancemẽt, iuſques à ce qu'on fuſt venu au bout. La Pile ou la Paume, la petite Bale, l'Harpaſtum (qui eſt la groſſe Bale, ou Pelotte) la Sciamachie (qui eſt vn cõbat vmbratile, que nous diſons le ieu de l'eſcrime, lequel les Laniſtes & Maiſtres-d'eſpee mõſtrent & enſeignẽt auiourdhuy par tout le mõde) & le Phenis eſtoyent toutes exercitations légeres: deſquelles a parlé Galenus, au ſecond liure, qu'il a fait pour garder la bõne ſanté. Le ieu de Phenis eſtoyt (comme dit Alexãdrinus) quand celuy, qui tenoyt vne Bale, faiſoyt ſemblant de la ietter à celuy de ſes compaignõs, qui le regardoyt: toutefois il la iettoyt à vn autre: & fut ce ieu nõmé Phenis de l'inuẽteur (qui eſtoyt nõmé Pheneſtius) ou bien ἀπὸ τοῦ φενακίζειν: qui ſignifie deceuoir. pource que ce ieu n'eſtoyt autre choſe que de tromper ſon cõpaignon. Les exercitations, qui eſtoyẽt cõpoſées (cõme nous auõs dit) de la robuſte & de la legére, eſtoyẽt ietter le Diſque (qui eſt vne groſſe

Milo Crotoniates. *Soſtratus Sicyonius.* *Pauſanias.* *Acrocherſites.* *Exercitations legéres.* *Ecplethrizin.* *Pytilizin.* *Plethrum.* *La groſſe et petite bale.* *Sciamachie.* *Phenis.* *Galenus.* *Clemẽs Alexandrinus.* *Le ieu nõmé Phenis.* *Pheneſtius.* *Fenakizin.*

grosse pierre rõde & percée au milieu) sauter sans se reposer, & ietter incessãment vne grosse barre de fer. Si ceux qui s'exercitoyent ainsi, se reposoyẽt, cela faisoyt la difference de l'exercitation cõtinuelle à l'interposée. qui nous fait congnoistre la varieté de ces exercices: qui seruoyent les vns pour les os, cõme la course: ἀκροχειρισμός, & la sciamachie pour les bras & pour les mains. Ceux, qui demandoyent l'exercitation du corps, faisoyent mettre les Alteres deuant eux l'espace d'vne aune. Depuis qu'ils estoyẽt au milieu, sans remuer les piés d'vne place, en pliãt le corps ils les dreçoyent, pour les mettre l'vn en la place de l'autre: & par ce moyen ils exercitoyẽt tout le corps, auecques ces mouuemens: qui furent tous introduits & trouués des Grecs, pour entretenir leur bõne santé. Les gens de lettres s'exercitoyent à lire à haute voix: que les Latins ont nommé *assa voce*. Pittacus, Roy des Mytileniens, auoyt vne estrãge façon de s'exercer. qui estoyt de tourner vne meule: & tel exercice il trouuoyt bon pour sa santé. Les autres tiroyent de l'eaue, & portoyent & couppoyent du bois. Ce que i'ay veu faire souuentesfois à l'vn des plus doctes hõmes de nostre Europe. Il ne se treuue chose, qui tant entretienne la bonne santé que l'exercitation. C'est le vray bain que le labeur, qui ne passe point la sueur. car le labeur trop grand est mauuais. Parquoy suffit à plusieurs persõnes le pourmener, aller doucement à pié depuis la vile iusqu'aux champs.

Varieté d'exercices. *Acrochirismos.* *Alteres.* *Assa voce.* *Pittacus Roy de Mytilene.* *L'exercitatiõ entretiẽt la bõne santé.*

Pour satisfaire aux Lecteurs ie me suis mis au deuoir de mettre par escrit les exercitatiõs Gymniques, desquelles vsérent les Grecs. car les Rõmains eurẽt autres ieux pour passer le temps: cõme les Circẽses, le ieu de Troye (que nous appelõs le tournay) &, pour l'exercitatiõ, Portiques & Deambulatiõs, pour se pourmener. Aussi sans

Exercitations gymniques. *Ieux Circenses. Ieu de Troye, ou tournay.*

diffi

difficulté il n'est chose au mōde, qui tant maintienne & garde le corps, que l'exercitation: que Celsus nous enseigne faire auāt que de māger, & à celuy, qui moins a trauaillé, plus grande. Au cōtraire, l'hōme, qui est las & fasché, la doyt faire moindre, & la prēdre plus gratieusement. Car cōmodement s'exerciter, lire haut, manier les armes, iouer à la paume, courir, se pourmener, & plus tost sous le soleil qu'à l'ombre, sont toutes choses qui gardent la bonne santé: que les Philosophes ont estimée entre la felicité & biens diuins. Ledit Celsus escrit que l'homme, qui est sain & qui se porte bien, & qui vit en liberté, ne doyt point obliger sa vie aux loix des Médecins; & est necessaire qu'il prenne vne differente façon de viure, vne fois demeurant aux champs, l'autre à la vile, à la campaigne, aller par eaue, à la chace, se reposer quelque fois, mais le plus souuent s'exerciter. Car il ne se treuue chose, qui tant rende hebeté le corps que la paresse, qui haste la vieillesse, & le labeur rend la longue ieunesse. Il profite encores de ne fuir point la diuersité des viandes, desquelles le peuple mange. Il conuient se treuuer aux festins, & d'autresfois s'en retirer: & māger deux fois le iour plus tost qu'vne: combien que Cicero, aux Questions Tusculanes, escrit que Plato souloyt reprendre la vie des Italiens: pource qu'ils mangeoyent deux fois le iour. Qui est contre l'opinion dudict Celsus: qui dit que le plus salutaire est de largement disner, & souper sobrement: &, de la meilleure opinion, il s'en faut rapporter aux Physiciens & Médecins.

Celsus.

Choses qui gardēt la bōne santé.

La santé entre les biens diuins.

Ce que dit Celsus de l'hōme sain.

La paresse haste la vieillesse, & le labeur rēd la lōgue ieunesse.

Cicero.

Plato reprenoyt la vie des Italiens pource qu'ils mangeoyent deux fois le iour.

Fin des Bains & antiques exercitations.

★

TABLE DES CHOSES PRINCIPALES CONTENVES AVX DEVX TRAICTÉS DE CE VOLVME:

& faut noter que le C, qui precede le nombre, signifie Castrametation, & le B, les Bains.

ABondance de ris au camp du Grand Turc.C. 23

Ακονιτὶ νικᾷν, prouerbe.B. 17

Acoustrement de guerre des Auantcoureurs au temps de Traian, d'Adrian & d'Antonin Pie.C. 6

Acoustrement de teste furieux du Port'enseigne des Rommains.C. 30

Affaires de guerre n'ont point d'excuse.C. 15

Acoustrement furieux des Trõpettes des Rommains.C. 46

Alteres & leur vsage.B. 19

Arbaleste des anciens pour tirer pierres de grand pois.C. 45

Archers à cheual armés à la legere.C. 29

Armes des Auantcoureurs.C. 6

Armes pesantes des soldas Rommains.C. 8

F

Armes de la phalange de Macedoine, du temps d'Alexandre le Grand. C. 9
Armes de Paris Alexandre selon Homere. C. 9
Armes & acoustremens de guerre du soldat sus la declination de l'Empire de Romme. C. 11
Armes des Princes & Triares. C. 12
Armes des Hastats, garde-coeur. C. 12
Armes des hommes-d'armes Rommains. C. 26
Armes des cheuaux-legers. C. 27
Armes de la caualerie. C. 48
Armes de gens-de-pied. C. 48

BAguage des anciens Rommains, & qu'estce qu'ils comprenoyent par tel mot. C. 33. & 45
Bains ordonnés pour les bons Empereurs. B. 14
Baptistere. B. 5
Bardes des cheuaux des Persiens, selon Q. Curse. C. 26
Belier, machine de guerre, & l'inuention d'iceluy. C. 43
Bestail à la suitte du camp des Rommains. C. 20
Bon iugement de Xantippus, Capitaine Lacedemonien, touchant la deffaicte des Carthaginois. C. 53
Boudoqui, paste de froment. C. 22
Bouteselle, A cheual, A l'estendard, en vsage au camp des Rommains comme auiourdhuy à nous. C. 39
Buccine de Vegece. C. 46

CAtapulte & son vsage. C. 43
Caualerie des Rommains pour la garde des ieunes soldas. C. 16
Cesar quels soldats choisissoit. C. 4
Cestes & de quoy estoyent faicts. B. 18

Ce que dit Celsus pour se maintenir en santé. B. 20
Ce que montoit par an le payement d'vne legion Rõmaine. C. 54
Charge du Tribun. C. 35
Charge des Aliés. C. 37
Charge des Hastats. C. 38
Charge du Consul en l'armée des Romains. C. 51
Cheuaux d'elite & voulontaires. C. 32
Cinnamome trouué aux cabinets de Traian, Hadrian & Antonin Pie Empereurs. B. 10
Commodité des grand pauois des soldas Rommains pour passer vne riuiere. C. 4
Commodes exercices pour garder la santé. B. 20
Composition de l'huile gleucin. B. 10
Conistere. B. 17
Cõserue de roses de Naples entre les autres la meilleur. B. 11
Cotte-d'armes dicte autrement Paludamentum. C. 33
Couronne quernée. C. 34
Coustume des Grecs d'imposer le nom à leurs enfans. B. 6
Coustume des Rõmains à l'election des nouueaux soldats. C. 4
Courte dague nommée Espaignole par les Rõmains. C. 8
Cuue aux bains des anciens. B. 3

DEcimation Rommaine. C. 34
Deesse Nundina. B. 6
Delicatesse des soldas d'auiourdhuy. C. 22
Demande du Trompette aux soldas Rommains auant combattre. C. 46
De quelles viandes vsent les Turcs pour la pouruision du camp. C. 23
Description de l'escu Romain. C. 8
Difference entre les huiles & vnguens. B. 12

Diligence des Rõmains pour garder la ſanté de leur cãp. C. 16
Diuerſes opinions de l'vſage de l'huile touchant les gymnaſtes. B. 17
Diuerſité d'exercitations des Anciens. B. 19. & 20
Diuerſité des morrions qui eſtoyẽt en vſage aux Rõmains. C. 48
Diuiſion de l'armée des Rommains. C 6. & 50
Diuiſion de la Caualerie des Rommains. C. 15

EAue cuitte auec le miel pour les grands ſigneurs Turcs. C. 23
Edit de ne vendre eſtrangeres & peregrines compoſitions. B. 13
Effects d'eloquence en guerre. C. 52
Election des ſoldas Rommains. C. 5
Election & autorité du Tribun. C. 36. & 37
Enſeignes des Rommains differentes. C 12. & 13
Exercitation belliqueuſe de Pompée auec ſes ſoldas. C. 5

FAçon de l'enſeigne du dragon. C. 12
Façon des tentes & pauillons des Rommains. C. 18
Faire la tortue en guerre au temps des Rõmains. C. 41
Fonditeurs. C. 6
Foſſé du camp de quatre coudées de profondeur, & de pareille largeur. C. 45
Fornaiſe du ſouleil, dicte autrement Heliocaminus. B. 7

GAges de l'homme-de-pied du temps d'Auguſte Ceſar. C. 54
Galien pour la deuxiéme fois compoſa le theriaque pour l'Empereur Seuerus. B. 11
Gens de cheual du Grand Signeur portent auec eux viures à l'arçon de la ſelle. C. 22

Gymnases de la palestre pour exerciter la ieunesse. B. 14

HEliogabalus se lauoit en piscines teinctes de saffrã. B. 6

Huiles de diuerses sortes, fort precieux, & leur composition, desquels les Rommains vsoyent aux bains. B. 10.11.& 12

IAcques de differentes couleurs. C. 12

Industrie des Turcs pour porter de l'eaue en guerre. C. 23

Industrie & labeur des Rõmains à drecer leur camp. C. 45

Inscription des medailles antiques. C. 35

Iour lustrique. B. 6

LAbrum. B. 5

La bonne conduitte & bon conseil est trop mieux à la guerre que la hardiesse. C. 15

La cité de Tyre, colonie des Rommains. C. 43

Le gland vnguentaire s'apporte d'Aethiopie. B. 11

L'aigle, principale enseigne de la legion Romaine. C. 54

La loy de Mahomet defent le vin. C. 23

La langue & la main, instrumens pour ennoblir l'hõme. C. 52

La mousche à miel picque ceux qu'elle sent perfumés. B. 13

La retraicte se faisoyt par les Rommains au son de la trompette. C. 18

La santé entre les biens diuins. B. 20

La vertu de l'obeissance vient d'vne vertueuse nourriture. C. 53

La vigne anciennement faisoit honneur à la peine, pource que le Centurion batoit le delinquant de sermens. C. 34

Le bon ordre fait la bonne fortune, & de la bonne fortune succedent les heureuses entreprises. C. 24

Le Capitaine des ouuriers, autrement dict Præfectus fabrorum. C. 32

L'eloquence d'vn Capitaine sert fort bien aux affaires de guerre.C. 52
L'eloquence de Germanicus. là mesme.
Legion Rommaine.C. 54
Le Pretoire du camp.C. 45
Le seul huile de been ne ransist iamais.B. 11
Le Rommain en sa iustice & punition, inuincible.C. 34
Le soldat Rommain beuuoyt de l'eaue meslee auec du vinaigre.C. 20
Le soldat portoit au bout de son haste hardes & farine.C. 20
Les anciens se lauoyent quasi tous les iours, & pourquoy.B. 13
Les gendarmes Rõmains alloyẽt à cheual sans estriers.C. 25
Les mains deuise de concorde.C. 12
Les mulets de Marius.C. 21
Les Rommains à la guerre ne receuoyent point d'excuse, sinon pour l'augure ou pour la santé.C. 16
Les Tartares à la necessité de la faim font saigner leurs cheuaux, pour viure, & au besoin les mangent.C. 22
Les Tribuns prenoyẽt le serment de tous les soldas qui estoyẽt au camp.C. 33
Les Tribuns, Centurions & Decurions accompaignoyent le Consul.C. 37
Les Turcs portent en guerre viures pour trois iours.C. 22
Le vray cinnamome est auiourdhuy dutout incongnu.B. 10
L'huile asses mauuais pour le dedans du corps humain, selon Themistocles.B. 16
Liberalité d'Hadrian Emp. vers vn soldat se baignant.B. 14
Lixes & calons.C. 33
Loges palissees, nommées des Latins Procestria.C. 19
L'ordre de la gendarmerie des Rommains.C. 31
L'ordre des Grecs en leurs Phalanges.C. 51

L'ordre des bataillons des Suisses auiourdhuy encores à la mode des phalanges des Grecs.C. 51
L'vsage des gymnases.B. 4
L'vsage des strigiles.B. 8
L'vsage du vaisseau dict Guttus.B. 9

MAchines diuerses de guerre.C. 5
Maniere des Rommains pour cōmodement se camper.C. 31.32.33
Marc Aurele vsoit tous les iours du theriaque.B. 11
Ministres de la religion aßistoyent ordinairement au camp des Rommains.C. 24
Monnoye des Atheniens ou estoyt la chouette.B. 17
Mot du guet en vsaige aux Rommains.C. 33

NErf de l'exercite Rommain.C. 5

OFfice d'vn bon Capitaine.C. 4
Office des Tribuns & Cōsuls & leur puissance.C. 34
Oliues de diuerse sorte & leur vsage.B. 16.& 17

PAin de pierre.C. 22
Palissemens, foßé & closture du camp des Rommains.C. 16
Pancratiastes & discoboles.B. 19
Paresse haste la vieillesse, & le labeur rend la longue ieunesse.B. 20
Peine irremißible de celuy qui auoit failli à fere le guet.C. 33
Picques longues des Grecs.C. 9
Pile, sa longueur & grosseur.C. 6
Piscines.B. 6
Plato reprenoyt les Italiens pource qu'ils mangeoyent deux fois le iour.B. 20

Poix des medailles d'or d'Auguſte Ceſar.C. 55

Police & bon ordre du camp des Turcs, & peine rigoureuſe des tranſgreſſeurs d'icelle.C. 33

Polybe eſtoyt du temps de Scipio l'Africain.C. 8

Port enſeigne de l'aigle.C. 12

Port enſeigne de l'image du Prince.C. 12

Portiques & exedres.B. 15

Prouerbe en vſage aux anciens à la derniere deſeſperation de tous affaires.C. 51

QValités requiſes à vn bon ſoldat.C. 4

Qualités requiſes à vn bon Lieutenant general d'vne armee.C. 53

Quarãtet quatre legions ſtipẽdiees par Auguſte Ceſar.C. 55

Quatre portes au camp Rommain.C. 38

Queſteur, treſorier & receueur general des guerres quel doyt eſtre.C. 54

Quels ſoldats demandoit Phrrhus Roy des Epirottes.C. 4

REcompenſe de ceux qui auoyent fait acte de vertu en guerre par les Rommains.C. 34

Religion des Rommains auant que combattre, de faire ſacrifices.C. 24

Remede ſingulier pour gens de lettres, que le bain.B. 13

Reſponſe de l'Empereur Veſpaſian à vn ieune adoleſcent perfumé.B. 13

Reprehenſion de Vegece contre les ſoldas de ſon temps.C. 11

SArices eſtoyent baſtons de 18.pieds de long.C. 9

Scipio l'Africain diligent à fere en tout temps excerciter ſes ſoldas. C. 5

Serment du ſoldat Rommain.C 6.& 33

Soldas eleux pour la garde du General de l'armee.C. 48

Soude de l'Infanterie & Caualerie des Rommains.C. 53
Stibades pour auoir l'ombre.B. 6
Strigiles.B. 5

THermes d'Antonin & Diocletian Emp.B. 13
Trenchees du camp des Rommains.C. 18
Trois sons de trompette en vsage aux Rõmains pour fere deloger le camp.C. 46

VAses sur l'hypocauste des bains.B. 4
Velites.C. 6
Vertu plus duisante à la guerre que la cõpaignie.C 5
Victoire des Carthaginois contre les Rommains.C. 53
Voye Quintaine qu'est-ce.C. 31. & 32
Vsage de diuers huiles & vnguents.B. 12
Vtilité du miel.B. 16

ZAgaye à la genette.C. 12
Zetes exagones, & octagones.B. 6

FIN.

Ce que le Lecteur pourra corriger en lisant.
Au liure de la Castrametation.

Fueillet 11.page 2.ligne 21. pour cotte, lisez cottes. f. & p. mesme lig. 25. pour mais bien tenoyt, lisez laquelle tenoyt. f. 36. p. 2. lig. 12. lisez, il luy mettoyt. f. 39. lig. 8. pour quand il venoyt, lisez quand ce venoyt. Au mesme, lig. 19. pour faisans mettre, lisez fesoyent mettre.

Au liure des Bains.

Fueillet 14. pag. 1. lig. 18 Gymnases de la palestre. & pa. 2. lig. 14. apres plus forts. lisez Suyuant l'opinion des Grecs Cicero. f. 19. lig. 19. pour πένθαλοι, lisez πένταθλοι.

DISCOVRS
DE LA RELIGION
DES ANCIENS ROMAINS,

Escript par Noble Seigneur Guillaume du Choul, Conseiller du Roy, & Bailly des montaignes du Daulphiné,

ET

Illustré d'vn grand nombre de medailles, & de plusieurs belles figures retirées des marbres antiques, qui se treuuent à Rome, & par nostre Gaule.

HONOR SINE HONORE BEATVS.

A LYON.

De l'imprimerie de Guillaume Rouille.

M. D. LVI.

Auec priuilege pour dix ans.

Extraict du priuilege du Roy.

PAR GRACE & priuilege du Roy, est permis, & octroyé à Guillaume Rouille, Libraire de Lyon, d'imprimer, ou faire imprimer, tant de foys, & en tel nombre que bon luy semblera, vn liure intitulé, *Discours de la Religion des anciés Romains, auec les figures, medailles & pourtraicts representans leurs façons de faire, & cermonies de leur temps*: le tout composé par noble seigneur GVILLAVME DV CHOVL, Conseiller du Roy, & Baillif des montaignes du Daulphiné: & sont faictes inhibitions & defences de par ledict Seigneur à tous autres Libraires, & Imprimeurs & personnes quelconques, de n'imprimer, ne faire imprimer, vendre ny distribuer, en ses païs, terres, & signeuries, autres que ceux qu'aura imprimé, ou fait imprimer ledict Rouille: faire, ne contrefaire lesdites figures & pourtraictz en quelque sorte & façon que ce soit: & ce durãt le temps & terme de dix ans, à commencer du iour & datte que seront paracheués d'imprimer lesdicts liures, sur peine de confiscation des liures qu'ils imprimeroyent, & d'amende arbitraire applicable audict Seigneur. Et outre ce, ledict Seigneur, tant pour ceste œuure que pour autres contenues & mentionnees en sesdictes lettres, & autres que par-cy-apres il permettra audict Rouille d'imprimer, en mettant au commencement, ou à la fin, en brief le contenu en sesdictes lettres de priuilege, veut, & luy plaist, qu'elles soyent tenues pour suffisamment signifiees à tous Libraires, Imprimeurs, & autres: & soyt cela de tel effect & vertu, que si lesdictes lettres leur auoyent esté expressément monstrées & signifiées: sauf que, s'ils veulent pretendre qu'elles contiennent moins que ce que ledict Rouille aura mis en sondict brief, ils seront remis à en demander exhibition par deuant le Senechal de Lyon, ou son Lieutenant: lequel, quant à ce, a esté commis par cesdictes presentes: le vidimus desquelles ledict Rouille sera tenu de deliurer à tous Libraires & Imprimeurs, & autres qui l'en requerront, à leurs despens: & y sera foy adioustée comme à l'original: nonobstant oppositions & appellations quelconques, mandemens, ordonnances, restrictions, defences, establissemens de Cours & iurisdictions, & lettres à ce contraires, lesdictes inhibitions & defences tenans: comme plus à plein est contenu & declairé par lesdictes lettres de priuilege, sur ce données à Villiers-Costeretz, le dernier d'Octobre, 1553. Ainsi signé,

Mahieu.

A MONSIEVR D'VRFE', CHEVALIER DE L'ORDRE, GOVVERNEVR DE MONSEIGNEVR LE DAVLPHIN.

I'Auoye deliberé long temps y a, Illustrißime Seigneur, de vous faire congnoistre l'affection que i'ay tousiours eüe de vous faire seruice, pour recongnoissance de l'honneur qu'il vous a pleu me faire & aux miens, vous estant Ambassadeur pour le Roy à Rome: accompaigné de l'amytié que de long tẽps vous m'auez portée, sans l'auoir merité enuers vous. Et n'ayãt trouué meilleur moyen, pour ceste heure, que de vous enuoyer ce petit discours, que i'ay faict de la religion des anciẽs Romains, i'ay consideré que ce vous seroit chose agreable de le veoir, pour vous desennuyer, apres estre laßé d'vne infinité d'affaires: & mesmement que c'est chose qui sort des mains de celuy que vous tenez vostre: qui vous fera veoir par ce petit traicte, les temples des Dieux, les enseignes de leur religion, & des sacerdotes les cerimonies & sacrifices: vous suppliant le receuoir d'aussi bon cueur, que ie le vous enuoye: considerant que les Dieux au temps passé prirent en gré le petit aigneau, que presentoit sur l'autel le pouure berger, d'vne voulonté aussi bonne, que le sacrifice de cent beufs d'vn grand Empereur: en suppliant le Createur, Monseigneur, de vous donner telle felicité, que ie la vous desire. A Lyon, de vostre maison de la Magdelene, ce quinzième iour du moys de Feburier. MDLVI.

Vostre treshumble seruiteur & amy
DV CHOVL.

DISCOVRS DE LA RELIGION DES ANCIENS ROMAINS.

LA COMMVNE opinion des anciens Hiſtoriographes nous ſeruira de teſmoignage, Treſilluſtre Seigneur, que Ianus Roy des Latins treſantique cõmença le premier à edifier temples à l'hõneur des Dieux immortels : les autres remettẽt la religion à ceux de Crete, à Phoroneus & à Dionyſius. Et depuis toutes les Republicques, Princes, & Empereurs, qui eurẽt la volõté bonne à lendroit de la pieté, mirent toutes leurs forces aux ornemens magnifiques de leurs temples : mais de tous lon tient pour aſſeuré, que les Romains garderent & obſeruerẽt la pieté de la religion, ayants mis grãd cure & ſollicitude à la magnificence & grandeur des maiſons ſacrées, & dediées à leurs Dieux & Deeſſes. Entre leſquels ſe treuue le plus entier de tous le renommé temple de Pantheon (que feit edifier par grãde ſomptuoſité M. Agrippe, gendre de Ceſar Auguſte) qui ſe voit tout entier à Rome de forme ronde, & pour ſa rõdeur nommé de chaſcun la Rotonde : faict de brique par le dehors, & par le dedans orné & enrichy de marbres de diuerſes couleurs : & à lenuiron ſont petites chappelles, ou anciennement eſtoyẽt colloquées les ſtatues des Dieux, & prin-

Ianus premier edificateur des temples.

Les Romains ſur tous garderent la Religion.

Temple de Pantheon, maintenãt la Rotõde.

Phidias sculpteur renommé entre ceux de Grece. *Perle de Cleopatra.*

cipalement celle de Minerue faicte d'yuoire par Phidias, sculpteur entre tous ceux de la Grece renommé, & celle de Venus, aux oreilles de laquelle pendoit la perle tant celebrée de Cleopatra Royne d'Aegypte, qu'Auguste Cesar auoit faict fendre en deux moitiez, pour les mettre aux oreilles de la Deesse: pource que la pareille ne se pouuoit trouuer en tout le monde. La semblable, qui auoit esté fondue par ladicte Royne au banquet de M. Antoine, pesoit demie once, qui sont quatre vingts quaratz, estimez cent fois sesterces, qui sont deux cents cinquante mil escus. Pline dit au huitiéme liure de l'histoire naturelle, quand il parle des perles, qu'elle estoit de si grande perfection & excellente, que c'estoit le singulier & vnique ouuraige de Nature. Les portes de ce temple sont de bronze de merueilleuse grandeur, & les colonnes de son antipantheon (qui est vn bellissime portal) se voyẽt de grosseur inestimable. Autrefois il s'en trouuoit seize, auiourdhuy elles sont reduites à treize: deux ont esté gastées par le feu, & l'autre lon ne sçait qu'elle est deuenue. Les poustres de ce couuert sont de bronze doré. Ledict tẽple fut dedié à Iupiter Vlteur, ou Vengeur, cõbien que Dion recite, que Marcus Agrippa le feit faire à l'honneur d'Auguste. Sa couuerture estoit anciennement de lames d'argent (comme l'ont escript plusieurs Historiens) lesquelles feit leuer & emporter Constantin Empereur troisiéme de ce nom, nepueu d'Heraclius, auecques vn grand nombre de statues de bronze & de marbre, qui seruoyent pour la decoration de la cité de Rome: & autres choses belles & antiques, qu'il feit charger sur mer, pour les cõduire en Constantinoble. Mais, ce sacrilege ne demeura pas impuni: car la fortune luy fut si contraire, qu'à son retour il mourut en Sicile, en la cité de Syracuse: & furent toutes ces choses depuis pillées par les Barbares, qui suruindrent auec vne grosse armée de mer, qui les porterent iusques en Aegyte. Et en sept iours, que demeura ce prince à Rome, il feit trop plus de dommaige, que n'auoyent faict les Goths & estrangeres nations en deux cents ans. Ie puis dire que

Deux cẽts sexterces sont deux cent cinquante mil escus. *Singulier ouurage de nature.*

Pantheon dedié à Iupiter Vengeur. *Couuerture du Pãtheon d'argent.*

Vengence du sacrilege commis par Constãtin.

que ce temple est autant bien architecté, qu'autre que lon puisse trouuer, du demeurant, & des reliques de tous les parfaicts edifices, qui furent oncques faicts par tout le monde: auiourdhuy consacré pour la celebration des choses diuines, qui se voit aussi entier, que la medaille de M. Agrippe le represente.

MARC AGRIPPE.

BRONZE.

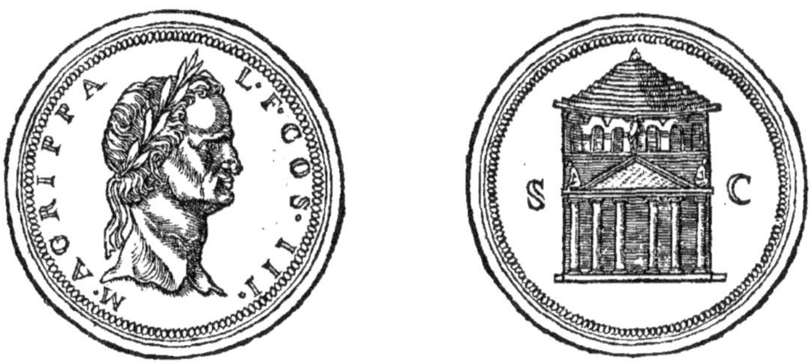

Vn temple quasi semblable commun à tous les Dieux feit faire, passant par Athenes, Hadrian l'Empereur, à l'imitation du Pantheon de Marc Agrippe, enrichy de cent & vingt colonnes de marbre Phrygien: & autour portiques, ou galeries pour se pourmener: comme lon faict encores auiourdhuy aux cloistres de noz religions. En ce temple feit dresser Hadrian vne bibliotheque, & de son nom vn gymnase, ou il feit mettre cent colonnes de marbre, qu'il auoit faict venir de Libye, comme recite aux Attiques Pausanias: qui dit en vn autre passaige, que le nom d'Hadrian se trouuoit au temple commun, qu'il auoit faict en Athenes à tous les Dieux. Ce que nous monstrent les medailles frappées en Grece, pour la memoire de ce triomphant edifice, ou le πρόθυρον (qui est le portal ainsi nommé des Grecz) se voit accópaigné de characteres qui disent, ΚΟΙΝΟΝ, & ΙΣΙΟΥΝΙΑΣ, ne signifiants autre chose, que la communauté de ce temple à tous les Dieux.

Temple d'Hadrian commun à tous les Dieux.

Gymnase & bibliotheque au temple d'Hadriā. Pausanias.

HADRI

HADRIAN GREC.

BRONZE.

Laiſſons à part les temples dediez à tous ces Dieux & Demones pleins de ſuperſtitions : & regardons la grandeur & *Temple de Hieruſalẽ.* magnificence du ſainct temple de Hieruſalem, qui a paſſé & ſurmonté dòpulence & de richeſſe tous ceux, deſquels nou *Arche couuerte de lames d'or.* ayons eu la congnoiſſance iuſques à ce iour: là ou eſtoit l'arche couuerte de lames dòr fort eſpeſſes, qui eſtoit vn vaſe deſtine pour les loix, ou eſtoyent ſerrez les cõmandemens, qui auoyent *Table d'or.* eſté donnez de Dieu. Là ſe trouuoit la table dòr, & vne infinité de vaſes ſacrez, dòr & dàrgent, calices, fioles, & autres choſes qui ſeruoyent pour la cerimonie des ſacrifices. Là eſtoit encores le candelabre, de la tige duquel ſortoyent de chaſcun coſté trois rameaux, à la ſommité deſquels ſe monſtroyent six *Deſcriptiõ du candelabre, qui eſtoit au temple de Salomon.* petites lucernes, repreſentants les ſept planettes, & la tige du milieu portoit la plus grande, par laquelle eſtoit figuré le Soleil. Toutes ces choſes furent portées en la pompe du triomphe de Veſpaſian & de Titus ſon fils, apres la prinſe de la Iudee, qu'il commanderent eſtre miſes au temple de Paix, auecques tous les vaſes & ornements que Titus auoit aportez des deſpouille du temple de Hieruſalem ; & depuis inſculpées en larc de mar*Arc triomphant de Titus Veſpaſian.* bre blanc, qui fut dreſſé à Tite Veſpaſian par le Senat & le peuple de Rome : lequel ſe voit encores tout entier auecques plusieurs ſacrifices apartenants à la religion.

FIGVRE

FIGVRE RETIREE DE L'ARC triomphal de Tite Vespasian, qui se voit tout entier à Rome.

Le temple de Paix magnifique (que Pline au liure trentesixiéme de l'histoire naturelle a mis entre les œuures admirables de la cité de Rome) brusla du temps de Commode, cõme nous lisons en Herodian : qui dit, que c'estoit de toutes les œuures de Rome la plus grande, la plus belle, & mieux decorée d'or, d'argent, & d'vn grand nombre de statues & imaiges, tant dedans le temple que dehors : comme l'on voit encores par leurs medailles.

Temple de Paix entre les œuures magnifiques de la cité de Rome.

Ce que dit Herodian du temple de Paix.

VESPASIAN.	TITVS.
BRONZE.	BRONZE.

Vespasian & Tite son filz triompherent de la Judée.

Ce sont ces bons Princes Vespasian le pere & le fils, qui prirent & triompherent tous deux de la Iudée, & qui la remirent en l'obeyssance du peuple de Rome : cõme bien au long l'a mis par escript Iosephe au liure qu'il a fait de la guerre des Iuifs, ou pourra veoir le Lecteur le miserable feu du saint temple de Ierusalem.

VESPASIAN.	TITVS.
ARGENT.	BRONZE.

VESPASIAN. TITVS.

BRONZE. *ARGENT.*

VESPASIAN.

BRONZE. *ARGENT.*

AMATISTE ANTIQVE,

qui est entre les mains de l'Auteur.

Paix vniuerselle du temps de Vespasiã.

Simulacre de la paix.

L'oliue deuise de la paix.

Nous auons veu cy dessus, comme Vespasian prit grand plaisir à bien edifier le temple de Paix, comme celuy qui l'auoit mise par tout le monde apres la prinse de la Iudée. Ce qu'il a monstré par ses monnoyes d'or, d'argent, & de bronze, ou il a figuré aux vnes le simulacre de la Paix, accompaigné des lettres qui disent, PACI ORBIS TERRARVM. Et aux autres il a faict insculper la Paix qui tient vne torche allumée d'vne main, de laquelle elle met le feu à vn tas de flesches, arcs, mourriõs, cuyrasses, escus, & autres instruments de guerre: & de l'autre main elle tient vne branche d'oliue, deuise de la Paix asses cougnue, & lettres qui monstrent la paix d'Auguste par ces motz, PAX AVGVSTI.

VESPASIAN.	DOMITIAN.
BRONZE.	*BRONZE.*

Le caducée symbole de la paix.

Et tout ainsi que Vespasian a figuré la Paix auec vne branche d'oliuier, & le caducée de Mercure, symbole de la paix, Titus son fils, depuis son successeur, a representé la Deesse auec le rameau de la palme, qu'elle tient de la main droitte, & de l'autre son sceptre, auec l'inscription de PAX AETERNA.

VE

VESPASIAN. TITVS.

BRONZE. *BRONZE.*

C'est la figure de la paix tant desirée, qui nourrit la felicité publicque, en laquelle profite le peuple, & l'vtilité de tout le monde est gardée. La paix multiplie la succession de l'humain lignaige, multiplie les richesses: par la paix sont honorées les vertus. A la fin elle cõtient en soy tant de bien, qu'il n'est chose en terre que lon puisse demander, ny desirer plus graticuse. Et qu'il soit ainsi, lon voit flourir, quand la paix regne, les bonnes lettres, fauoriser les bons esprits, les disciplines sont prisees, & la recompense est donnée à ceux qui la meritent. C'est vne grand louange à vn Prince de porter faueur aux gens de lettres, & d'entretenir professeurs publicques, & d'auoir esgard aux gymnases. Les lettres rendent le nom des Princes immortels, & seruent de trompette aux oreilles de noz successeurs. Et sans les histoires escriptes, seroyent mortes & du tout esteintes les gestes & louanges de Philippe Roy de Macedoine, d'Alexandre le Grand, de Cesar, de Pompée, de Cyrus, des Grecs, & des Perses. Et seroit perdue la renommée & memoire des Romains, & la gloire d'vne infinité de gens

La paix nourrit la felicité publicque.

La paix nourrisse des bonnes lettres.

Ce qui rẽd le nom des Princes immortel.

Digreßion à Mõsieur Durfé, ou l'Auteur l'incite à nourrir Monseigneur le Daulphin aux bõnes lettres.

de bien. Parquoy Monsieur, puis que vous auez esté esleu par le Roy au gouuernement de Monseigneur le Daulphin, & que vous estes celuy qui cougnoissez que les bonnes lettres se nourrissent d'honneur, & que le sauoir à fait florir les Royaumes & Republicques, & que là ou le Prince porte faueur aux lettres & honore les vertus, se monstrent les bons esprits: comme ce premier fils de France est de nature humain, vous acquerrez louange immortelle de l'entretenir en la recommendation des lettres humaines, & des bonnes lettres.

L'autel de Paix.

Pour retourner au propos de la paix, dont nous sommes saillis, Auguste Cesar feit faire l'autel de Paix à Rome, depuis augmenté par Marc Agrippe, & duquel a parlé Ouide en ses Fastes, quand il a dit,

Ipsum nos carmen deduxit Pacis ad aram,
Hæc erit à mensis fine secunda dies.

La façon de ceste are se voit par les monnoyes de Tibere, frappées en l'honneur d'Auguste Cesar, à peu pres cõme celle qui a esté coignée aux medailles de Nero, ou sont lettres qui disent, c'est assauoir à la premiere, PACE AVGVSTI PERPETVA: & à l'autre, ARA PACIS.

TIBERE. *BRONZE.*

NERO. *BRONZE.*

Pour

Pour la paix fut fermé anciennement le temple de Ianus, faict par Numa de la grandeur d'vne chapelle (comme recite Procopius) faict de forme quarrée, & tout de brõze, capable pour receuoir la ſtatue de cuyure de Ianus, qui ne paſſoit point cinq pieds d'hauteur: laquelle fut faite à deux viſaiges, l'vn qui regardoit l'oriẽt, & l'autre, l'occident: & pour telle raiſon nommé Geminus, duquel a fait mention Pline au trentecinquiéme liure de l'hiſtoire naturelle, quand il eſcrit, *Ianus Geminus à Numa Rege dicatus, qui pacis, bellique argumento colitur.* Et de telle forme a eſté repreſenté ſon ſimulacre aux medailles d'Auguſte Ceſar.

Temple de Ianus de forme quarrée.

Ianus Geminus.

AVGVSTE.

BRONZE.

Ce temple de Ianus auoit deux portes faites de bronze, qui ſe fermoyent au temps de la paix, & s'ouuroyent quand la guerre eſtoit ouuerte contre les ennemys: qui a fait dire à Virgile,

Portes du temple de Ianus faictes de brõze.

Sunt geminæ belli portæ.

De ce temple les portes furẽt fermees du temps des anciens Romains par trois fois. La premiere du temps de Numa, l'autre par T. Manlius Conſul, & la derniere fois

Portes du temple de Ianus fermées par trois fois.

fois ſoubs Auguſte, alors que le Seigneur, aureur de la paix, lumiere des hommes, & de tout le monde fut né. Ce que monſtra ſon ſucceſſeur, apres que Ceſar eut eſté deifié & receu au nombre des Dieux immortels, faiſant frapper medailles, ou ſont veues deux dextres iointes enſemble, du milieu deſquelles ſort vn caducée, enſeigne de paix, accompaigné de chaſcun coſté de deux cors d'abondance, auec ce mot vnique, PAX: pour monſtrer que de la paix & de la concorde vient l'abondance de tous biens.

Le caducée enſeigne de paix.

AVGVSTE.

ARGENT.

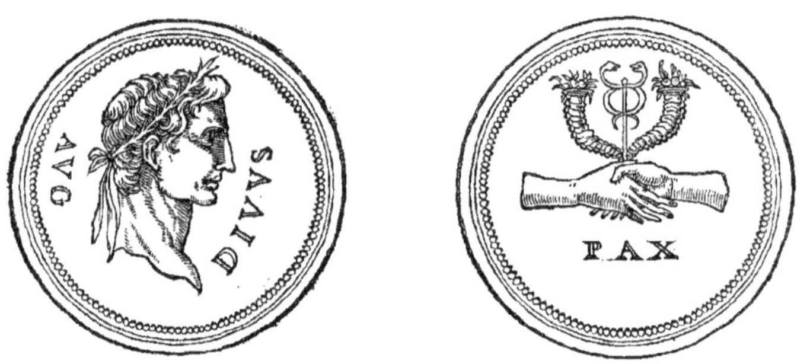

Tite Liue auoit veu fermer les portes du temple de Ianus.

Tite Liue recite qu'apres la guerre Actiaque, ayant acquis Ceſar la paix par mer & par terre, que les Dieux luy auoyent donné la grace d'auoir veu fermer les portes de Ianus en ſon temps. Depuis Nero, ſans auoir eſgard à la paix, mõſtra par l'inſcription de ſes medailles & par la figure du temple de Ianus, qu'il l'auoit fermé, apres auoir acquis la paix au peuple de Rome par mer & par terre, faiſant mettre à l'enuiron de ſes medailles lettres qui diſent tout au long, PACE POPVLO ROMANO TERRA MARIQVE PARTA IANVM CLVSIT.

NERO

NERO.

OR. *BRONZE.*

A Rome se trouue vn marbre blanc de forme spherique, ou sont veus caracteres insculpez autour de la pierre, qui sont en bien petite chose differents des lettres representees cy dessus en la medaille de Nero: lesquels toutefois disent ainsi, IANVM CLVSIT PACE PRIVS POPVLO ROMANO VBIQVE PARTA.

Pline au liure vintettroisiéme de l'histoire naturelle recite, que les Romains firent frapper à la premiere guerre Punique medailles de bronze, ou l'vn des costez representoit la teste de Ianus Geminus (c'est adire, auec deux visaiges) & de l'autre la prouë d'vn nauire, & l'escripture de, ROMA. Il se trouue encores medailles du dict Ianus, ou sont representez par leurs reuers nauires & trophées: la description desquelles se verra plus amplement en plusieurs passaiges des douze liures que i'ay faict des Antiquitez de Rome. Et cela me gardera (pour ceste heure) d'en faire plus longue mention, esperant, que bien tost sera contenté le Lecteur par la veue de mes premiers liures.

IANVS.

Ianus Geminus.

MEDAILLE DE IANVS.

BRONZE.

Ianus Remit les hõmes sauuages à toute humanité & doulceur.

La raison pour laquelle les antiques medailles auoyent la teste de Ianus auec deux visaiges, Plutarque l'a mis en ses Problemes: qui recite, que Ianus reduisant les hommes sauuaiges à toute humanité & doulceur, en leur donnant bõnes loix & coustumes pour leur necessaire commodité, entre les autres choses il monstra, que l'abondance de tous biens autant des champs que des lieux circonuoisins & des loingtaines regions, se cõduisoyent par les fleuues, & par la mer: & par ce moyẽ rien ne se pouuoit desirer qui seruist à nostre vsaige. Depuis la medaille de Ianus fut ainsi coignée, c'est assauoir, qu'elle monstreroit d'vn costé le visaige double du Legislateur, qui signifioit le changement & forme de leur vie. Aucuns rendẽt vne autre raison, que Ianus pour rẽdre la memoire immortelle de Saturne, qui estoit arriué en Italie dedans vn nauire, lequel il auoit associé en son royaume, pource qu'il luy auoit enseigné l'agriculture, & qu'il auoit esté auteur de meilleur vie, il feit mettre en sa monnoye l'effigie de sa teste, qui estoit double, & le nauire qui auoit amené Saturne en Italie. Ce que Ouide a dit par ces vers,

At

At bona posteritas Ianum formauit in ære,
Hospitis aduentum testificata Dei.

Ie seroye toutefois de l'opinion de Macrobe, qui nous a laissé par escript, que Ianus estoit vn Roy tressaige, qui congnoissoit les choses passées, & par sa prudence regardoit à celles qui debuoyent aduenir: & pour ceste cause les Anciens le paignirent à deux visaiges, regardãts à la prudẽce, qui passe toutes les autres vertus, pour ce que c'est la droite raison de noz actions. Et les choses que nous faisons sont variables & de plusieurs formes, estants ordonnées à la ciuilité, à la religion, où pour la nourriture de nostre vie: & pour ceste cause la forme, institution, & maniere de viure se peut dire la figure de Ianus tresbelle, & sa nature tressimple & prudente, qui fut conuertie en forme de bien viure: & pour cela iustement figuré à deux visaiges pour sa prudence, qui regardoit (comme nous auons dit) les choses passées, & celles qui debuoyent aduenir. Berose dit que Ianus fut nommé Dieu de la paix & de concorde, depuis que Romulus & Tatius eurent traicté la paix ensemble: & pour l'accord que ces deux peuples auoyent fait, fut paincte son image à deux visaiges: & la matiere de laquelle elle fut premieremẽt faicte soubs Romulus, estoit de bois, à la maniere accoustumée des Anciens, pour signifier que les Dieux aymoient la pouureté, en laquelle se trouue l'honesteté, à ce que dit Tibulle, parlant aux Dieux soubs ces parolles,

Ianus Roy tressaige.

Ianus painct à deux visaiges.

Belle descriptiõ de prudence.

Ianus Dieu de la paix.

Les anciẽs en leur premier commencemẽt firẽt leurs imaiges de bois.

Ne pudeat prisco vos esse è stipite factos,
Sic veteris sedes incoluistis aui.
Tunc melius tenuere fidem, cùm paupere cultu
Stabat in exigua ligneus æde Deus.

Numa feit faire le simulacre de Ianus de bronze.

Numa depuis la feit faire de bronze par Mamurius Oſcus (c'eſtadire Padouän, qui eſtoit homme treſexpert en l'art fuſile) lequel il auoit fait venir à Rome pour fondre les douze anciles, qui depuis furent portés par les Salies, comme nous verrons cy apres, en parlant de noz ſacerdotes.

Ianus quadriforme.

Ianus eſtoit encores painct & nommé des Anciens Quadriforme, ou bien à quatre viſaiges, quaſi qu'il euſt embraſſé tous les climats. Et de telle figure là repreſenté Hadrian l'Empereur par ſes medailles.

HADRIAN.

BRONZE.

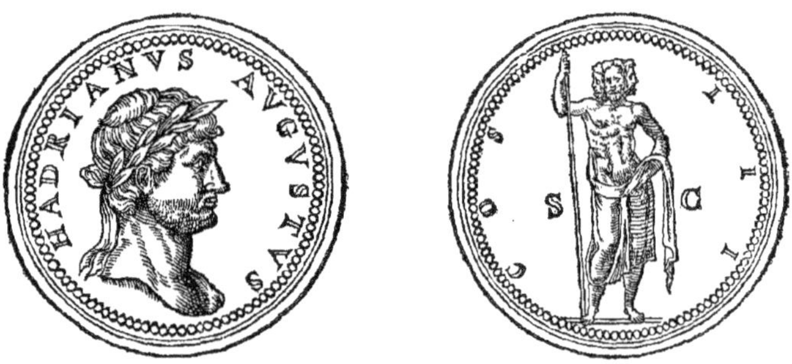

I'ay encores vn temple de Ianus Quadrifrons, retiré de la medaille d'Auguſte, que me donna autrefois le Seigneur Iacquomo Strada Antiquaire Mantuã, diligent perſcrutateur de l'antiquité : auquel demeureront obligez tous les amateurs d'icelle, pour les tresbeaux liures des medailles qu'il fait faire, tant des Conſuls, que des Empereurs, qu'il ha recueillies & amaſſées non ſans groſsiſsime deſpence, & grand labeur : ce que ie puis aſſeurément eſcrire pour l'auoir veu.

LE

LE TEMPLE DE IANVS QVAdriforme retiré de la medaille d'Auguste.

Apres auoir longuement escrit des temples de Paix & de Ianus, nous parlerõs de celuy de la Deesse de Concorde, à laquelle les Anciẽs en firent vn si grand nõbre, CONCORDE.

quil seroit chose hors de nostre propos de les reciter. Et me suffira de dire, que Tibere Cesar luy dedia vn temple à Rome, que sa mere Liuia, femme d'Auguste Cesar, luy auoit ordonné de faire. Et si la Paix & la Concorde sont vne mesme chose, ce pourroit bien estre celuy duquel a parlé Dion au liure cinquantesixiéme de son histoire Romaine. Et par les monnoyes des Empereurs se peut veoir le simulacre de Cõcorde, qui tient vne tasse à la main, monstrant par cela sa deification: & de l'autre vn cornucopie, qui signifie l'abondãce de tous biens, qui vient de la concorde. Le plus souuent elle se trouue figurée auecques deux imaiges, qui se donnent les mains droittes l'vne à l'autre, tout ainsi qu'elles sont painctes cy dessoubs.

Temple de Concorde dedié par Tibere.

Dion.

L'abondãce de tous biẽs vient de la concorde.

MARC AVRELE.	COMMODE.
BRONZE.	*BRONZE.*

Et par la medaille de Brõze que ie garde de Caracalla, pourra veoir le Lecteur la cõcorde de son frere Geta & de luy, signifiée par les mains dextres, qu'ils se donnent l'vn à l'autre, accõpaignez chascun d'vne Victoire qui les coronne: qui mõstre la victoire Britãnique, qu'ils auoiẽt euẽ, ayants esté tous deux auec leur pere en l'expedition.

Victoire Britannique de Seuerus.

CARA

CARACALLA.

BRONZE.

Par les medailles de Marc Antoine le Triumuir, ſe pourra veoir la teſte de la Cõcorde, & de l'autre les deux mains iointes enſemble, qui tiennent vn caducée: & lettres qui ſont telles, MARCVS ANTONIVS, CAIVS CAESAR TRIVMVIRI REIPVBLICAE CONSTITVENDAE.

MARC ANTOINE.

ARGENT.

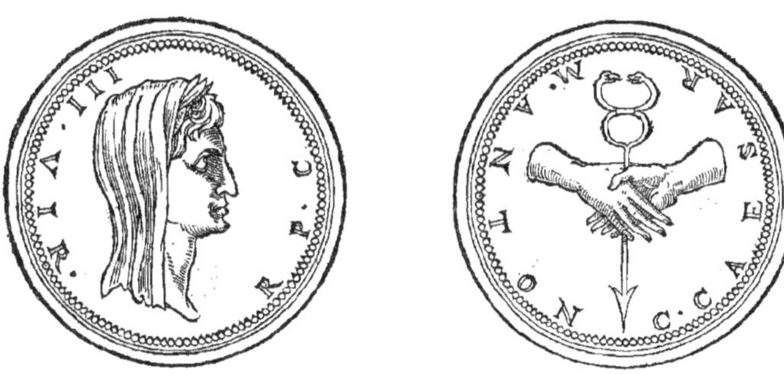

Par les medailles encores de M. Antoine ſe trouue la Concorde painĉte auec deux ſerpents, qui embraſſent vne are, ſus laquelle repoſe la teſte d'Auguſte, monſtrãt la concorde du Triumuirat, qui auoit eſté faiĉt pour conſti

Deſcriptiõ de la painĉture de Concorde.

conſtituer la Republicque. Et par les monnoyes d'Auguſte Ceſar ſe trouue la Concorde, qui tient vn cors d'abondance d'vne main, & de l'autre elle preſente des fruicts aux Triũuirs, qui ſont Lepidus, Antonius, & le ieune Ceſar : ſignifiant par cela, que de l'vnion & de la cõcorde, qu'ils auoyent faicte, procedoit le ſalut de l'humain lignaige : comme le porte l'inſcription de la medaille, ſoubs ſemblables parolles: SALVS GENERIS HVMANI.

La concorde apporte le ſalut de l'humain lignaige.

M. ANTOINE.

ARGENT.

AVGVSTE III. VIR.

ARGENT.

Mais

Mais regardons comme la cõcorde entre les Empereurs Romains & leurs gendarmes fut eſtimée, quand ils voulurent faire frapper medailles, ou non ſeulement eſtoit telle inſcription, CONCORDIA MILITVM, ou ils firẽt inſculper la Victoire qui coronnoit les Empereurs de deux corõnes de laure, pour la victoire qu'ils auoyent euë par le moyen de la concorde de leur gendarmerie: faiſants paindre ſouuentesfois la Deeſſe qui tenoit auecques les mains deux enſeignes militaires, & l'inſcription deſſus dicte.

Concorde des gẽdarmes Romains.

MAXIMINVS.	PROBVS.
ARGENT.	*ARGENT.*

SEVERINA.	QVINTILIS.
ARGENT.	*ARGENT.*

En l'vnion de leur exercite & de leurs soldats mirent entierement leur esperance les Augustes, estimãts qu'en ceste concorde demeuroit la seureté du peuple de Rome, sans laquelle ils ne pouuoyent venir à chef de leurs expeditions & difficiles entreprises.

Sans la Cõcorde ne se peuuent acheuer les difficiles entreprises.

HADRIAN.

BRONZE. *BRONZE.*

Et pour l'asseurance de la concorde de leur gendarmerie, les Empereurs recouroyẽt à la religion, faisants iurer leurs soldats de l'entretenir, en sacrifiant: ne trouuants meilleur moyen les Romains pour faire venir leurs gens à la victoire.

La Corneille soubs la tutelle de Concorde.

En la tutelle de Concorde estoit anciennement la Corneille, comme nous lisons en Aelian, qui escrit, que les Anciens auoyent de coustume d'inuoquer la Corneille, quand ils venoyent à se marier. Politian en ses Miscellanées en a faict vn chapitre, citant, pour la confirmation de ce qu'il dit, l'auteur cy dessus nommé. Et pour rendre son opinion plus asseurée, il dit auoir veu vne medaille d'or de la ieune Faustine, fil-

le

le de M. Aurele, & femme de L. Verus, qui representoit par le dos vne Corneille, ſymbole de concorde : & caracteres qui diſoyent, CONCORDIA. Et pource que la ſemblable d'or eſt entre mes mains, ie l'ay faict paindre cy deſſoubs, pour en donner le plaiſir au Lecteur.

La Corneille, deuiſe de concorde.

FAVSTINE.

OR.

Et pour mieux confermer ce que i'ay eſcrit cy deſſus, i'ay voulu accompaigner la medaille de Fauſtine d'vne autre medaille d'or de Plautilla Auguſta, fille de Plautius (qui gouuernoit ſoubs Seuerus tout l'empire de Rome) & femme depuis d'Antoninus ſurnommé Caracalla, fils de Seuerus l'Empereur : ou lon pourra veoir entre luy & ſa femme l'heureuſe concorde, qui pour lors eſtoit entre les nouueaux mariez. Ce que monſtre l'eſcripture par ces deux mots, FELIX CONCORDIA.

Plautille femme de Caracalla Empereur.

PLAVTILLA.

OR.

Leſperãce vnique Cõſolatiõ des hommes.

Auec l'eſperance (qui eſt l'vnique conſolation de la vie donnée aux hommes, & qui les nourrit) accompaignée de la foy, qui obligeoit les ſoldats à leur Empereur, venoyent aux glorieuſes & triomphantes victoires les Romains. C'eſt ce qui fit dreſſer les mains dextres ſus les enſeignes de leurs ſoldats, qui monſtroit l'vnion & concorde de tout l'exercite : comme l'on pourra veoir par le diſcours que i'ay eſcrit ces iours paſſez de l'aſsiette du camp des Romains.

TRAIAN.

ARGENT.

PHILIPPE.

BRONZE.

Le

Le temple de l'Esperance estoit à Rome, & son simulacre adoré des Romains de telle effigie qu'il est veu par les medailles d'Hadrian, d'Antonin Pie, de Traian, & de Plotine, auecques leurs inscriptions, SPES POPVLI ROMANI. SPES PVBLICA. SPES AVGVSTA. ESPERANCE.

HADRIAN. *BRONZE.*	ANTONIN PIE. *BRONZE.*

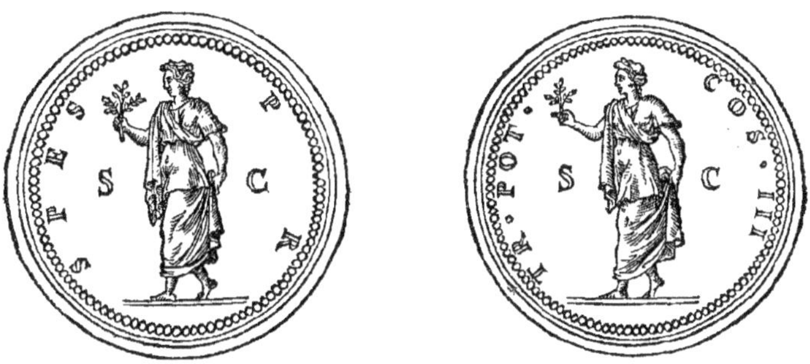

Par toutes ces deuises nous auons clerement entendu que c'estoit que la Concorde & l'Esperance: il demeure à paindre la Foy, qu'estoit anciẽnement paincte auec deux mains droittes iointes ensemble, deuise ou symbole d'vne vraye amitié, de laquelle vsent en noz petits aneaux d'or les orfeures par toute la France encores auiourd'huy. Les Romains l'accõpaignerent de l'Amour, de l'Honneur, & de Verité. Et tout ainsi elle se trouue à Rome insculpée en marbre blanc, comme la figure le represente. *Cõme fut paincte la Foy des anciens.*

FIGVRE DE LA FOY, RETIrée du marbre antique, qui est à Rome.

Ie passeray oultre, sans faire plus long propos des mains & du caducée, & me contenteray de representer l'image de la Foy, & comme elle fut paincte des Anciēs tant priuée que publicque, qui fut entretenue des bons Empereurs auecques la vertu, & des meschants Princes auecques prodigieuses despences & liberalitez outrageuses: comme lon pourra veoir par la medaille de Commode, qui acheptoit la foy de son exercite par donatifs & largesses, qu'il a figuré par le suggeste ou il est mōté en forme d'vn dé, en mōstrant de parler à eux, & leur promettant de donner ce qu'il leur auoit promis.

Commode acheptoit la foy de ses soldats à deniers contans.

PLO

PLOTINE.

BRONZE.

VESPASIAN.

BRONZE.

DOMITIAN.

BRONZE.

HADRIAN.

BRONZE.

COMMODE.

BRONZE.

Entre

Entre les medailles les plus rares que lon puisse trouuer, ièn garde vne dàrgent, qui me fut donnée autrefois par Monsieur le Tresorier Grolier, amateur singulier de lantiquité, entre les mains duquel sont les plus beaux medaillons, & les plus belles medailles, que pour le iourdhuy se puissent trouuer en nostre Gaule. La medaille a esté frappée des deux costez auecques les dextres, deuise de Concorde, & lèscripture qui dit dvn costé, FIDES EXERCITVVM: & de làutre, FIDES PROVINCIARVM. Et pource quèlle pourroit tirer en admiration les Antiquaires, pour nàuoir iamais esté guere veuë, iày bien voulu escrire la raison, par laquelle elle fut ainsi battue des Anciẽs, qui fut telle: Que estant les legions Romaines establies & assises en garnison par les prouinces, pour lèntretenement & seureté de la paix & de la concorde, tous les ans (quand ce venoit en Ianuier) le païs, la legion, & lèxercite qui estoit pour la garde de la prouince, qui luy estoit ordonnée, faisoyent battre monnoyes dàrgent, quìl sènuoyoiet pour estrene en signe de foy & dàmitié les vns aux autres.

Monsieur le Tresorier Grolier, amateur de l'Antiquité.

Descriptiõ de la Foy qui est representée aux medailles antiques des deux costez.

MEDAILLE

D'ARGENT.

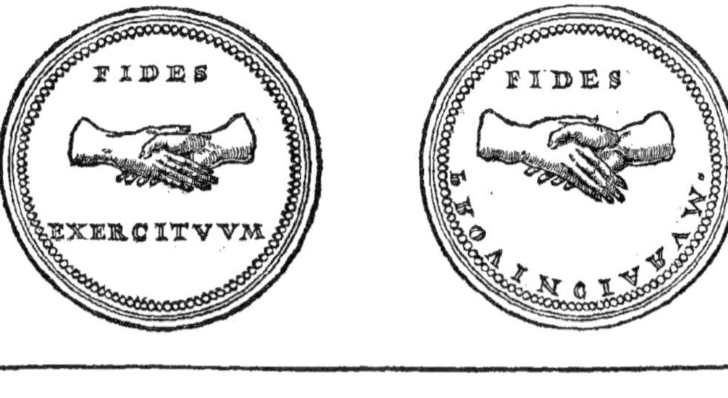

Le

Le premier qui feit dreſſer vn tẽple à la Foy publicque, ſe trouue auoir eſté Numa Pompilius, comme recite Halicarnaſſeus: luy inſtituant ſacrifices aux deſpens du public. Et là les Flamines ſacrifioyent ſans effuſion de ſang, veſtus de leurs robes blanches, qui aloyent dedans vn char, portãts la main couuerte auecques pompe ſolennelle: pour monſtrer que la foy debuoit eſtre gardée auec les mains dextres, ſignifiants pour cela qu'elles eſtoyent ſainctes & ſacrées. Et pource que nous auons dict que l'honneur faiſoit maintenir, & entretenir la foy promiſe, les Anciens l'eſtimerent Dieu, & luy firẽt vn temple: cõme clerement lon peut veoir par Cicero au liure ſecond qu'il a fait de la nature des Dieux. Et fut Marcellus qui voua le temple d'Honneur & de Vertu: comme recite Tite Liue au ſeptiéme liure de la premiere decade. Et Marius edifia vn tẽple à l'Hõneur, & à la Vertu. Et de tous deux l'image ſe voit par les medailles de Vitellius, ou lon trouue deux petites figures, deſquelles celle qui eſt au coſté droit, ſe monſtre demy nue, tenant à la main dextre vne haſte, & de la gauche vn cornucopie, ayant le pied droit ſus vn morrion. Celle qui eſt du coſté gauche, eſt accouſtrée par la teſte d'vn cabaſſet à creſte, tenant à la main ſeneſtre vne haſte, & à la dextre vn ſceptre, les iãbes garnies de ſes greues, ayant le pied droit ſus vne tortue: & l'inſcription qui eſt telle, HONOS ET VIRTVS. Et par les medailles d'Antonin Pie & de Marcus Aurelius ſe trouue encores paincte l'imaige de l'Honneur auecques ſon cors d'abondance, qu'elle tient de la main gauche: qui eſt l'enſeigne que portent quaſi tous noz Dieux & Deeſſes: que i'ay fait retirer des medailles antiques, pour mettre à ce preſent liure De la religion.

Numa Põpilius premier edificateur du temple de la Foy.

Les mains droittes ſacrees.

HONNEVR.

Marius edifia vn temple à la Vertu, et à l'Honneur.

VERTV.

Comme figurerẽt les anciens l'Honneur & la Vertu.

VITELLIVS.	M. AVRELE.
BRONZE.	BRONZE.

Temple de Vertu. Le temple de Vertu fut mis anciennement deuant le temple d'Honneur, qui n'auoit qu'vne seule porte, qui monstroit que l'entree pour venir aux honneurs n'estoit point ouuerte, sinon par le moyen de la vertu. C'est ce que Marcus Marcellus donna à entendre à Rome en edifiant ces deux temples quarrez conioints ensemble, l'vn consacré à Vertu, & l'autre à Honneur. *Les grands honneurs viennẽt de la vertu.* Et certainement les grands honneurs naissent de la belle & pure racine de vertu: dont il aduient qu'ils se font plus clers, plus glorieux, & pleins d'immortelle memoire. Entre mes medailles i'ay vn Gordian, ou l'on voit au dos de sa monoye vne petite statue d'Hercules toute nue, qui s'appuye sus sa claue, auecques la peau d'vn lion autour de son bras: & telle se lit l'inscription, VIRTVTI AVGVSTI: *Le simulacre d'Hercules representoit la vertu.* signifiant par le simulacre d'Hercules la vertu. Et par les medailles de Titus, de Domitian, d'Hadrian, de M. Aurele, & de Philippe, & autres Empereurs la Vertu est autrement paincte, si nous regardons bien leurs simulacres, qui sont retirez de leurs monnoyes.

DOMI

DOMITIAN.

BRONZE.

SEVERE.

BRONZE.

M. AVRELE.

BRONZE.

DIOCLETIAN.

ARGENT.

PHILIPPE.

ARGENT.

GORDIAN.

ARGENT.

Par la medaille de M. Aurele cy dessus mise se voit l'Empereur vestu de sa thorace militaire, marchant le premier auec vne haste à la main gauche, le mourrion en teste, accompaigné de ses gendarmes & soldats, qui passe sus vn pont de bois faict à batteaux, pour aler à l'expedition de son entreprise vertueuse, laquelle il a mõstré auec l'inscription de VIRTVS AVGVSTI. Et par les monnoyes de Philippe se voit le pere & le fils, montez sus cheuaux qui courent legerement, par lesquels ils ont monstré la diligence de leur entreprise, & la vertu qui faict dresser expeditions d'immortelle & perpetuelle renommée: ayant adiousté semblable escripture, VIRTVS AVGVSTORVM.

Par la diligence nous venons à chef de noz entreprises.

Nous laisserons l'interpretation de toutes ces choses, pour suiure le propos des temples de nostre religion, & pour entendre comme les Anciens ordonnerent les maisons sacrées de leurs Dieux. Et de cecy nous rendra certains Vitruue au septiéme chapitre du premier liure, qui a mis le temple de Mercure dedans le marché: d'Appollo, & de Liber Pater, aupres du theatre: à Hercules dedans les citez, ou ne se trouuoyent point les gymnases, & encores moins les amphitheatres: au Dieu Mars, hors la ville, & à la campaigne: à Venus, sur le port: à Ceres, hors de la cité: faisant choisir vn lieu, qui ne fust point frequenté des personnes, s'il ne suruenoit la necessité des sacrifices: & se debuoit garder ce lieu, comme il dit, auecques sainctes coustumes chastement, & pleines de religion. En son troisiéme & quatriéme liure de l'Architecture il a mis la façon & maniere des temples, qui doibuent estre edifiez aux Dieux & Deesses, & par quel moyen ils doibuẽt estre architectez. C'est assauoir à Minerue,

Comme les Anciẽs ordonnerent les maisons sacrées de leurs Dieux.

Tẽples de Minerue,

nerue,Mars,& Hercules Doriques,pource qu'ils deman dēt,& si est requis, que les temples pour leurs vertus soyent sans delices. A Venus, Flora & Proserpine,& aux Nimphes des fontaines, d'ordre Corinthe:pource que à ces Deesses pour leur delicatesse , les colonnes doibuent estre plus gresles,enrichies de fueillages, & de volutes, pour augmenter leur iuste & raisonnable decoration. A Iuno,& Diane,si les temples sont faicts Ioniques, sera gardee la raison de mediocrité: & plusieurs autres choses dict l'Auteur,qui seruiroyent plus tost d'ennuyer le Lecteur, que d'vtilité & de proffit. Apres tout cecy monstre Vitruue les regions & quartiers,qui sont pour regarder les tēples sacrez des Dieux immortels: & cōme doibuent estre situées & assises les ares, autels & simulacres des Dieux celestes,pour apres faire les veux & deuotions,immolations & sacrifices. Et combien que le dict auteur parle souuentesfois des Dieux & Deesses en nommant leur puissance par diuers noms, il fault toutesfois entendre que les anciens Romains ont grandement erré à la congnoissance d'vn seul Dieu omnipotent,& encores plus le peuple ignorant, par son imbecilité tombant en faulses & superstitieuses opinions. Si est-ce qu'il est bien difficile d'oster vn peuple de sa loy , puis qu'il a esté vne fois imbu & nourri de ces folies. Ce qu'a monstré Prudence, quand il a voulu donner à cōgnoistre la vraye congnoissance, qui empeschoit les Romains de venir à la foy Chrestiene,quād il a dit.

Mars, Hercules Doriques.

Tēples de Venus, de Flora, de Proserpine Corinthes.

Erreur des Gentilz à la cōgnoissance de Dieu.

Chose bien difficile de oster vn peuple de sa loy.

--Puerorum infantia primo
Errorem cum lacte bibit,gustauerat inter
Vagitus de farre molæ.

IVPI-
TER.
Temple de Iupiter Capitolin.

l'abregeray,pour suiure le propos de noz temples edifiez à Rome, parlant du plus celebré & renõmé de tous, qui fut celuy de Iupiter Optimus Maximus dressé au Capitole:& pour ceste cause surnommé Capitolin.Cõme la medaille d'Aurelia Quirina Vestalis l'a represente par son reuers,ou est insculpé Iupiter assis au milieu de son temple, qui se voit de forme quarrée, qui tient son fulgure d'vne main, & son sceptre de l'autre: & lettres qui disent, IVPITER OPTIMVS MAXIMVS CAPITOLINVS.

AVRELIA QVIRINA VESTALIS.

ARGENT.

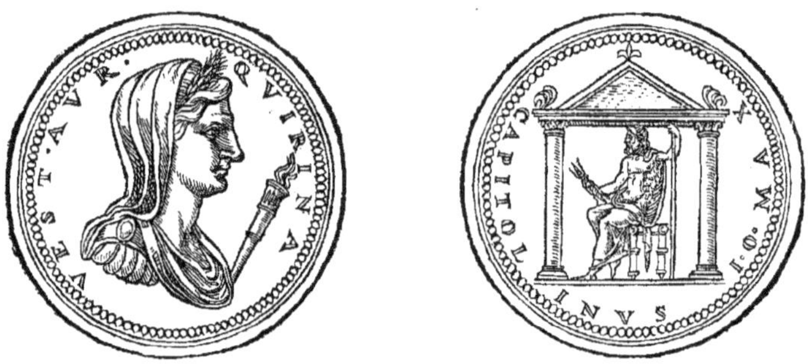

Ce temple fut voué premierement par Tarquinius Priscus, & depuis edifié par Tarquinius Superbus de forme quarrée: & là chascune de ses faces se monstroit de deux cens pieds,ayant trois ordres de colonnes:comme l'a mõstré Traian par ses medailles,ou sont veus par le dessus du frontispice, trophees, chars triomphants, Victoires,qui portent palmes, & chappeaux de laurier, & plusieurs aultres sculptures,qui monstrent l'excellent ouurage dudict temple.

I'ay vn autre medaillon de Iupiter Vlteur ou Vengeur, que feit frapper Alexander Seuerus, fils de Mammea, qui nous faict voir Iupiter auec son temple: & celles encores de Iupiter Olympique, & Tonant, que feit edifier Auguste: comme plus amplement nous verrons au liure second de mes Antiquitez de Rome.

Tẽples de Iupiter Vlteur, Olympique, & Tonant.

TRAIAN.	ALEX. SEVERVS.
BRONZE.	*BRONZE.*

AVGVSTE.

ARGENT.	*ARGENT.*

MED. DE PETILLIVS.

ARGENT.

Ie ne veux oblier, auant que commencer autre propos, de representer vn tẽple de Ioue, retiré de l'antique, qu'autrefois me donna le Seigneur Iacquomo Strada Antiquaire Mantuan, auec celuy de Ianus Quadrifrons, que i'ay faict mettre cy dessus. Car à veoir les temples sacrez des Dieux, qui sont insculpez & grauez par les petites medailles, que firent autrefois frapper les Empereurs, il est bien difficile d'en retirer la certaine congnoissance, pour les lineaments, qui sont si subtils & deliez, qu'à grand' peine, & labeur on peut iuger l'ordre des colonnes, par lequel ils ont esté faicts & dressez, par les Architectes des Anciens. Et cela a esté l'occasion principale, que ie les ay faict mettre en la propre forme & figure, qu'ils m'ont esté dõnez per les amateurs de l'Antiquité sacrosaincte. Et plus grand nombre s'en fust trouué parmy la trouppe de noz medailles, sans l'esperance que i'ay tousiours euë de representer la figure de ceux, que i'ay faict retirer aux liures, que i'ay escrit, des Antiquitez de Rome.

LE

LE TEMPLE DE IVPITER retiré de l'antique.

Despence du temple de Iupiter. Les Historiographes recitent, que Tarquinius Superbus despendit en la fondation de ce temple quarante mille liures d'argent. Et oultre les autres ornements somptueux, qui se trouuoyent là dedans, estoit vne statue d'or de dix pieds d'hauteur, six tasses d'emeraude, *Six tasses d'emeraude au temple de Iupiter.* six vases murrhins, qu'apporta Pompee de l'Asie, en son triomphe. Là se trouuoit vn petit manteau de laine teint en pourpre, qui effaçoit toutes les robbes de l'Empereur Aurelian, & qui les rẽdoit de couleur de cendre, *Mãteau de pourpre d'Aurelian.* ayant esgard à la splendeur diuine qu'il auoit. Lon dit que c'estoit vn present de l'Indie interieure, qu'auoit esté faict au Roy des Perses, & depuis il l'auoit enuoyé audit Empereur. Dessoubs ce temple estoit vn coffre de marbre, ou repousoyent les liures Sybillins, gardez par dix *Liures Sybillins.* hommes, nommez des Romains Decemuirs. En ce temple estoit encores vne retraicte secrette, l'entrée de laquelle n'estoit permise qu'aux sacerdotes: & trois chappelles d'vne mesme façon, comme dit Halicarnasseus. En celles du milieu estoit Iupiter, aux autres deux, c'est-assauoir à la main droitte, celle de Minerue, & à la gauche, celle de Iuno. Et là recite Pline qu'il auoit veu vn *Comme estoyẽt dressez les simulacres de Iuno et de Minerue, au temple de Iupiter.* chien de bronze, qui lechoit vne siene playe, qui estoit faict par vn merueilleux artifice.

Ie ne laisseray à escrire auant que de passer oultre, que l'aigle entre les autres animaulx fut principalement dediée à Iupiter, ne voulants signifier autre chose les Anciens, que ainsi que l'aigle est Royne & mai- *L'Aigle consacrée à Iupiter.* stresse de tous les oyseaux: tout ainsi Iupiter est le Seigneur & le maistre de tous les autres Dieux. Parquoy autant les Grecs que les Romains ont quasi tousiours accompaigné Iupiter de son aigle: ce qu'ils ont monstré par vne infinité de medailles.

ALEXANDRE ROY DES EPYROTES.

ARGENT.

I'aduertiray le Lecteur qui n'eſt encores initié à l'antiquité, que Iupiter, Iuno, & Minerue furent repreſentez par les trois animaux, que la medaille de Pius Antoninus nous demõſtre. C'eſt aſſauoir par l'aigle, Iupiter: par le paön, la Deeſſe Iuno: & par la chouette, Minerue: animaux cõſacrez à ces Dieux & Deeſſes particulieremẽt.

Animaux repreſentez pour les Dieux & Deeſſes.

ANTONIN PIE.

BRONZE.

Par la figure du pile antique qui ſe voit cy apres, Iupiter eſt accõpaigné de ſon aigle, & Iuno de ſon paön, aſsiſtant Neptune auecques ſon tridẽt au ſacrifice du mouton,qui eſt preſenté par Mercure,qui tient ſon caducée à la main,accouſtré par les pieds de ſes talaires,&de ſon chappeau nommé *Galerus* des Latins:remettant le Lecteur à ce que ieſcris cy apres de la ſignification de toutes ces choſes.

FIGVRE RETIREE D'VN pile antique de marbre,qui ſe trouue à Rome.

Varieté de l'aigle qui porte la teſte de Iupiter.

Par vn grand nombre de medailles autant des Conſuls que des Empereurs, ſe trouue l'aigle ſus le fulgure de Ioue ; & ſouuentesfois l'aigle qui porte la teſte de ſon ſimulacre. D'autresfois auec ſes æſles elle porte la teſte de Iupiter & de Iuno,cõme particulierement oyſeau conſacré à Iupiter.

HADRIAN.

BRONZE. *BRONZE.*

L. COTTA. *ARGENT.*

AVGVSTE. *ARGENT.*

Iuno auoit ſon temple à part, combien que ſa chapelle fuſt dedans le temple de Iupiter. Et par la medaille de bronze d'Auguſte Ceſar, ſe voit le temple de Iuno, enrichi par le deuant de quatre colonnes Doriques, le friſe rempli de telle inſcription, IVNONI : ayant autour le nom des Triumuirs des monnoyes. IVNO.

AVGVSTE.

BRONZE.

Le paön et l'austruche consacrez à Iuno.

Et tout ainsi qu'à Iupiter estoit mis l'aigle, tout ainsi le paön & l'austruche furent consacrez à Iuno: comme nous auons veu cy dessus, & qui se peut veoir par les medailles de Faustine, de Iulia Pia, & de Philippe l'Empereur.

Son char estoit tiré par ses paöns, qui a faict dire à Ouide,

--*Habili Saturnia curru*
Ingreditur liquidum pauonibus aëra pictis.

FAVSTINE. *ARGENT.*

PHILIPPE. *ARGENT.*

IVLIA

IVLIA PIA.	FAVSTINE.
ARGENT.	*BRONZE.*

FAVSTINE.

BRONZE.	*ARGENT.*

MINERVE. *La Chouëtte dediée à Minerue.*

A Minerue eſtoit conſacrée la Chouëtte, comme nous monſtrent les monnoyes des Atheniens, qui repreſenterent d'vn coſté la teſte armée de la Deeſſe,& de l'autre vne Chouëtte: & caracteres Grecs, qui diſent, ΑΘΗΝΑ, ainſi nommée Minerue des Atheniens. Et à ce que monſtre le reuers de la premiere medaille,la Noctue vole les æſles eſtendues, tenant vn rameau de palme auecques ſes pieds:eſtimants anciennemẽt les Atheniens,par le vol de la Chouëtte, le ſymbole de la victoire.

MON

MONNOYE DES ATHENIENS.

ARGENT.

MONNOYE DES ATHENIENS.

ARGENT.

Iupiter Victeur. Et cõme Iupiter fut nommé des Romains Victeur, quand estoit painćte son imaige auecques la Victoire qu'il portoit sus sa main droitte, & de l'autre vne haste au lieu de sceptre: tout ainsi fut figurée des Grecs *Minerue Victorieuse.* Minerue Victorieuse, accompaignée de la Victoire: si bien nous regardons les medailles de Lysimachus, *Lysimachus l'vn des successeurs d'Alexandre.* qui fut l'vn des successeurs d'Alexandre, ou du costé droit est representée la figure de sa teste, accoustrée de son diademe, & deux cornes qui signifient, que ce Roy (comme dićt Appian *in Syriacis*) arresta vn taure furieux

furieux, qu'Alexandre le Grand vouloit sacrifier, qui estoit eschappé des mains des Victimaires, lequel il retint par les cornes, & le tua: & pour telle raison furent adioustées à ses statues & simulacres deux cornes par gros honneur.

Pourquoy furent adioustées deux cornes aux statues & medailles de Lysimachus.

LYSIMACHVS.

ARGENT.

LYSIMACHVS.

BRONZE.

Entre les mains de Iupiter, de Minerue, & de Iuno demeuroit la garde de la cité de Rome. Qui a faict cõmander à Pollio aux liures de son Architecture, que le plus hault lieu, duquel se pouuoit regarder la plus grand

La garde de la cité de Rome entre les mains de Iupiter, de

Minerue, & de Iuno. partie des murailles de la cité,fut donné pour edifier les temples de Iupiter,& de ces Deesses.

Folle superstition des Romains. Or pour retourner à ce que i'ay laissé de nostre grãd Ioue(que la folle superstition des Gentils adora comme omnipotent) les Romains & les Grecs ne se voulurent contenter de luy dedier l'aigle particulierement, combien qu'elle soit maistresse & Royne de tous les oyseaux, mais aussi le belier luy fut consacré. Et le nommerent *Iupiter Ammon.* les Anciens Ammon, quand il estoit porté par le mouton,tenant son sceptre de la main droitte: ce nom venu de l'arene,que les Grecs ont nommé, ἄμμος. Ce que Pline nous a voulu mõstrer au douziéme de ses liures, quand il escrit de l'ammoniac tout ainsi: *Ergo Aethiopiæ subiecta Africa ammoniaci lacrymam stillat in arenis suis, inde etiam nomine Ammonis oraculo iuxta quod gignitur arbor.* L'interprete d'Aratus Latin(des vns nommé Bassus,& *Le belier receu entre les signes celestes.* des autres Germanicus Cesar) escrit, que le belier qui monstra l'eaue à Liber Pater,qui conduisoit son armée, qui mouroit de soif, par l'Afrique, fut faict immortel & mis au nombre des signes celestes. Et pour ce bien-*Liber erigea vn temple à Iupiter Ammon.* faict luy feit Liber vn temple magnifique au lieu, ou auoit esté trouuée l'eaue,à neuf iournées pres d'Alexandrie,lieu areneux,& plein de serpens:& de l'arene nommé Iupiter Ammon,comme nous auons dict cy dessus. Le demeurant pourra veoir le Lecteur au quatriéme liure de Q. Curse, ou bien au dixseptiéme liure de Diodore Sicilien, & mieux au long au liure troisiéme, qu'Arrian nous a laissé des gestes d'Alexandre le Grand.

MED.

MED. D'HADRIAN FRAPPE'E EN GRECE.

BRONZE.

La Cheure luy fut encores conſacrée, pource qu'elle auoit nourri ce grand Dieu : & pour ceſte raiſon nommé *Aegiuchus*, & des Grecs αἰγίοχος, ſurnom de Iupiter frequenté parmy eux: par lequel ils n'ont entendu autre choſe que la cheure de la Nymphe Amalthea, qui auoit nourri Iupiter auec ſes mamelles. Et de cecy Germanicus Ceſar en ſes carmes d'Aratus dit ainſi, *La Cheure conſacrée à Iupiter.*

--Illa putatur
Nutrix eſſe Iouis, ſi verè Iuppiter infans
Vbera Cretea mulſit fidiſsima capra,
Sydere quæ claro gratum teſtatur alumnum.

Ce que Philippe & Valerian Empereurs monſtrerent par le dos de leurs medailles, ou ils firent figurer vne Cheure, vne fois ſeule, & lettres à l'enuiron qui diſoyēt, IOVI CONSERVATORI AVGVSTI: & à l'autre, la Cheure qui portoit ſus ſon dos vn ieune Iupiter: & l'inſcription telle, IOVI CRESCENTI. *Iupiter Croiſſant.*

PHILIPPE. *ARGENT.*	VALERIAN. *ARGENT.*

Iupiter Victorieux.

Cassidoine, pierre consacrée à Iupiter Fulgurateur.

Encores n'est-ce pas tout, car ces folles & superstitieuses nations donnerent autant de noms variables à ce Dieu, comme nous faisons au seul Redempteur des hommes: le nommãt vne fois Victorieux, cuidants qu'il dõnast la victoire, figurãts alors son simulacre qui portoit sus sa main droitte la Victoire, & de l'autre son sceptre, qui estoit indice de son Empire: d'autrefois la Victoire le coronnoit d'vne coronne de laure, comme celuy qui donnoit la victoire. Et de telle figure ie l'ay graué en vn Cassidoine antique, non guere moins grand qu'vne medaille, pierre anciennement consacrée à Iupiter Fulgurateur, pource qu'elle iette le feu; & telle raison la faict seruir pour les arquebuz.

CASSI

CASSIDOINE ANTIQVE.

MED. GRECQVE. DOMITIAN.

BRONZE. *BRONZE.*

MARC AVRELE.

BRONZE. *BRONZE.*

Comme paignirent les Anciẽs Iupiter.

La figure de ces medailles represente Iupiter nud depuis la ceinture au dessus,& couuert par le dessoubz: signifiants les Anciens par leur occulte & mystique theologie, que les choses superieures doibuent estre cachées aux hommes,& decouuertes aux Dieux celestes.

Et la diuinité de ce Dieu & toutes ses puissances nous a monstré Alexander, fils de Mammea, par ses medaillons qui furent frappez en Grece:ou du costé de la teste se representent caracteres abregez, qui ne disent autre chose que, ΑΥΤΟΚΡΆΤΩΡ ΚΑΙ͂ΣΑΡ ΜΆΡΚΟΣ ΑΥΡΈΛΙΟΣ ΣΕΒΑΣΤῸΣ ἈΛΈΞΑΝΔΡΟΣ, que les Latins disent, IMPERATOR CAESAR MARCVS AVRELIVS AVGVSTVS ALEXANDER. Le reuers de la medaille nous faict veoir Iupiter asis au milieu des quatre elements, qui tient d'vne main sa haste, & l'autre il la repose sus la teste de son aquile: comme la sculpture le monstre par les deux chars celestes du Soleil & de la Lune, qui sont ceux qui gouuernent les choses superieures. Et par les deux simulacres qui sont couchez soubz ses pieds, nous sont signifiez les autres deux elements, de l'eaue & de la terre:ayant le Zodiaque autour de luy,ou sont representez les douze signes. Comme bien aysement lon pourra veoir par la paincture de ladicte medaille, laissant à part l'inscription qui est au dedans, qui est si frustre,qu'il ne m'a esté posible d'en tirer aucun sens.

Interpretation du reuers de la medaille d'Alexander.

ALEX

ALEXANDER MAMMEAE.

BRONZE.

Les Grecs nommerẽt Iupiter par vne infinité de ſurnoms: & meſmement les Syracuſiens (comme recite Tite Liue au liure quatriéme de la troiſiéme decade) eurent le temple renommé de Iupiter Olympius, autrement ſurnommé Eleus, celebré premierement par ſon oracle, & depuis par les ieux publicques, qui ſe faiſoyent en Elide, au chãp de Piſe: & de là eſt venu le nom de Iupiter Eleus: comme lon pourra veoir par la medaille Grecque, painɛ̃te cy deſſoubs, ou du coſté droit ſe trouue le ſimulacre de la teſte de Iupiter, accompaigné de caracteres Grecs, qui diſent, ΖΕΥΣ ΕΛΕΥΟΣ, c'eſt à dire, IVPITER ELEVS. Le reuers eſt inſculpé de ſon fulgure, & de l'aigle, auec telle inſcription, ΣΥΡΑΚΟΣΙΩΝ: qui monſtre comme ceux de la cité de Syracuſe auoyẽt en grandiſsime honneur Iupiter Eleus, auquel ils auoyent erigé & dreſſé vn belliſsime temple, & faict battre ſemblables medailles pour l'eternité de ſa memoire. *Temple de Iupiter Olympius.* *Iupiter Eleus.*

MEDA

MEDAILLE DES SYRACVSIENS.
BRONZE.

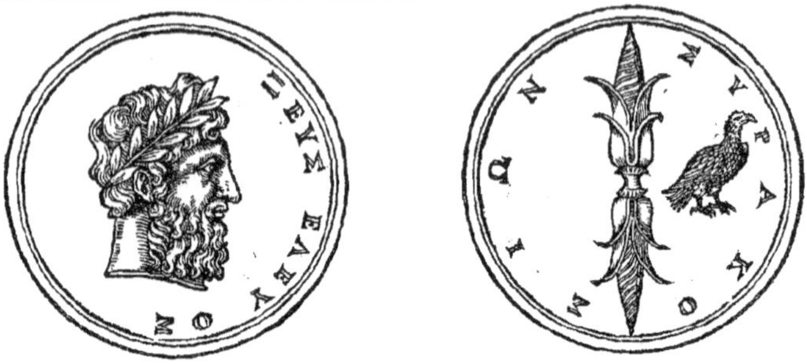

Par les medailles d'argent qui furent frappées par Lucius Lentulus & Caius Marcellus Consuls se trouue la teste de Iupiter d'vn costé, accompaignée de telle inscription abregée, LVCIO LENTVLO, CAIO MARCELLO CONSVLIBVS: & de l'autre costé Iupiter, qui tient de la main droitte son fulgure, & de la gauche son aigle, ayant deuant luy vne petite are, & l'estoile salutifere de Ioue, qui est mise la seconde entre les errantes: signifiants toutes ces choses vne expiation faicte par lesdicts Consuls à Iupiter, pour le fulgure, qui estoit tombé sus son temple Capitolin à Rome.

Estoile de Iupiter.

MED. DE L. LENTVLVS ET C. MARCELLVS CONSVLS.
ARGENT.

Les

Les Anciens figurerent differemment Iupiter Seruateur ou Conseruateur, & le plus souuent pour l'arbitre du Prince, de leurs painctres, ou de leurs sculpteurs: luy faisants tenir vne fois son fulgure de la main droite, & de l'autre sa haste : vne autre fois l'Empereur est painct dessoubs le fulgure, pour monstrer qu'il estoit soubs la garde & protection de Iupiter. D'autresfois ils le paignirent tenant vne Victoire reposant sus vn globe, qui monstre de le vouloir coronner, & l'aigle à ses pieds, auecques l'inscription qui est telle, IOVI CONSERVATORI AVGVSTORVM NOSTRORVM.

Iupiter Cōseruateur. Painčture de Iupiter Conseruateur differente.

DOMITIAN.	ANTONIN PIE.
ARGENT.	*ARGENT.*

GORDIAN.

BRONZE.	*ARGENT.*

MAXIMIAN.	LICINIVS.
ARGENT.	ARGENT.

Variables puiſſances de Iupiter.

Les autres ſurnoms de Iupiter ſe voyent par les medailles des Empereurs cy apres repreſentées. Et pour la variable puiſſance qu'eſtimerent les Anciens qu'il auoit, ils le paignirent differemment, le nommants vne fois Vlteur, Propugnateur, & Fulgurateur: d'autrefois Cuſtode, Stateur, Anxur, ou Axur. Et cõme Mars Vlteur fut hõnoré des Romains, tout ainſi ils adorerent Iupiter Vlteur, pource qu'il eſtoit vẽgeur des choſes impies.

Iupiter Vlteur.

GORDIAN.	ALEX. SEVERVS.
ARGENT.	ARGENT.

Quant

Quant à Iupiter Stateur(ainsi nommé, pource qu'auec ses bienfaits demeurent toutes choses) Cicero, en l'oraison qu'il fit auant que d'aler en exil, dit semblables paroles: O toy Iupiter Stateur, que noz Maieurs veritablement ont nommé Stateur de cest Empire, au temple duquel i'ay repoulsé des murailles les ennemies entreprises de Catilina: & dont le temple a esté colloqué au palais, apres que Romulus eut vaincu & deffait les Sabins, ie te prie & supplie de vouloir ayder à la Republique Romaine, & à toute la cité, & à mes fortunes.

Iupiter Stateur.

Iupiter stateur de l'Empire Romain.

GORDIAN.	DIOCLETIAN.
ARGENT.	*ARGENT.*

Par les medailles de Nero & de Vespasian cy apres mises fut nommé Iupiter, Custos: duquel a parlé Seneque au liure second des Questions naturelles, quand il dit: *Quem nos Iouem, intelligunt custodem, rectorémque vniuersi.* Et par les medailles non seulement de Nero, mais encores d'Hadrian, Iupiter est assis dedans son trosne, qui porte son fulgure à la main droitte, & tout à l'enuiron sont semblables mots, IVPITER CVSTOS.

Iupiter Custos.

L'empereur Veſpaſian les a faict battre de figure & d'inſcription differente, qui eſt telle, IOVIS CVSTOS.

NERO.	VESPASIAN.
OR.	ARGENT.

Iupiter Anxurus. Iupiter fut ſurnommé en Italie Anxurus,& principalement en la Champaigne:& repreſenté ſon ſimulacre par vn ieune enfant ſans barbe: duquel a faict mention Virgile au huictiéme des Aeneides,quand il a dit:

Circúmque iugum,queis Iupiter Anxurus aruis
Præſidet.

Painцture de Iupiter Anxurus. Et tout ainſi il eſt painct en vne medaille d'argent de Panſa, ou d'vn coſté ſe voit Iupiter aſsis ſus ſon troſne, qui tient de la main droitte vne patere, & ſon ſceptre de l'autre,coronné d'vne coronne de cheſne ou d'oliuier: tant y a que ie ne l'ay peu diſcerner,pour eſtre la medail le ſi menue, qu'à grand peine ſe peut elle veoir. Cõbien *Iupiter ſeul coronné d'oliue.* que Phurnutus dit, que ſeul Iupiter eſtoit coronné d'oliue, pource qu'elle eſt touſiours verte, & tient quelque choſe de la couleur celeſte.

MED.

MED. DE PANSA.

ARGENT.

Et comme Iupiter auoit ſon temple à Rome magnifique, & qu'il fut nommé des Romains, entre ſes autres ſurnoms, Seruateur & Conſeruateur: tout ainſi en Alexandrie (comme recité Philo, au liure de ſa legation à Caius Ceſar) ſe trouuoit vn temple de forme quarrée, faict à la vraye ſemblãce de celuy de Iupiter Capitolin, qui eſtoit à Rome conſacré à Ceſar Auguſte Conſeruateur, nommé des Grecs Σεβαστὸς σωτὴρ, garde des nauigateurs. Ce tẽple eſtoit aſsis deuant le port, grand & releué, & tel qui n'auoit point ſon ſemblable, plein d'offertes, tables de painctures excellentes, de ſtatues faictes par vn merueilleux artifice: & à l'enuiron enrichi d'or & d'argent: grand & ſpacieux, decoré de portiques, ou galeries, pour ſe pourmener, & d'vne belliſsime bibliotheque, accompaignée de grandes ſales, portals, petit bois, & grandes alées, qui rendoyent le lieu treſſomptueux, eſperance ſalutaire de tous ceux, qui arriuoyent & vouloyent prendre port en Alexandrie. Et quaſi par tout le monde furent dreſſez à Ceſar Auguſte temples, pour monſtrer ſon eternité & deification: comme l'on peut voir par les medailles frappées en ſon honneur.

Temple d'Auguſte Ceſar en Alexandrie.

Bibliotheque au temple d'Auguſte belliſsime.

AVGVSTE.

ARGENT.

Temple d'Auguste à Rome cõmencé par Tibere, & acheué par Caligula.

Tibere Cesar commença à luy faire son temple, qui depuis fut acheué & consacré par Caius Cesar, dict Caligula, faisant office plein de religion & de pieté: comme il le monstra par ses medailles, ou du costé droit se voit le simulacre de la Pieté assise, qui tient vne patere à la main droitte, reposant son bras gauche sus vn petit enfant: qui monstre le debuoir que faisoit Caligula à lendroit de ses parents: & telle inscription abregée, qui se peut lire tout au long, en ceste maniere: CAIVS CAESAR, DIVI AVGVSTI PRONEPOS, AVGVSTVS, PONTIFEX MAXIMVS, TRIBVNICIA POTESTATE TERTIVM, PATER PATRIAE: accompaignée de ce seul mot, PIETAS, par le dessoubs. L'autre costé represente le temple d'Auguste, receu au nombre des Dieux, au milieu duquel est dressé vn autel, ou repose vn beuf, que tient vn Victimaire: & au deuant de l'are, vn sacerdote, qui monstre de le vouloir sacrifier, auec vne patere qu'il tient à la main droitte: & derriere son dos, vn ministre des sacrifices, tenant vn vaisseau pour receuoir le sang de la victime, ayant esté mactée par le Victimaire.

Sacrifice de C. Cesar, dict Caligula.

CALI

CALIGVLA.

BRONZE.

AVGVSTE.

OR.

MEDAILLONS DE TIBERE.

BRONZE.

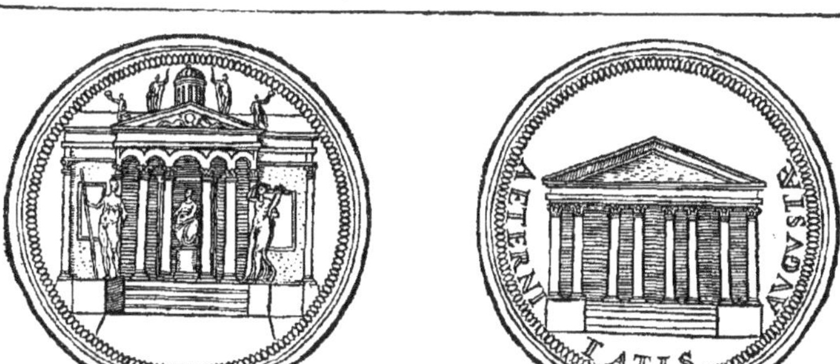

Antonin Pie restituteur du temple d'Auguste.

Le temple d'Auguste, par succesſion de temps, commença à ſe ruiner. Ce que voyant Antonin Pie, il le feit refaire & reſtituer : comme il monſtra par ſes monnoyes d'or & d'argent, & par ſes medailles de bronze, ou ſont lettres qui diſent, TEMPLVM DIVI AVGVSTI RESTITVTVM. Ne ſe contentant pas encores ce bon Prince d'auoir remis ce temple en ſon entier, il en feit encores dreſſer vn autre à ſon predeceſſeur Hadrian, recongnoiſſant le bien d'où il eſtoit venu: qui eſtoit de telle figure, qu'il eſt repreſenté cy deſſoubs.

ANTONIN PIE.

BRONZE. *BRONZE.*

Autels dreſſez pour l'eternité des Empereurs.

Auant que de paſſer oultre, ie veux eſcrire, qu'oultre les temples qui furent dreſſez à Ceſar Auguſte, furent encores faictes & erigées ares & autels, pour touſiours monſtrer ſon eternité perpetuelle, auecques ce mot de PROVIDENTIA: qui n'eſt autre choſe que pour ſignifier la priere que faiſoyent les Romains, qui demandoyent à Auguſte, par le moyen de ſa diuinité, ce qu'il leur eſtoit neceſſaire pour l'aduenir.

AVGV

AVGVSTE.	VESPASIAN.
BRONZE.	*BRONZE.*

Par toutes les monnoyes des Empereurs, qui auoyẽt eſté canonizez , & receus au nombre des Dieux immortels, lon trouue, ares & autels , qui monſtrent l'heureuſe memoire de leur deification.

AVGVSTE.	CONSTANTIN.
ARGENT.	*BRONZE.*

Apulee *in dogmate Platonis* a mis par eſcript, que la Prouidence eſtoit vne diuine ſentence, qui conſeruoit & gardoit la proſperité de celuy, duquel elle prenoit charge. Les autres ont dit qu'elle regardoit aux choſes qui debuoyent aduenir: & d'opinion contraire eſtoit

Deſcriptiõ de la Prouidence.

i

Dict d'Epicure. Epicure, qui disoit, que les Dieux n'auoyent point de soucy de ce que faisoyent les humains.

Entre les pierres grauées, que ie garde pour la veneration de l'Antiquité, i'ay vn iaspe insculpé du symbole de la Prouidence, figuré par vn formis, qui tient trois espis de blé en la bouche: trouué quinze pieds dedans terre, ainsi que ie faisoye faire les fondements de l'vne des tours de ma maison de la Magdelene: lequel pour estre graué d'vne deuise asses rare, & qui merite d'estre veuë, ie l'ay faict paindre cy dessoubs. *Deuise de la Prouidence.*

IASPE ANTIQVE.

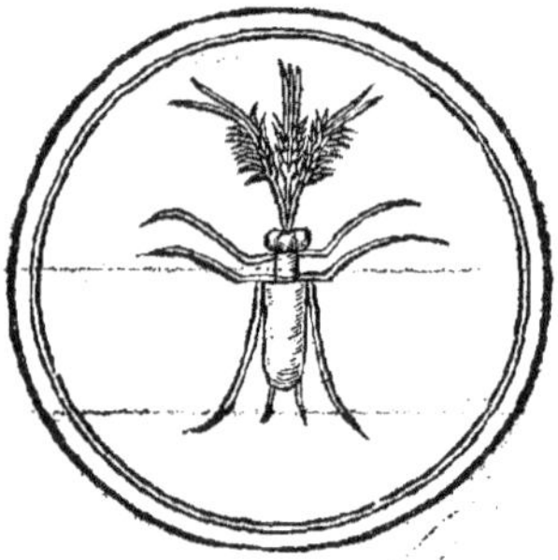

Plotin. Quatre liures a escrit Plotin de la Prouidence, ou il mõstre les choses grandes & petites estre gouuernées par le Dieu de Nature: ou ie remets le Lecteur pour veoir plus amplement les sentences des Philosophes. Et retournerons à nostre Prouidẽce, que les Anciens estimerent Deesse, comme tesmoigne Cicero au liure qu'il a faict de la nature des Dieux. Et par son imaige (qui est d'vne matrone stolée toute droitte, qui tient son sceptre d'vne main, & de l'autre elle monstre vn globe, qui est à ses pieds) est signifié qu'elle gouuernoit tout le monde, comme vne tresbonne mere de famille. Et tout ainsi l'a figurée

PROVIDENCE.

Cicero.

figurée Traian par ses medailles, & Pertinax d'vne autre sorte, resortissant toutesfois la diuersité des painctures à vn mesme sens.

TRAIAN.	PERTINAX.
BRONZE.	BRONZE.

Les autres Empereurs (cõme Titus) l'ont faict paindre auecques vn timon & vn globe, par lequel est monstré le gouuernemẽt de tout le monde. Antonin Pie, representant la prouidence des Dieux, l'a figurée par vn fulgure de Iupiter, accompaigne de ses sagettes. Maximian par deux femmes en habit de matrone, qui tiennent chascune des espis de blé, auecques l'inscription qui se lit en telle maniere tout autour, PROVIDENTIA DEORVM, QVIES AVGVSTORVM: qui monstre que par l'ayde & prouidence des Dieux, il auoit donné si bon ordre aux blez, & à la chose frumentaire, que le proffit de toute la cité, & le repos des Augustes en resortissoit. Alexander Seuerus a representé la Deesse par vne amphore pleine d'espis de blé. Probus & Florianus par vne femme stolée, qui tient vn globe sus sa main droitte, & son sceptre, & vn cor d'abondance de l'autre main.

La Prouidẽce paincte differẽment des Anciens.

TITVS.	MAXIMIAN.
BRONZE.	*BRONZE.*

CARACALLA.	ALEX. MAMMEAE.
BRONZE.	*BRONZE.*

PROBVS.	FLORIANVS.
ARGENT.	*ARGENT.*

Pour

Pour retourner à l'eternité, ie rendroye mon labeur inutile, si ie passoye oultre sans escrire la folle superstition des Romains, qui canonizoyent leurs Empereurs apres leur mort, combien qu'ils eussent tyrãniquement traicté le Senat, & le Peuple de Rome, vsurpants durant leur regne, & par leurs monnoyes le nom de tresbon Prince, de Fondateur de paix, de Restituteur de la cité de Rome. Ce que lon peut veoir par L. Septimius Seuerus, homme barbare & sanguinaire, qui de simple soldat vint iusques à la sommité de l'Empire: lequel, pour venir à la fin de ses entreprises, malheureusement deceut Clodius Albinus, gentilhomme de bonne & antique famille de Rome: receuant les tiltres (que le Senat donnoit aux bons Empereurs) plus par adulation & par crainte, que par ses vertus & merites.

CONSECRATION.

Folle superstition des Romains à canonizer leurs Empereurs.

L. Septimius Seuerus.

Clodius Albinus.

SEVERVS.

ARGENT.

SEVERVS.

BRONZE. ARGENT.

Claudius l'Emp. mõ-ſtre encom mancé & nõ acheué de nature.

Que dirons nous de ce monſtre Claudius encommancé & non acheué de nature ? qui apres ſa mort fut receu au nombre des Dieux Immortels : & duquel Nero(qui l'auoit faict empoiſonner)diſoit, qu'il auoit eſté faict Dieu par le morceau d'vn bolet.

CLAVDIVS.

OR.

C'eſt ce bon Prince Traian, c'eſt ce bon Prince Antonin Pie, c'eſt ce bon Empereur Marc Aurele, qui meriterent par leurs vertus & bonté, d'eſtre canonizez, ſi conſecration debuoit auoir lieu. Mais ie vous prie eſcoutons

coutons la voix de ce tresbon Prince Antonin Pie, qui disoit, qu'il aymoit trop mieux garder vn citoyen Romain, que de tuer mile de ses ennemys. Voix certainement pleine de pieté & digne d'vn bon Empereur, comme il estoit. Et tel le voulut nommer le Senat (comme il auoit faict Traian) par l'escripture de ses medailles, luy faisant dresser vne colonne cõme à Traian, & temples, pour monstrer sa diuinité.

Sentence d'Antonin Pie, pleine de pieté.

Colonne d'Antonin Pie.

ANTONIN PIE.

BRONZE.

ANTONIN PIE. — TRAIAN.

BRONZE. — *BRONZE.*

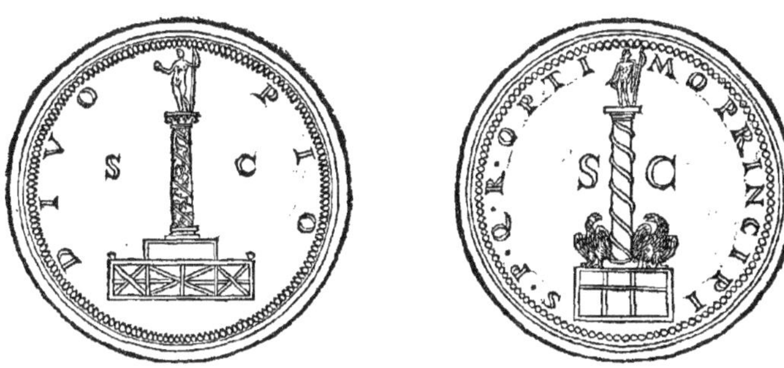

Nous

Nous auons eſcrit que les Empereurs eſtoyent conſacrez & deuenus Dieux apres leur mort, & que les Romains leur faiſoyent temples & autels pour les adorer: & depuis les apaiſoyent auecques la mactation du veau & de l'aigneau, leur donnants prebſtres & flamines en leurs temples. Et de telle couſtume, parlant Prudence d'Auguſte Ceſar, à dit ſoubs ces mots:

Prebſtres ordonnez pour le ſeruice des temples des Dieux.

Prudence.

Hunc morem veterum docili iam ætate ſequuta
Poſteritas, menſa, atque adytis, & flamine, & aris
Auguſtum coluit, vitulo placauit & agno:
Strata ad puluinar iacuit, reſponſa popoſcit,
Teſtantur tituli, produnt conſulta Senatus
Cæſareum Iouis ad ſpeciem ſtatuentia templum.

Herodian.

Au demeurant de la conſecration, nõmée des Grecs ἀποθέωσις, Herodian au ſeptiéme chapitre du quatriéme liure l'a miſe bien au long, laquelle i'ay traduitte en noſtre langue, pour donner le plaiſir au Lecteur de l'intelligence de la conſecration figurée cy deſſoubs par les medailles d'Antonin Pie & de M. Aurele.

ANTONIN PIE.	M. AVRELE.
BRONZE.	*BRONZE.*

Comme les Empereurs

C'eſtoit la couſtume des Romains de conſacrer & canonizer les Empereurs, qui laiſſoyent leurs enfans ſucceſſeurs

cesseurs quand ils venoyent à mourir, faisants certaines cerimonies, par lesquelles ils estoyēt receus au nombre des Dieux immortels. Or pour monstrer la deification, la cité estoit toute meslée de pleurs & de lamentations, accoustumées d'estre faictes aux funerailles des Empereurs, pource que le corps de l'Empereur mort estoit enterré auec vne grand pompe, selon la coustume des autres hommes. Apres ils faisoyent vne imaige de cire à la semblance du mort, laquelle ils mettoyent dedans vn grand lict de parement faict d'yuoire, esleué en haut à l'entrée du palais imperial, couuert & enrichi de couuertures d'or, ou l'imaige du mort estoit couchée, qui resembloit à vn malade decoulouré & pasle. De l'vn des costez du lict, & à senestre estoyent assis tous les Senateurs de Rome, qui demeuroyēt là vne grand partie du iour auecques leurs robes de dueil. Du costé droit estoyent assises toutes les Dames selon l'estat & dignité de leurs maris, ou de leurs peres. Et ne s'en trouuoit pas vne accoustrée de doreures, ny parée de carquants, ou de cheines: mais estoyent vestues de robes blanches, legeres, à la semblance de personnes tristes & dolentes. Et duroyent ces cerimonies sept iours sans plus: durant lesquels les medecins entroyent tous les iours, s'approchants du lict, faignants de taster le poux au malade, et faisants iugemēt qu'il aloit tousiours de pis en pis. Et quand ils disoyent que le patient auoit rendu l'ame, les plus nobles de l'ordre des Cheualiers, & les plus apparens des Senateurs prenants le lict sur les espaules, le portoyent par la rue sacrée iusques au marché vieux, ou les magistrats de Rome auoyent accoustumé de se demettre de leurs offices. De tous les deux costez il y auoit des degrez à la semblance d'vn schalier,

Romains estoyent canonizez.

Lict de parement faict d'yuoire.

Lict de parement porté par les Senateurs.

ou estoyent, d'vne part, les plus nobles enfans de la cité & patrices, & de l'autre, les plus illustres & honorables Dames de Rome, lesquels chantoyent tous ensemble hymnes & cantiques, que lon a de coustume de chanter aux funerailles, faicts d'vne piteuse rythme & lamentable. Ce faict, soustenants derechef ce lict, ils le portoyẽt hors la cité en vn lieu nommé, le Champ de Mars: ou estoit dressé au milieu vn parc, à la semblãce d'vn tabernacle quarré, esgal de tous les costez, qui n'estoit faict d'autre matiere, que de grands bois mis ensemble, lequel par dedans estoit plein de sermens & fagots secs, paille, pouldre et autre matiere seiche: & par dehors richemẽt accoustré & couuert de custodes brodees d'or, de statues d'yuoire, & de diuerses painctures. Au dessus de ce tabernacle il s'en trouuoit vn autre de façõ semblable au premier, mais plus petit, & d'ornemẽts couuert à la forme de celuy de dessoubs, qui auoit les portes & fenestres ouuertes: & tout ainsi suiuoit le troisiéme, & le quatriéme tousiours moindre, que celuy de dessoubs, iusques au dernier, qui estoit le plus petit de tous. Lon pourroit comparer le modelle de ce bastiment aux tours que lon bastit, & sont releuées sur les ports, pour garder les nauires, qui regardent le feu de ces tours la nuict, qu'elles puissent asseuremẽt prendre port, nommées par aucuns Fanals, & des Anciens Pharos. En portant doncques le lict sur le second tabernacle, ils boutoyent grand quantité d'espisseries, de parfums, de fruits, d'herbes & onguents de bonne senteur, de toutes les parties que la terre porte. Car il ne se trouuoit nation, cité, ou personne de dignité ou d'hõneur, qui ne s'efforçast de faire, & à l'enuy ce dernier don à l'Empereur, qui estoit decedé. Apres qu'ils auoyent amassé vn grand tas de toutes ces senteurs

Hymnes pitoyables chantés aux funerailles des Empereurs.

Champ de Mars.

Description du tabernacle qui est veu par les medailles.

Fanals, ce que les Anciens appelloyent Pharos.

ſenteurs & eſpiſſeries, de ſorte que tout le lieu eſtoit rẽpli de bõnes odeurs, ils faiſoyent vne courſe de cheuaux autour de ce baſtiment, ou tous les cheualiers couroyẽt en limaçon par ordre, faiſants vne dance d'vne meſure, qui s'appelloit Pyrrique. Semblablement les coches couroyent alentour, gardants vn meſme ordre, deſſus leſquelles eſtoyent montez les Cochiers & Gouuerneurs de ces chars, accouſtrez & veſtus de pourpre, comme veloux cramoiſy, portants maſques ſur le viſaige, qui retiroyent aux Capitaines & Ducs Romains, des Princes & des Empereurs du temps paſſé, qui ſuyuoyent l'ordonnance des autres. Et depuis que toutes ces choſes eſtoyẽt faictes, celuy qui ſuccedoit à l'Empire, prenant vne torche alumée, boutoit le feu au tabernacle, & apres luy tous les autres par tout l'edifice: de maniere que tout incontinent & ſoubdain, pour la ſeichereſſe des ſermens, eſpiceries & parfums, qui auoyent eſté mis là dedans, ſe leuoit en hault vne flamme merueilleuſe. Et du petit tabernacle qui retiroit à vne petite tour, mõtoit amont auec le feu, vne aigle en l'air, laquelle (cõme croyoyent les Romains) de terre portoit l'ame de l'Empereur aux cieux: & deſlors l'adoroyent & luy faiſoyent temples, pour monſtrer ſa deification.

Danſe nõmée des Anciens Pyrrique.

Aigle qui emportoit l'ame de l'Empereur aux cieux.

M. AVRELE.
BRONZE.

FAVSTINE.
BRONZE.

PERTINAX.	FAVSTINE.
BRONZE.	*ARGENT.*

Mais ie vous prie regardons la vaine folie, ou si longuement demeurerẽt vn si grand nombre deRomains, qui atitroyent des hommes,ou plustost achetoyent, qui affermoyent par serment, qu'ils auoyent veu l'ame de Cesar saillir du feu, ou son corps auoit esté bruslé, que l'aigle de Iupiter emportoit au ciel tout deifié.

Vaine superstition des Romains.

Voila cõme Seuere fut canonisé, & mis au nombre des Dieux immortels:qui fut depuis accompaigné d'vn grand nombre d'hommes & de femmes, que les Romains firent monter par force au ciel,& qui furẽt faicts Dieux par le consentement du peuple de Rome: si bien nous regardons la coustume qu'ils auoyent d'immortalizer leurs Empereurs.

Seuere canonisé.

Or pour retourner aux temples de noz Dieux, ayãt escrit des plus triomphants de tous, comme de celuy de Iupiter Capitolinus, de celuy d'Auguste, qui fut faict à Rome & en Alexandrie,du renommé Pantheon,& du magnifique temple de Paix:il demeure le tẽple de Diane en Ephese,que tous les Roys & tous les Potentaz & Republiques de toute l'Asie, contribuants chascun selon

Temple de Diane en Ephese.

lon ſon pouuoir, firent edifier, incitez ſeulement de la religion:qui fut à bien grand peine acheué pour ſa grãdeur & magnifique richeſſe,en deux cents ans,fondé dedans vn mareſt, pour l'aſſeurer du terremote: mis depuis entre les ſept ſpectacles du monde:temple & ſimulacre tant celebré par les monnoyes des Empereurs.

CLAVDIVS.

ARGENT. *ARGENT.*

Et pource que le ſimulacre de Diane, qui eſtoit au temple des Epheſiens, ne peut eſtre bonnement repreſenté par la medaille que i'ay miſe cy deſſus, il m'a ſemblé de le faire mettre cy apres, comme ie l'ay par le reuers de deux medailles Grecques, l'vne d'Antonin Pie, & l'autre d'vn Cõmode fort ieune:à la premiere deſquel les l'antiquité nous a laiſſé ce ſeul mot entier, ΕΦΕΣΙΑΝ, eſtant les autres lettres fruſtres & vſées. Et à l'autre ſont caracteres Grecz, qui diſent, ΑΡΤΕΜΙΣ ΕΦΕΣΙΑΝ, c'eſt à dire,Diane des Epheſiens. *Diane des Epheſiens.*

ANTONIN PIE.
BRONZE.

COMMODE.
BRONZE.

Deſcriptiō du temple de Diane.

La longueur du temple de Diane eſtoit de quatre cents vint cinq pieds, & la largeur deux cents & vint, garni de cent & vintetſept colonnes de ſoixante pieds d'hauteur: bruſlé par ce malheureux homme Eroſtratus, qui vouloit acquerir vne renommée eternelle, pour la meſchanceté de ce beau faict. Toutefois le temple fut remis ſus, & refaict plus triomphāt qu'il n'auoit iamais eſté: & fut Dinocrates, qui acheua ceſte magnifique beſogne, celuy qui fut Architecteur d'Alexandrie.

Eroſtratus.

Dinocrates Architecte renommé.

Celebratiō de la feſte de Diane.

Le iour de la feſte de Diane tous les ans les ieunes hommes qui eſtoyent en la premiere fleur de leur eage, & les ieunes vierges & damoiſelles du païs veſtues noblement, aloyent viſiter ce temple magnifiquement, pour celebrer la feſte de la Deeſſe en grande ſolennité. Et ſouuentesfois venoyent à ſe marier ces ieunes gentilshommes & ces damoiſelles enſemble.

DIANE.

Diuerſité de noms de Diane.

Les ſimulacres de Diane furent painčts ſelon ſes puiſſances de pluſieurs façons, comme elle fut nommée de noms variables & differents. Lune, quand pour ſa clairté lucifere principalement, elle ſe monſtroit toute pleine: & alors ſa figure eſtoit painčte auec vne

torche

torche, quelle portoit à ses deux mains. Et tout ainsi l'a representée Iulia Pia femme de Seuere l'Empereur, accompaignée de lescriture de DIANA LVCIFERA.

IVLIA PIA.

ARGENT. BRONZE.

Pour mõstrer encores que Diane & la Lune estoyẽt vne mesme chose, i'ay faict mettre de la dicte Iulia vne autre medaille de bronze, ou l'inscription dit encores, LVNA LVCIFERA, ou son char est tiré par deux biches, cõbien que souuentefois il fust conduit par deux cerfs: qui a faict escrire à Claudian, *Diane & la Lune estoyent vne mesme chose.*

Dixit, & extemplò frondosa fertur ab alpe
Trans pelagus, cerui currum subiere iugales.

Qui signifie, quelle estoit Deesse de la venerie: combien que l'interprete d'Aratus a dit, que les biches luy estoyẽt données pour faire congnoistre sa legereté. *Diane Deesse de la venerie.*

Quand Diane estoit painꝃte tenant vn espieu à la main, ayant vn cerf au plus pres delle, cecy la monstroit Ceruicide, qui signifioit quelle faisoit mourir à la chasse les cerfs à force: & pour ceste cause la nommerent les Grecs ἐλαφηβόλος, & luy consacrerẽt (à ce que nous lisons en *Diane Ceruicide.* *Diane nommée des Grecs ἐλαφηβόλος.*

Cornes des cerfs estachées au tẽple de Diane.

en Plutarque) les cornes des cerfs qu'ils faisoyent estacher aux temples de Diane, pour monstrer qu'elle estoit Deesse de la venerie.

Des Cerfs & de Diane i'ay parlé au liure, que i'ay faict par le commandement du Roy, des Animaux feroces & estrãges, ou i'ay escrit de sa nature asses amplement.

MED. DE L. HOSTILIVS.

ARGENT.

L'espieu estoit donné à Diane pour le sanglier.

L'espieu, qu'elle porte, estoit pour le sanglier: ce que nous mõstre la medaille d'argent de Geta Triumuir, ou est paincte d'vn costé la Deesse, & de l'autre vn Chiẽ qui court apres le porceau, qu'elle a enferré par l'espaule.

GETA III. VIR.

ARGENT.

Quand

Diane Venatrice.

Quand Diane eſtoit figurée Venatrice,les Romains ordinairement l'accompaignerent de ſa trouſſe, de ſon arc, & ſes fleſches, d'vn leurier, ou d'vn chien: ſans leſquels bonnement la chaſſe ne ſe peut acheuer. Et tout ainſi i'ay ſa figure en vne medaille d'argent, qui eſt repreſentée cy apres.

Sans le chië la chaſſe ne ſe peut bonnement acheuer.

MED. DE C. POSTVMVS.

ARGENT.

Par les medailles d'Auguſte Ceſar, ſe trouue la Deeſſe trouſſée, tenant vn arc à la main, & ſon ſceptre de l'autre, accompaignée d'vn leurier: les pieds garnis de ſes petites bottines,qui luy viennent iuſques à my iambes (que Pollux a nommé endromides) données à Diane comme choſe propre. Et par le reuers de l'autre medaille, Auguſte l'a faict figurer en habit virginal,tenant ſon arc à la main gauche, & de l'autre elle monſtre de vouloir tirer vne fleſche de ſa trouſſe: garnies toutes deux par le milieu de lettres abregées, c'eſt aſſauoir l'vne de IMPERATOR DECIES, & l'autre, IMPERATOR VNDECIES; & au deſſoubs ſe liſent ſemblables mots, SICILIA.

Bottines de Diane nommées des Grecs endromides.

AVGVSTE.

ARGENT. *ARGENT.*

Descriptiõ d'vn trophée nauale, qui est aux medailles d'Auguste.

Parmy la trouppe des medailles dòr,qui furent trouées aupres de Tholouze lànnée mil cinq cens cinquante trois, entre celles qui tumberent entre mes mains, ièn trouuay vne, ou le costé droit monstre l'imaige de Diane accoustrée de son arc, & de sa pharetre: de làutre costé se trouue vn temple, garni par le milieu dvn trophée nauale,la sommité duquel est reuestu d'vne salade, accoustrement de teste à làntique: Et du rostre, ou bien partie de la proüe dvn nauire, se dresse vn tronc auecques ses branches,qui est reuestu dvne cuyrace militaire, & par la sortie des bras, les branches sèstendent tronques & couppées:à lvne desquelles est pendue vne rõdelle,& à làutre deux piles ou dars croisez. Dessoubs la thorace à trauers le tronc pent vne ancore dvn costé, & vn timon de làutre:en signe de la deffaicte de Sextus Pompeius, quand Auguste Cesar recouura la Sicile: ce qui se monstre par les trois iambes, symbole de la Trinacrie, qui sont figurées au milieu du frontispice du temple de Diane,auec l'inscription qui dit, IMPERATOR CAESAR: monstrant par cela Auguste de rendre graces à la Deesse, de la victoire qu'il auoit euë contre ses ennemys.

Les trois iambes deuise de la Sicile.

MED.

MED. D'AVGVSTE.

OR.

Par les reuers des medailles, qui furent frappeés en l'honneur de Marcellus, se pourra veoir vn sacerdote, qui presente auecques les deux mains vn trophée au tẽple renõmé de Diane, qui estoit en la Sicile: luy rẽdant graces de la victoire, qu'il auoit euë de Syracuse: du butin de laquelle il rapporta autant, ou plus de proffit, que n'auoyent faict les Romains de la cité de Carthage.

Temple de Diane renommé en Sicile.

MARCELLINVS.

BRONZE.

Animaux qui sont en la garde de Diane.

Diane estoit appaisee auecques la biche, le daim, le cerf, & le taure, animaux mis en la tutelle de la Deesse: comme lon pourra congnoistre par la painčture que i'ay faičt retirer des medailles Grecques & Latines, qui seruirõt de tesmoignage de ce que i'ay escript cy dessus.

PHILIPPE.

BRONZE. *BRONZE.*

Temple de Diane nõmé Tauropolon.

Strabo, au liure quatorziéme de sa description du monde, recite, que en l'isle d'Icarie estoit le temple de Diane, nommé ταυρόπολον. Et Tite Liue, au quatriéme liure de la cinquiéme decade nomme le dičt temple *Tauropolum*: & les sacrifices qui se faisoyent à Diane, *Tauropolia*. Toutesfois Dionysius en son liure, *De situ orbis*, dit, que Diane n'a pas esté nommée *Tauropola* du peuple, mais pour le taureau, estant la region abondante de ces taureaux, à laquelle presidoit la Deesse, & de là surnommée Taurique: chose qui est veritable, ayãt souuentesfois regardé la medaille Grecque, laquelle i'ay faičt representer cy dessoubs: ou nous lisons lettres Grecques qui disent, ΕΡΕΤΡΙΕΩΝ ΑΑΜΑΣΙΑΣ.

Diane pourquoy nommée Tauropola.

Diane Taurique.

MEDAILLE GRECQVE.

ARGENT.

Cecy nous a faict asseurément congnoistre, que le nom de *Tauropolos* donné à Diane, & le sacrifice nommé *Tauropolium*, ne vient d'autre chose, que pour le taure qui luy estoit oultre le chien, & le cerf, consacré: prenant son commencement le sacrifice (comme Diodore recite au troisiéme liure de son histoire) de la Royne des Amazones, Princesse vertueuse, qui faisoit exerciter ses ieunes vierges tous les iours à la venerie: les nourrissant, par ce moyen, au labeur, aux armes & à la vertu. Et pour rendre graces à la Deesse, elle institua & ordõna vn sacrifice, qu'elle nomma, ταυϱόβολιον. Combien que les Auteurs Grecs & Latins ont confondu tous ces noms *Taurouolium*, *Tauropolum*, & *Tauropolium*: & mesmement Sudas *in Collectaneis*, qui nomme Diane ταυϱόβολος pour le taure, qui luy estoit sacrifié: ce que conferme Eustathius, & cõme la medaille d'argent de Aulus Postumus le represente bien clerement: par le costé droit de laquelle est representée Diane auec son croissant, son arc, & son carquoys: & de l'autre costé, le sacrifice, auecques le taureau est si bien exprimé, qu'il n'est ia besoin de traicter d'auantage de ceste matiere.

Sacrifice de Diane nommé Tauropolium.

Sacrifice ordonné à Diane par la Royne des Amazones.

Diane nõmée Taurobolos.

Sacrifice de Diane auecques le taureau.

MED. DE A. POSTVMVS.

ARGENT.

Par les epigrammes qui ſont en noſtre Gaule, & principalement à Lectore,ou ſe trouue vn grand nombre d'epitaphes antiques,qui tous parlẽt de la Mere des Dieux,et leſquels autrefois m'enuoya Petrus Gilius hõme de ſauoir,&ſingulier amateur de l'Antiquité,lequel a cerché, iuſques à l'extremité de ſa vie, les choſes que Nature a produit rares & ſingulieres: l'on pourra congnoiſtre que le ſacrifice qui ſe faiſoit par les anciens ſacerdotes à la Mere des Dieux auecques grand appareil, eſtoit ſouuentesfois nommé *Tauropolium:* d'autrefois, *Taurouolium:* celebré non ſeulemẽt à Diane,& à Sybele, mais encores à Mineruę:ſi nous voulons croire Suidas. Et des ſacrifices deſſus-dicts i'ay parlé aſſes amplement au liure des Epigrammes de toute la Gaule.

Petrus Gilius amateur ſingulier de l'antiquité.

Liure de l'Auteur, des Epigrãmes de toute la Gaule.

A' l'vn des boleuerts de la cité de Lectore.

MATRI DEVM POMP. PHILVMENAE QVAE PRIMA LECTORE TAVROBOLIVM FECIT.

Et

Et en la dicte vile de Lectore, en vn petit temple ruiné de Saint Thomas, se voit en vne colonne, qui soustient l'autel, l'epitaphe cy apres mis: par lequel est congneu, que l'ordre des Decurions (que nous pourrons appeller Escheuins) feit pour la santé de Gordian l'Empereur, & de Sabina Trãquillina sa femme, & pour l'estat de la cité de Lectore, le sacrifice, nommé *Tauropolium*, à la Mere des Dieux. *Lectore, vile de Gascogne.*

PRO SALVTE IMP. ANTONINI GORDIANI PII FEL. AVG. TOTIVSQVE DOMVS DIVINAE PROQVE STATV CIVIT. LACTOR. TAVROPOLIVM FECIT ORDO LACT. D. N. GORDIANO II. ET POMPEIANO COS. VI. ID. DEC. CVRANTIB. M. EROTIO ET FESTO CANINIO SACERD.

De Sabine Tranquilline i'ay autrefois veu vne medaille d'argent, & l'epitaphe cy apres mis:

FVRIAE SABINAE TRANQVILLINAE SANCTISSIMAE AVG. CONIVGI DOMINI N. M. ANTONINI GORDIANI PII FELICIS INVICTI AVGVSTI DECVRIALES AEDILIVM PLEBIS CERIALIVM DEVOTI NVMINI MAIESTATIQVE EORVM.

A Rome lon trouue vne pierre de marbre antique insculpée en l'honneur de la grand Mere des Dieux, Deesse renommée, qui faict mention du sacrifice nommé *Tauropolium*: ou se pourra veoir l'imaige de la Deesse *SYBELE. Descriptiõ de l'imaige de la mere des Dieux.*

esse coronnée d'vne tour, qui porte de la main gauche vn taborin sus sa cuisse, & de la main droitte des espis de blé, assise en son char qui est tiré par deux lions, accompaignée de son Atys, qui tient vne boule à la main, qui est appuyé contre vn pin, arbre cõsacré à la Deesse, pour la montaigne d'Ida, qui est en Candie, ou pour l'Ida de Phrygie, montaignes toutes pleines de pins. Et en tous ces deux lieux adorée, & la pomme du pin dediée: comme le tesmoigne Martial, quand il dit,

Le mõt de Ida en Candie & en Phrygie.

Poma sumus Sybeles.

Les lions domestiques & priuez tiroyent le char de Sybele, comme l'escrit Virgile,

Char de la Mere des Dieux tiré par deux lions.

Et iuncti currum dominæ subiere leones.

Signifiants les Grecs, qu'il ne se trouue terre, tant soit elle sterile & sauuage, que si elle est bien laborée, qu'elle ne deuienne abondante & fertile. Par la tour qu'elle porte sus la teste au lieu de coronne, sont designées les citez, qui sont assises sur la terre, enrichies par les edifices de plusieurs tours. Par le taborin est denoté la rotondité de la terre: les autres disent que c'est, pource que les vents sont enclos par le dedans: & de la meilleure opinion ie m'en rapporte au Lecteur. Les espis de blé qu'elle porte, monstrent que c'est la terre qui porte le blé, aliment tresnecessaire pour la nourriture des hommes. Voila quãt à l'exposition du simulacre que i'ay faict retirer cy dessoubz.

Enseignes que porte la Mere des Dieux declarées.

FIGVRE DE LA MERE DES Dieux, retirée du marbre antique qui se voit à Rome.

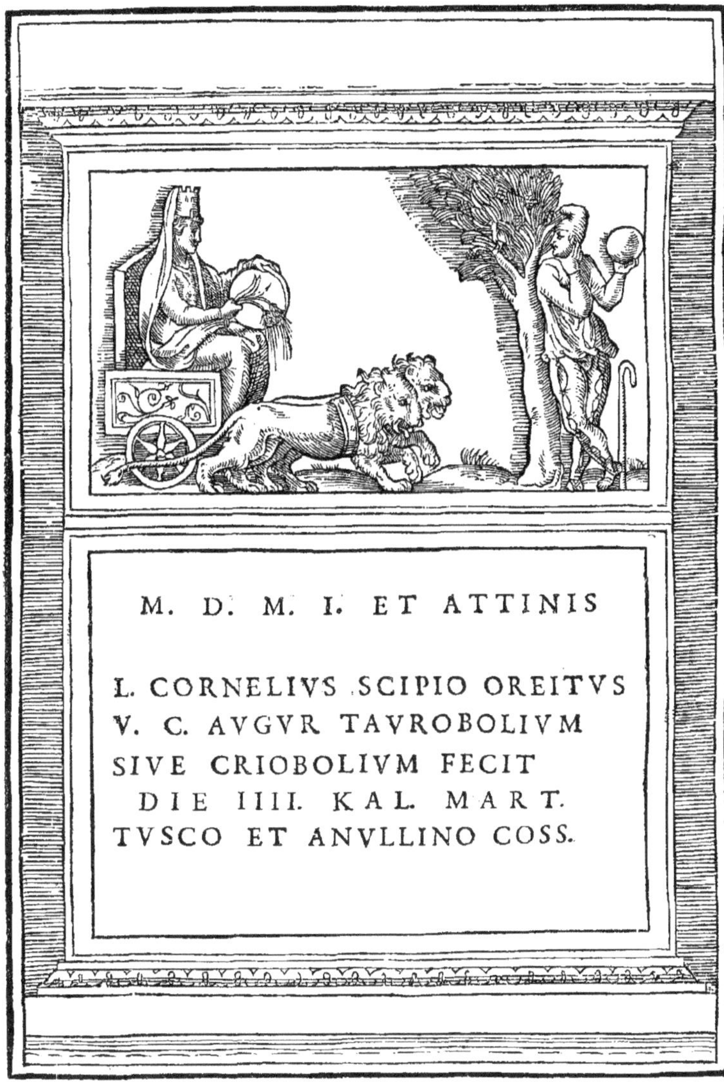

M. D. M. I. ET ATTINIS
L. CORNELIVS SCIPIO OREITVS
V. C. AVGVR TAVROBOLIVM
SIVE CRIOBOLIVM FECIT
DIE IIII. KAL. MART.
TVSCO ET ANVLLINO COSS.

Les Anciens la nommerent Mere des Dieux, pource qu'à la ſemblance d'vne mere elle produit & nourrit toutes choſes. Et cõme mere de la terre (ce dit Phurnutus) les Romains & les Grecs luy attribuerent pluſieurs puiſſances, & la nommerent de pluſieurs noms, vne fois Sybele, Ceres, la Terre, Proſerpine: d'autrefois mere des beſtes (& tout ainſi la nomme Lucrece) Veſta, & Diane. Et qu'il ſoit ainſi, i'ay deux medailles de brõze Grecques, en l'vne deſquelles ſe voit Diane Conſeruatrice d'vn coſté, & caracteres Grecs qui diſent, ΣΩΤΕΙΡΑ: & de l'autre, le fulgure qui luy eſtoit attribué comme à Veſta: & telle inſcription, ΒΑΣΙΛΕΩΣ ΑΓΑΘΟΚΛΕΩΣ. Battue la medaille par le Roy Agathocles en l'honneur de Diane Conſeruatrice, qui eſtoit adorée en Sicile.

Noms variables de la Mere des Dieux.

Diane Conſeruatrice adorée en Sicile.

MED. DE AGATHOCLES.

BRONZE.

Par l'autre medaille Grecque eſt repreſentée Sybele auecques ſa coronne turrite, du coſté droit: & du coſté gauche, le fulgure de Ioue auecques ſes ſagettes. Et pour eſtre la medaille fruſte, n'auons peu tirer des caracteres Grecs ſens qui ſoit bon.

MEDA

MEDAILLE GRECQVE.

BRONZE.

Du temps que i'eſcriuoye ce Diſcours,me furēt données pluſieurs medailles d'argent de celles qui furent trouuées à Reims,toutes quaſi de Seuerus, de Iulia, de Caracalla,de Geta & de Macrinus: par la trouppe deſquelles ie trouuay les deux premieres que i'ay faict paindre cy deſſoubs: ou lon pourra veoir la Deeſſe turrite auec ſon fulgure, qu'elle tient à la main droitte, & de l'autre ſon ſceptre, montée ſus vn lion courant par l'air: & telle inſcription, INDVLGENTIA AVGVSTORVM. Signifiants toutes ces choſes, par l'occulte & myſtique theologie des Anciens,ce que i'en ay eſcript cy deſſus.

Medailles d'or, & d'argent trouuées à Reims.

SEVERVS.

ARGENT.

GETA.

ARGENT.

L'arbre du pin consacré à la Mere des Dieux.

Des autres deux medailles l'vne eſt de Iulia, qui a repreſenté la Mere des Dieux coronnée de ſa coronne turrite, accompaignée de deux lions, aſsiſe dedans ſon troſne, tenant de la main droitte vne branche de pin, arbre conſacré à la Deeſſe: & de l'autre ſon ſceptre accouſtumé, repoſant le bras ſus ſon timpan, par lequel eſt repreſentée la rotundité de la terre, cõme i'ay deſia dit: & l'eſcripture de MATER DEVM. A la ieune Fauſtine lon trouuera la painƈture du reuers de ſa medaille à peu pres d'vne ſemblable ſubſtance & figure.

FAVSTINE.
BRONZE.

IVLIA PIA.
ARGENT.

MED. DE C. VOLTEIVS.
ARGENT.

ANTONIN PIE.
BRONZE.

Au

Au simulacre de la Mere des Dieux donnerent les Anciens plusieurs mammelles, cõme celle qui nourrissoit tout le monde, vne tour sus sa teste, deux lions sus ses bras, & variables animaux quelle produisoit comme Deesse de Nature, & deux Cerfs à ses pieds, qui monstroit que cestoit Diane. Et de telle figure elle fut trouuée nà pas long tẽps à Rome : & tout ainsi en vne grotte antique fut semblablement decouuerte sa painćture, que me donna autrefois Antonio Fantussi painćtre Romain, qui lauoit retirée: laquelle iay faićt mettre au liure que iay escript De la Nature des Dieux, pour en donner la veuë aux amateurs de l'Antiquité. *Deesse de Nature.* *Liure de l'Auteur de la Nature des Dieux.*

Ce sont les puissances données à Diane pour la diuersité de ses figures, que iay representées cy dessus : la nommãt vne fois Triforme : & tout ainsi la figura Alcamanes, comme recite Pausanias. Et Virgile nous a donné à entendre quelle estoit Lune au Ciel, Diane sus terre, & Proserpine aux enfers, quand il a dit, *Diane triforme.* *Diane sur la terre, Lune au ciel, et Proserpine aux enfers.*

Tergeminámque Hecaten tria virginis ora Dianæ.

Lon trouuera sa figure retirée de lantique marbre au liure premier de noz Antiquitez de Rome. Et me suffira pour le present descrire, que les anciens Romains & les plus riches sacrifioyent à Diane tous les moys soubs le nom d'Hecate, faisants mettre des pains & autres choses par les quarrefours de la cité, qui estoyent soubdainement leuez par les pouures & indigens, cõme nous lisons en Athenæus, estimants que Hecate, Diane, la Lune & Proserpine estoyent vne mesme chose. *Sacrifice à Diane sous le nom de Hecate.* *Athenæus.*

Nous suiurons la description de noz Dieux & Deesses, & commencerons à Minerue, qui fut née, comme disent les Poëtes, de la teste de Iupiter, pource que les- MINERVE.

L'esprit est assis au cerueau de l'homme. *L'homme saige donne crainte à ses ennemys.*

prit est situé au cerueau de l'homme:la paignants les Anciens armée d'vne ægide, qui estoit enrichie du chef de l'vne des Gorgones:signifiants par cela,que l'homme saige doibt porter l'imaige de terreur contre ses ennemys. La sommité de son morrion estoit decorée d'vn panache,pour signifier l'ornement de la teste de l'homme. Elle estoit vestue de trois accoustrements differẽts, qui signifioyent que la saigesse doibt estre cachée. La picque,qu'elle portoit à la main, denotoit que la pruden ce regarde & frappe de loing.

La Chouëtte en la tutelle de Minerue.

En la tutelle de Minerue fut mise la Chouëtte (comme nous auons dit) par laquelle donnoyent à congnoistre les Anciẽs,que la saigesse tenoit en tenebres sa propre splẽdeur. Et ce que nous auons mis cy dessus,nous a treselegammẽt laissé par escript Ouide en sa Metamor phose soubs ces mots,

Au liure vj.

At sibi dat clypeum,dat acutæ cuspidis hastam,
Dat galeam capiti,defenditur ægide pectus,
Percussámque sua simulat de cuspide terram.
Edere cum baccis fœtum canentis oliuæ,
Mirarique Deos:operis victoria finis.

Minerue fonda la cite d'Athenes.

Varro dit qu'elle fonda la cité d'Athenes,et pour telle raison nommée Minerue des Grecs ΑΘΗΝΑ, quasi ἀθάνατος παρθένος,c'est à dire vierge immortelle:pource que la saigesse (comme dit Fulgence) ne peut estre corrompue, ny mourir. Porphyrius a dit, que Minerue n'est autre chose que la vertu du Soleil,qui donne au cueur des hõmes le sçauoir, né de la sommité de l'air : & c'est la cause que les Poëtes (cõme nous auons dit) ont fainct qu'elle estoit descendue de la teste de Iupiter. Tous les Physiciens recitent, que la vertu intelligible est mise au cerueau de l'hõme,comme dedans vne forteresse du corps.

Porphyrius.

Les

Les Anciẽs l'ont nommée Bellona, c'est à dire Deesse de la guerre, signifiants que les gens de guerre doibuent tousiours estre en armes & remplis de bon conseil, & preuoir les entreprises de leurs ennemys: pource que les affaires de la guerre doibuent estre premeditez & bien conseillez auant que de les decouurir. Qui a fait dire à Saluste, que deuant que de commancer vne chose, il la fault premieremẽt preuoir, & depuis que elle a esté bien aduisée, il la fault mettre à execution.

Bellona Deesse de la guerre.

Les affaires de la guerre veulent estre secrets.

Les Historiographes la font conditrice d'Athenes, qui recitent qu'entre Neptune & Pallas sortit vn grand debat & dissention, pour sçauoir lequel des deux imposeroit le nom à la cité d'Athenes. Les Dieux pour pacifier ce discord ordonnerent, que celuy des deux qui donneroit plus de commodité, bailleroit le nom à la cité: Neptune le premier feit sortir de terre vn cheual, & Minerue l'oliue. La cause debattue, iugerent les Dieux que l'oliue estoit plus necessaire & vtile pour la commodité des humains. Et par ce moyen demeura victorieuse Minerue, & luy fut l'oliue depuis dediée, & nommée Pacifere: si bien nous regardons les medailles de Marcus Aurelius & de Commodus.

Dissention entre Neptune & Pallas.

L'oliuier dedié à Minerue.

M. AVRELE.	COMMODE.
BRONZE.	*BRONZE.*

Du

Du temps de Pline l'oliue, qu'auoit esté produite en Athenes pour le different de Neptune & de Pallas, duroit encores, comme il escrit.

Feste de Minerue nommée Quinquatria. *Minerue preside à la memoire.*

A la celebration de la feste de Minerue, nommée Quinquatria, portoyent les enfans à leur maistre les estrenes, & durant ces iours ils auoyent vacations en l'honneur de la Deesse qui presidoit à la memoire, ou sont contenues toutes les disciplines: qui est signe principal aux enfans de la bonté de leur esprit. Ce que nous a monstré Quintilian, & au troisiéme des Fastes Ouide soubs ces mots,

Pallada nunc pueri teneræq́ ornate puellæ:
Qui bene placarit Pallada, doctus erit.

NEPTVNE.

Le Daulphin consacré à Neptune.

Nous auons veu la fin de la dissension de Minerue & de Neptune: il ne fault perdre l'occasion d'escrire du simulacre de ce Dieu, qui se faisoit (comme dit Hyginus) auecques vn Daulphin, qu'il tenoit sus sa main gauche ou soubs son pied, & son trident à la droitte: estimants les Anciens que ce poisson estoit tresaggreable à Neptune. Ce que nous a monstré Marc Agrippe par le reuers de ses medailles.

M. AGRIPPE.

BRONZE. BRONZE.

Neptune

Neptune fut encores painct auecques vn trident & vn acroſtolie, ornement antique de la ſommité des nauires: comme lon pourra veoir par les reuers de deux medailles d'argent, qui ſont entre mes mains, l'vne d'Auguſte, & l'autre de Veſpaſian eſcripte de ces mots abregez, NEPTVNO REDVCI: rendants ces deux Empereurs graces à Neptune de leur retour & expedition nauale.

Neptune painct des Anciens auecques vn trident & vn acroſtolie.

AVGVSTE.	VESPASIAN.
ARGENT.	*ARGENT.*

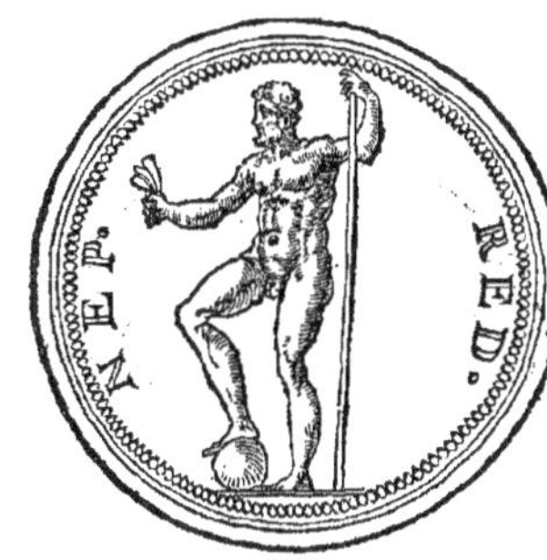

La fuſcine luy fut donnée pour le ſceptre, comme inſtrument treſneceſſaire pour les mariniers. Et ſon imaige inſculpée & grauée vne fois paiſible & tranquile, d'autrefois eſmeuë & pleine de courroux. Ce que lon voit par les medailles de Pompée en ſon expedition Pyratique, ou du coſté droit ſont lettres qui diſent, MAGNVS IMPERATOR ITERVM: & de l'autre, PRAEFECTVS CLASSIS ET ORAE MARITIMAE EX SENATVSCONSVLTO.

La fuſcine donnée à Neptune pour ſceptre.

Viſaige de Neptune painct differemment des Anciens.

MED. DE POMPE'E.

ARGENT.

MED. DE POMPE'E.

ARGENT.

Agate antique grauée d'vn Neptune.

Corniol antique.

Entre les pierres grauées que ie garde pour l'intelligence de l'Antiquité, i'en ay deux de moyẽne grandeur: l'vne desquelles, & la premiere est vne Agate, qui represente Neptune couché sur la mer, qui tient d'vne main son trident, reposant l'autre bras sus vn vase à la maniere accoustumée des Fleuues, qui ont esté paincts par les Anciens. L'autre est vn Corniol antique de couleur de rubis, insculpé d'vn Neptune, qui est dedans son char, tiré par deux cheuaux, à la vraye semblance de la medaille de Marcus Agrippa, ou sont lettres qui disent, AEQVORIS HIC OMNIPOTENS.

AGATE.

AGATE. CORNIOL.

MARC AGRIPPE.

ARGENT.

Le char de Neptune eſtoit tiré par cheuaux : ce que non ſeulement monſtrent les medailles cy deſſus miſes, mais auſsi Virgile au cinquiéme de ſon Aeneide, quand il eſcrit,

Char de Neptune tiré par cheuaux.

Iungit equos curru genitor, ſpumantiáque addit
Frena feris, manibúſque omnes effundit habenas.

Le Cheual luy eſtoit anciẽnement conſacré, pource qu'il fut le premier, qui trouua le moyen de dompter & de bien picquer vn cheual. Ce que nous monſtrent les monnoyes des Tarentins, ou de l'vn des coſtez ils firent

Le Cheual conſacré à Neptune.

Neptune Cheualier. frapper Neptune Cheualier ; & à l'autre, Taras, fils de Neptune, sus vn daulphin.

MONNOYE DES TARENTINS.

ARGENT.

Les Romains firent dresser à Neptune Cheualier vn temple, comme nous lisons en Halicarnasseus : & nommerent les Arcadiens (comme il dit) le iour de sa feste, *Hippocratia* : ce que les Anciens, *Consualia*. Et la coustume des Romains estoit, que les cheuaux, les mules, & mulets estoyent exemptez du trauail ce iour là : & si estoyent accoustrez par la teste de chapeaux de fleurs. Et tout ainsi les menoyent, faisants leur monstre par toute la ville les Paleferniers.

Hippocratia. Consualia.

Diodore recite, que Neptune trouua l'art de nauiguer, & de dresser vne armee de mer : parquoy il fut faict par Iupiter, Admiral de toute la mer : & depuis, comme Dieu adoré des hommes, & comme celuy qui auoit toute puissance sur la dicte mer.

Neptune trouua l'art de nauiguer. Neptune Dieu de la mer.

Et par vne Onice antique grauée, qui est mise cy dessoubs, accõpaignée des medailles battues par Quintus Creperius & Gallienus l'Empereur, monstrerent les Anciens la puissance de Neptune par mer & par terre:

terre: auecques le Cheual, qui ha la queuë entortillée, enseignes representées par les deux elements, qui sont ensemble figurez par le Cheual & le Daulphin. Et de telle façon paignirent le Cheual de Neptune les Anciens.

Pourquoy les Anciẽs paignirent le Cheual de Neptune auecques la queuë du Daulphin.

ONICE ANTIQVE.

Q. CREPERIVS.	GALLIENVS.
ARGENT.	*BRONZE.*

Quand les Romains & les Grecs rendoyent graces à Neptune des victoires nauales qu'ils auoyent eues, ils faisoyent paindre par leurs monnoyes d'vn costé son effigie auecques son trident, & de l'autre la Victoire, qui estoit sur la poupe d'vn nauire. Et tout ainsi les a faict battre le Roy Demetrius, Auguste Cesar, Vespasian & Titus Empereurs Romains.

MED. DE DEMETRIVS.
ARGENT.

AVGVSTE.
ARGENT.

VESPASIAN.
ARGENT.

AESCV-LAPIVS.

Aescula-pe Dieu de la santé.

Pourſuiuons noz Dieux,& leurs ſimulacres:& commençons à Aeſculapius, Dieu de la ſanté,qui monſtra le premier le chemin aux hommes de la medicine:demandant ceſte tant noble faculté qu'il luy fuſt dõné quelque Dieu qui luy preſida.

Du tẽps d'Homere, Aeſculape n'auoit point eſté encores receu au nombre des Dieux immortels:car il faict guerir les playes de Mars à Peon. Et quand il parle de Machaon fils d'Aeſculapius, il le nomme homme, fils d'Aeſculape medecin abſolu,qui trouua pluſieurs remedes

Machaon filz d'Aeſculapius.

des tresnecessaires & tresutiles pour la santé des hommes: qui fut si excellent en son art, que les Anciens disoyent, qu'il ressuscitoit les morts. Lactance le dit auoir esté né de parents incertains, & apres sa natiuité exposé aux champs, là ou il fut trouué par des Chasseurs: depuis il fut baillé à Chiron le Centaure, qui luy apprit la medicine, de laquelle vserent ses successeurs, iusques à ce que vint Hippocrates, qui la consomma.

Lactance.

Hippocrates à consommé la medicine.

La demeurance d'Aesculape estoit à Epidaure, cité d'Esclauonie, qui est nommée auiourdhuy Raguse, cité depuis consacrée à Aesculapius: & là luy fut faict vn temple magnifique, & son simulacre, duquel a parlé Pausanias, qui dit, qu'il estoit d'or & d'yuoire, acheué par Trasymedes sculpteur excellent, qui fut de l'isle de Paros. Eusebe a painct son imaige en la propre maniere qu'elle se voit encores à Rome de marbre blanc, & par les medailles & graueures antiques: c'est assauoir vestu d'vn manteau faict à la Grecque, nommé *pallium*, tenant vn baston à la main, au tour duquel se trouue vn serpẽt entortillé, & là dessus il semble qu'il s'appuye. Et tout ainsi ie l'ay graué en vn bellissime Corniol: & encores d'vne autre sorte en vne Onice, comme la paincture le monstre.

Raguse cõsacrée à Aesculapius.

Simulacre d'Aesculapius d'or & d'yuoire.

Descriptiõ de l'imaige d'Aesculapius selon Eusebe.

CORNIOL.

ONICE.

Par

Phurnutus. Par le ſerpent (comme dit Phurnutus) eſt ſignifié, que les Medecins font alendroit des hommes qui ont eſté malades, comme les ſerpents de leur nature, qui ſe deſpouillent de leurs peaux: tout ainſi ceux qui ſont ſortis hors de maladie ſe renouuellent, faiſants vn corps tout neuf, & quaſi ſe deſpouillent de vieilleſſe. Les autres amenent vne raiſon, qui diſent, que tout ainſi que par le ſerpent eſt ſignifié le ſymbole de prudence, qu'il eſt neceſſaire, que le Medecin ſoit prudẽt & ſaige, pour guerir ſes malades. Pline a cuydé que le ſerpent eſtoit dedié à Aeſculapius, par ce que lòn en reçoit pluſieurs remedes. Macrobe rend vne autre raiſon, diſant, que c'eſt pource que le ſerpent a la veuë aigue: & que le baſton monſtre, qu'il eſt de beſoin de ſouſtenir & nourrir celuy qui a eſté malade, pour le garder de retumber. Euſebe dit que le baſton luy fut donné, comme ſolagement de ceux qui ſont malades.

Par le ſerpent eſt mõſtré le ſymbole de prudence.

Macrobe.

La Chouëtte luy eſtoit encores conſacrée, qui ſignifioit, que le Medecin debuoit eſtre vigilant, & aler plus toſt la nuict que le iour, pour ſuruenir aux accidents de ſes patients & malades.

La Chouëtte cõſacrée à Aeſculapius.

NERO.	VITELLIVS.
O. R.	*BRONZE.*

A Ro

A Rome ſe voit au milieu du Tibre vne petite iſle, faicte à la ſemblance d'vne bireme, large par le milieu, & longue de deux ſtades, aigue par la partie de deſſus, & & vn petit plus large en la partie de deſſoubs, qui faict la pouppe d'vn nauire. Ceſte iſle fut cõſacrée à Aeſculapius, apres que ſon ſimulacre eut eſté apporté d'Epidaure, ſoubs la ſemblance d'vn ſerpent, ou plus toſt demon. Et en l'honneur d'Aeſculapius firent frapper les Raguſois anciennement leur monnoye auecques le Serpent, accompaigné de lettres Grecques qui diſent, ἘΠΙΔΑΥΡΙΟΝ, ou Raguſe: noble comme dit Tite Liue, pour le temple d'Aeſculapius, qui eſtoit pres de la cité cinq mille pas, & là adoré par grand cerimonie.

Simulacre d'Aeſculapius aporté à Rome.

Monnoye des Epidauriens.

Temple d'Aeſculapius pres de Raguſe.

MONN. D'EPIDAVRE. *BRONZE.*

NERO. *BRONZE.*

MED. DE VALERIANVS. *BRONZE.*

V. l'interpretaon a la fin du livre.

Au iardin de l'eglise de S.Bartelemy qui est à Rome, edifié en l'isle, de laquelle nous auons faict mention cy dessus, se trouue vn nauire de pierre Thasie, fort noble pour ses taches & macules: ou l'on voit d'vn costé vn serpent, que lon dit estre des reliques & demeurant du temple, qui fut iadis faict en ce lieu, pour hõnorer Aesculapius. Et quasi par toutes les monnoyes des Empereurs d'or, d'argent, & de bronze, est trouué le serpẽt auecques la Santé, qui luy sacrifie soubs l'image d'Aesculapius: ou bien la Deesse tient embrassée le serpent: ne signifiãt autre chose, sinon que la Sãté procedoit d'Aesculapius.

Marbre Thasie noble pour ses macules.

SANTE'.

Les Anciens disoyent que la Santé procedoit d'Aesculapius.

ANTONIN PIE.
BRONZE.

M. AVRELE.
ARGENT.

M. ACILIVS.
ARGENT.

Depuis

Depuis ſix mois me fut apporté de M. Aurele vn belliſsime medaillon, & de grand relief, qui fut trouué aux fondements de la maiſon de la vieille monnoye de Lyon, que i'ay faict retirer cy deſſoubs: ou les amateurs de l'Antiquité pourront veoir vn ſacrifice, qui ſe faict à Aeſculapius (ſoubs la figure du Serpent) par Minerue, qui tient vne patere en la main, couuerte d'vn oliuier: & au deuant eſt la Victoire, qui tient vne taſſe pleine de fruits.

Medaillon de M. Aurele trouué à Lyon.

MEDAILLONS.

M. AVRELE. COMMODE.

C'eſt la Santé, que i'ay miſe parmy noz autres Dieux & Deeſſes, ſans laquelle perſonne ne peut venir à chef de ſes entrepriſes.

Sans la ſanté perſonne ne peut venir à chef de ſes entrepriſes.

Son temple eſtoit (comme dit Publius Victor) au ſixiéme quartier de la cité de Rome: combien que Domitian luy feit dreſſer vn petit temple, apres qu'il fut deliuré du peril, ou il auoit eſté à l'aduenemēt de Vitellius à Rome: qui eſtoit à peu pres de telle forme & figure, que ſa medaille (que i'ay faict mettre cy apres) le repreſente.

DOMITIAN.

ARGENT.

CHASTETE'.

Nous escrirons de la Chasteté, qui fut mise entre les autres Deesses par les Romains: l'imaige de laquelle se trouue auoir esté faicte par les medailles de la ieune Faustine: & par celles de Iulia Pia, femme de Seuere l'Empereur, en habit de matrone, tenāt son sceptre d'vne main, assise sus vne chaire, par l'extremité de laquelle reposent deux Colombes: qui signifient, que tout ainsi qu'elles sont blanches & nettes, la chasteté veut estre sans macule.

Les Colombes symbole de la chasteté.

IVLIA PIA.

ARGENT.

Ceux

Ceux qui ont diffini la Chasteté, ont dit, que c'est vne vertu qui vient d'vn bon cueur, qui ayme trop mieux endurer & souffrir tous incõuenients, que de commettre & faire chose, qui soit infame & deshonneste. Et combien qu'elle soit forssée, la forsse ne faict point de tort à la chasteté: pource qu'elle vient d'vn courage, qui ne se peut corrompre, accompaigné d'vne bõne & honneste nourriture. *Diffinition de Chasteté.*

Passons oultre, venons à la Deesse Liberté tant desirée des bons esprits: laquelle nous debuons, sur toute chose, cherement garder & entretenir. Et ne me seroit possible d'escrire le bien que reçoit vn homme, qui vit hors d'ambition, en sa liberté: & qui ne donne le pouuoir à personne, pour les biens, de luy commander: se contentãt de mediocrité, qui le rend heureux: reiettant les biens de fortune, qui apportent souuentesfois, pour vn peu d'honneur, vn grand nombre d'inconuenients. Et considerons la tresnoble sentence de ce bon Poëte Euripide, quand il à dit, LIBERTE'. *Euripides.*

Nam liberum esse maximum dico bonum:
Quòd si quis est pauper, putet se diuitem.

Et Cicero en ses Paradoxes en la definition qu'il a faict, dit que Liberté n'est autre chose, que d'auoir la puissance de viure comme lon veut. *Diffinition de Liberté.*

Son temple estoit au mont Auentin, enrichi de colonnes de bronze, & de plusieurs belles statues. Et par l'oraison de Cicero, qu'il faict aux Pontifes pour sa maison, nous congnoissons comme Clodius l'auoit consacrée à la Deesse Liberté. Son simulacre estoit painct en habit d'vne femme stolée, qui tenoit vne haste d'vne main, & de l'autre vn chappeau, deuise donnée par les Anciens à la Liberté. *Temple de Liberté.* *Maison de Cicero consacrée par Clodius à la Deesse Liberté.*

GALBA.	TRAIAN.
BRONZE.	*ARGENT.*

Par les medailles qui furent frappées en l'honneur de Brutus, & par celles de C. Cesar, surnommé Caligula, lõ peut veoir que le Chappeau anciennemẽt estoit indice de liberté. Et quand les Romains venoyent à faire libres leurs serfs, ils portoyent le chappeau: cõme plus amplement i'ay traicté ceste matiere, sur la fin du premier liure de mes Antiquitez de Rome.

Le Chappeau enseigne de liberte.

BRVTVS.	CALIGVLA.
ARGENT.	*BRONZE.*

FELICITE'. Et pource que de liberté succede la felicité, ie la rendray Deesse en sa compaignie: & monstreray comme les

les Romains luy dresserent vn temple, & vn autel. Et de ce temple a parlé Pline, quand il a dit, que le simulacre de la Deesse Felicité auoit esté faict par Archesilaus Plastes, qui auoit cousté à Luculle soixante grãds sesterces. Et quand les Empereurs Romains auoyent longuement regné, ou bien quand ils auoyent eu de beaux enfans, & qu'ils auoyent subiugué & vaincu les ennemys de l'empire de Rome: & par ce moyẽ la paix publicque acquise par eux: ou qu'ils eussent decouuert quelquẽ coniuration, qui eust esté faicte contre leur maiesté: ou bien quand l'abondance des blez, & les nauires chargées estoyent arriuées au port d'Hostie: alors estimerent les Romains la felicité demeurer en toutes ces choses.

Pline.

Archesilaus Plastes.

FAVSTINE.

BRONZE. *BRONZE.*

CARACALLA.
ARGENT.

TACITVS.
ARGENT.

ANTONIN PIE.
BRONZE.

SEVERE.
ARGENT.

IVSTICE. *La Iustice faict regner les Princes.*

C'est grande felicité,quand la Iustice se trouue en vn Royaume:qui est celle , qui faict regner les Princes , les Roys, les Empereurs & les Republicques. Les Anciens disoyent que sans Iustice Iupiter ne pouuoit estre Dieu. Auecques la Iustice la Republicque est soustenue.La Iustice est vne constante, ferme & perpetuelle volonté de rendre droit à chascun.Et ses commandements sont,de viure honestement, de ne faire tort à personne ,& rendre à chascun ce qui est sien. De la Iustice est venu le droit, qui a esté diuisé par deux manieres: c'estassauoir en en public & priué. Le public regardoit à l'estat de la chose Romaine, & le priué à l'vtilité de chascun: car (ainsi que dit le Iurisconsulte) il y a certaines choses qui sont pour l'vtilité publicque, & les autres pour l'vtilité priuée. Le droit public consistoit à la religion, aux choses sacrées, aux sacerdotes & aux magistrats. Le priué auoit esté prins des commandements naturels, ciuils, ou des hommes. Au demeurant ie remettray le Lecteur au liure, qu'a faict Plutarque de la doctrine des Princes: ou il monstre asses au long que c'est que de Iustice: de laquelle ie veux dire, qu'elle a si grand force, que veu qu'aux enfers il ne se trouue aucune vertu, toutesfois la iustice n'y est point defaillãte, qui faict punir les meschants selon leurs merites.

Droit public & priué.

Plutarque.

Les Anciens la firent paindre qu'elle tenoit vne tasse à la main droitte, & de l'autre son sceptre, accoustumé aux Dieux & Deesses, assise en sa chaise: comme l'a representé Hadrian & Alexãder Mammeæ par leurs medailles. Ceux qui n'ont veu la figure antique, l'ont paincte d'vne autre façon, luy faisants tenir d'vne main vne espée, & de l'autre des balances, enseignes que les Anciẽs donnerent à l'Equité.

Paincture de la Iustice.

TIBERE.

BRONZE.

HADRIAN.	ALEX. MAMMEAE.
ARGENT.	*BRONZE.*

EQVITE.

LA MONNOYE.

Monnoye des Princes sacrée.

L'Equité fut paincte des Anciens (cõme nous auons dit) auecques des balances, & vn cor d'abondãce: & semblablement le simulacre de la Monnoye Deesse saincte & sacrée. Et tout ainsi la nommerent Constans & Diocletian par l'inscription des reuers de leurs medailles: ou sont lettres qui disent, SACRA MONETA AVGVSTORVM ET CAESARVM NOSTRORVM. Et quant à la paincture de son imaige, elle ne differe en rien à celle de l'Equité. Et sur toutes autres choses, la monnoye doibt estre tenue entiere, pure & nette, & de bon aloy.

GORDIAN.	PHILIPPE.
ARGENT.	*BRONZE.*

CON

CONSTANS. DIOCLETIAN.

BRONZE. *ARGENT.*

MED. DE T. CARISIVS.

ARGENT.

Pour garder les mains ſacrileges des faulx monnoyeurs, firent inſculper leurs viſaiges les Empereurs par leurs monnoyes, pour leur donner, en le regardant, crainte de la falſifier. Et ſi bien nous conſiderons la choſe qui plus empeſche d'apporter viures dedans les citez, eſt de veoir la faulſe monnoye auoir cours. C'eſt choſe bien malheureuſe, quand le proffit particulier empeſche le bien de pluſieurs. Et de tous les vices le plus deteſtable, eſt d'amoindrir par faulſeté le pris de l'argent & de l'or, & de luy oſter la grace de ſa reſplendiſſeur: & ce

Pourquoy eſt-ce que les Empereurs firent inſculper leurs viſaiges à leurs monnoyes.

C'eſt choſe malheureuſe, quand le proffit particulier em

pesche le biẽ public. que le feu, ne l'iniure du temps, ny la terre ne peuuent faire, font ceux qui se meslent de la falsifier. Et si les loix condamnent celuy, qui a blessé vn autre : qu'a merité celuy, qui ruine, destruit, & porte dommaige à si grand nombre de gens? C'est la cause qui meut les Romains

Triumuirs des monnoyes. de creer les Triumuirs des monnoyes, qui furent d'Equestre dignité : & si auoyent la charge de la faire battre d'or, d'argent, & de bronze. Ce que nous trouuons par les medailles de Cesar le Dictateur, & d'Auguste son successeur.

IVL. CESAR.	AVGVSTE.
ARGENT.	*BRONZE.*

Charge des Maistres des monnoyes des anciens Romains. Les Maistres des monnoyes auoyent la charge de la garder, d'examiner auant que de la faire frapper, si elle estoit de bõ aloy: et apres qu'elle estoit battue, si elle estoit du pris qu'elle debuoit estre. Ie cuyde que Cesar Auguste (pour tousiours conseruer la maiesté de l'empire de Rome, qui eust forme de liberté) laissa aux Triumuirs des monnoyes ceste autorité soubs la Tribunicie puissance, qu'ils auoyent retenu: comme l'on voit par les medailles que frapperent M. Saluius Otho, C. Plotius Ruffus, & plusieurs autres.

AVGV

AVGVSTE.

BRONZE.

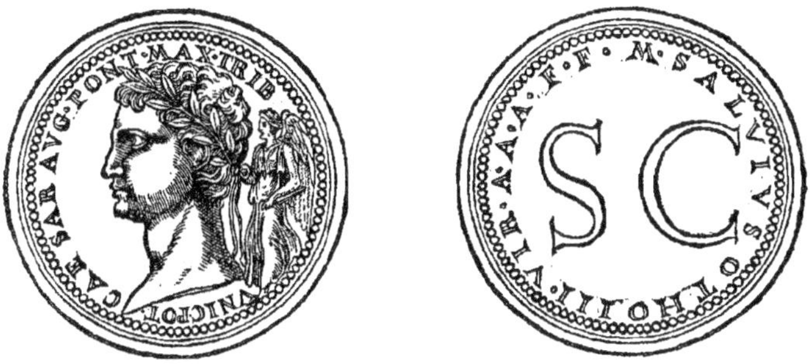

D'autres medailles ſe trouuent encores ſans l'effigie d'Auguſte Ceſar, qui donnent clerement à congnoiſtre ce que nous auõs eſcript cy deſſus, par les mots qui ſont tels, accõpaignez d'vne coronne ciuique, AVGVSTVS TRIBVNICIA POTESTATE. Et par le dos de la medaille, C. PLOTIVS RVFVS III. VIR. AERE, ARGENTO, AVRO FLAVO FERVNTO.

AVGVSTE.

BRONZE.

Et par ces inſcriptions & caracteres nous voyons, que la puiſſance de faire battre la monnoye d'or, d'argent & d'airain, de l'examiner, de la peſer, appartenoit

P 3

anciennemẽt aux Tribuns:cõme manifestemẽt les loix Decemuirales le monstrent par les paroles qui sont telles, TRIBVNI SVNTO, DOMI PECVNIAM PVBLICAM CVSTODIVNTO. & au dessoubs, AES, ARGENTVM, AVRVM'VE PVBLICE SIGNANTO. Pour entretenir cest office, les Empereurs Romains elisoyent gens de bien & d'honneur, leur donnant le pouuoir de faire mettre leur nom pour seureté plus grande, par toute leur monnoye. Et par cela congnoissoit le pleuple, que soubs leur charge auoit esté coigneé & battue leur monnoye fidellement. Toutesfois la coustume par succesſion de temps se perdit, comme de plusieurs autres choses. Et passées les medailles de Claudius & de Nero, lon ne trouue plus l'Equité painćte auecques les balances particulierement, comme elles sont figurées cy dessoubs.

Loix Decẽuirales.

CLAVDIVS.	NERO.
BRONZE.	*BRONZE.*

Les bons Princes & Empereurs, quand ils entroyẽt aux prouinces de leur subieetion, oultre ce qu'ils faisoyent reparer qui estoit necessaire par les viles principales de leur Empire, sur toutes choses ils donnoyent ordre

ordre de faire visiter les monnoyes, de faire battre, principalement par les citez metropolitaines. Ce que nous lisons en Strabo, quand il parle de la cité de Lyon, qui nous faict entẽdre que les Princes & Gouuerneurs Romains là faisoyent battre & coigner mõnoye d'or & d'argẽt. Ce que depuis nous auons veu par les medailles de Loys quatriéme Empereur, Prince de vertu & belliqueux, aymé de tout le monde: infortuné toutesfois à la guerre qu'il feit en Hongrie. Ce Prince fut vn second Hadrian, grand peregrinateur, qui mit les noms des villes principales de son Empire, qu'il auoit reparées, par ses monnoyes. Et comme les bons Princes Romains faisoyent mettre les enseignes de la religion & de pieté par leurs medailles: tout ainsi Loys commença (pour demõstrer la deuotion qu'il auoit à la religion Crestienne) d'insculper du costé droit de ses medailles, vn tẽple, ou lon voit par le milieu figurée vne croix, & caracteres qui disent, CHRISTIANA RELIGIO. Et par le dos est representée vne plus grande croix, auecques ces deux mots, LVDOVICVS IMPERATOR.

Ce que dit Strabo, quãd il parle de la cité de Lyon.

Loys quatrieme Empereur, Prince belliqueux.

Deuotion de Loys Empereur qu'il auoit à la religiõ Crestiẽne.

MED. DE LOYS IIII. ROY DE FRANCE.

ARGENT.

Vaſe plein de medail-les d'argẽt trouuées en Lyonnois.

N'a pas long temps qu'vn Laboureur du Lyonnois trouua labourant vne terre, qui eſt du dommaine des Amyots, aſſes pres d'vne petite vile nommée Ance, vn grand vaſe de terre plein de medailles d'argent dudict Empereur. Et de celles là m'en furent données vne quantité, que i'ay touſiours gardées pour la reuerẽce de l'Antiquité, & leſquelles i'ay faict paindre cy deſſoubs, pour en donner la veuë au Lecteur.

MONNOYE DE LOYS IIII.

ARGENT. *ARGENT.*

MONNOYE DE LOYS IIII.

ARGENT.

Ce

Ce prince vertueux a bien voulu mõſtrer le chemin de la religion à ſes ſucceſſeurs,faiſant office de pieté , & monſtrãt vne certaine reuerence & veneration qu'il a-uoit enuers Dieu, & la patrie.Et à ce que nous liſons en Cicero au liure qu'il a faict de la nature des Dieux , Pie-té eſt la reuerence que nous debuons porter à noz ſupe-rieurs,à noſtre prochain , & à noz aliez par affinité de ſang.Et quand elle change de nom , elle ſe nomme reli-gion.

Diffinition de la Pieté.

La Pieté fut paincte par Antonin Pie en habit de matrone,auecques ſa robe longue , qui tenoit de l'vne de ſes mains vn coffre turaire nommé *Acerra:*& au deuãt eſt vn autel enrichi d'vn feſton, ou le feu ſe monſtre alu-mé pour ſacrifier.

Paincture de la Pieté.

Acerra.

ANT. PIE.	HADRIAN.
BRONZE.	*ARGENT.*

Sainct Auguſtin , parlant chreſtiennement au qua-trieme liure de la cité de Dieu , dit que la Pieté n'eſt au-tre choſe , que la vraye adoration du Createur , & non celle d'vn ſi grãd nõbre de Dieux,que nous debuõs pluſ-toſt nõmer demones,qu'adoroyent les anciẽs Romains. Car,à ce que dit Prudence , à Rome ſe trouuoit autant

Diffinition de la Pieté ſelõ S. Auguſtin.

Demones des anciens Romains.

d'ares & autels,que les Gentils eurent de Dieux : pource que les Princes anciennement eſtimerent la religion ſur toutes choſes. Et ſi nous regardons les monnoyes tant de Iule Ceſar,que de Pompée,d'Auguſte,de Veſpaſian,d'Hadrian,d'Antonin Pie , & de M. Aurele, nous les trouuerons pleines des enſeignes de la religion:comme du chapeau, du litue, du prefericule,du ſympule, du couſteau,nommé *ſeceſpita*,taſſes & pateres:choſes & enſeignes qui ſont deſia tant congnues , qu'il n'eſt ia neceſſité en faire plus grande mention.

Enſeignes de la religion.

IVL. CESAR.	POMPE'E.
ARGENT.	*ARGENT.*

Apres la Pieté de la religion nous parlerons de celle des parents:que nous ont monſtré les medailles de Marcus Herẽnius, qui porte ſon pere ſus ſes eſpaules. Et par celles de Ceſar eſt veu ſemblablement Aeneas,qui porte ſon pere Anchiſes ſus ſon dos , & ſus ſa main le Palladium de Troye:qui a faict dire à Virgile,

Palladium de Troye.

At pius Aeneas.

M. HE

M. HERENNIVS.	IVL. CESAR.
ARGENT.	ARGENT.

Ceste pieté ont pris les hommes de la Cigogne, qui porte ses parents en vieillesse, & si les nourrit, leur rendant le biẽfaict de leur nourriture: chose à quoy doiuẽt regarder les ingrats, qui rendent le mal pour le bien à ceux qui les ont nourris souuẽtesfois: chose desplaisante à Dieu, & aux hommes, & qui ne demeure iamais impunie, mais ont vn seul Dieu vengeur de telle impieté. *Pieté de la Cigogne à l'endroit de ses parents.* *Contre les ingrats.*

Regardons encores comme les Romains garderent la pieté alendroit de leurs enfans: & principalemẽt Antonin Pie, qui a representé par ses monnoyes ceste Pieté, qui tient deux enfans en ses deux bras, & deux qui sont d'vn costé & d'autre de la Deesse. Et par les medailles de Marc Aurele, de Domitia, & de Sabina, femme de Traian, est veuë la figure de la Pieté, de plusieurs façons. *Pieté à l'endroit de noz enfans.*

ANT. PIE.	M. AVRELE.
BRONZE.	*BRONZE.*

DOMITIA.

ARGENT.

SABINA.

BRONZE.

Par

Par les monnoyes, qui furent frappées par Titus fils de Vespasian, est representée la Pieté, qui assemble les deux freres Titus & Domitian, leur faisant donner les mains dextres l'vn à l'autre: pour monstrer l'amytié que les freres doibuent auoir ensemble.

Painꝺture de Pieté representée par Titus Vespasian.

TITVS.

BRONZE.

A Rome estoit le petit temple de la Deesse Pieté, dedié par Attilius en la place, ou auoit demeuré la femme qui auoit nourri son pere prisonnier de ses mamelles: là ou estoit l'imaige qui representoit la chose ainsi qu'elle auoit esté faiꝺte: singulier exemple de pieté, auquel (cõme dit Pline) ne peut estre faiꝺte comparaison.

Temple de Pieté à Rome.

Histoire digne d'estre leuë.

Et pource que de la pieté vient la misericorde & clemence, de laquelle Iule Cesar a passé tous les Princes: i'ay representé la teste de son effigie telle, cõme elle se monstre par le dos de la medaille de Tibere Cesar, que i'ay accompaignée d'vne sentence digne d'estre mise & grauée en lettres d'or, retirée d'vn marbre antique, qui disoit, NIHIL EST QVOD MAGIS DECEAT PRINCIPEM QVAM LIBERALITAS ET CLEMENTIA.

CLEMENCE.

Sentence digne d'estre grauée en lettres d'or.

Il n'est chose en ce mõde plus gracieuse que la misericorde.

Cestadire, quil ne se trouue chose à vn Prince plus conuenable, que la clemence & liberalité. Et pour dire la verité, il n'y a chose en ce monde plus gratieuse que la misericorde.

TIBERE.	VITELLIVS.
BRONZE.	*ARGENT.*

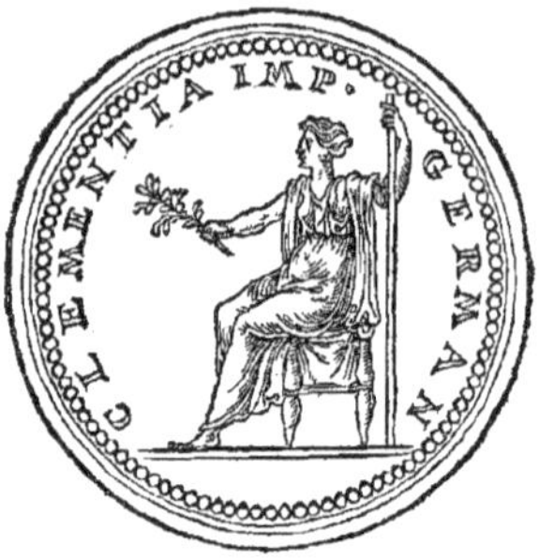

Jeux seculaires.

ETERNITE'.

Paincture de la Deesse Eternité differente.

La pieté de la religion, des parents & de la patrie, la clemence, & misericorde, ont tousiours rendu le nom de ceux qui lont gardée immortel, & a faict durer eternellement leur memoire. Ce que nous ont monstré les triomphants Romains par leurs victoires, par les ieux seculaires, par leurs magnifiques temples & edifices: qui sont toutes choses par lesquelles ils ont faict cõgnoistre leternité de leur renommée: faisants paindre pour ceste raison l'Eternité pour Deesse, figurants son simulacre vne fois en habit de matrone, tenant de la main droitte sa haste, & de lautre son cor dabondance, ayant le pied gauche sus vn globe. Dautresfois il ont painct la Deesse tenant sus chascune de ses mains deux testes: comme la monstré Hadrian par ses monnoyes.

TITE

TITE VESP.

BRONZE.

FAVSTINE.

BRONZE.

HADRIAN.

BRONZE.

BRONZE.

Eternité de l'Empire Romain.

Pour monſtrer l'eternité de l'Empire Romain, feit inſculper Seuerus aux medailles de Iulia Pia, ſa femme, ſon viſaige accompaigné de celuy d'Antoninus Geta ſon fils, & lettres qui diſent AETERNITAS IMPERII. Et Philippe l'Empereur en ſes ieux Seculaires repreſenta l'Eternité montée ſus vn Elephant: qui figuroit vne longue & quaſi eternelle vie. Les Romains la paignirent encores auecques deux elephants, & ſouuentesfois auecques deux lions, qui tiroyent le chariot de l'Empereur, ou de l'Imperatrice, qui auoit eſté deifié.

Simulacres de l'Eternité.

IVLIA

IVLIA PIA. *ARGENT.* | PHILIPPE. *ARGENT.*

FAVSTINE.

BRONZE. | *BRONZE.*

Il est malaisé,pour estre le nombre de ces Dieux si estrange, de trouuer de tous l'effigie par la monnoye des Anciens. Toutesfois ie mettray les plus renommez de ceux & celles principalement, qui apporterent quelque vtilité à l'humain lignage:commençant à la Terre,à laquelle les Romains firent vn temple. Et au lieu qu'aux autres Dieux & Deesses estoyent faicts sacrifices auecques l'encens & bonnes senteurs: à la Terre estoyent faicts perfums & fumigations de toutes les semences que lon a accoustumé de semer:oultre toutesfois la febue

LA TERRE.

Comme les Anciens sacrifioyent à la Terre.

ue & les choses aromatiques. Et par le medaillon de Commode, qu'il feit frapper en l'honneur de la Terre ferme, nous congnoissons qu'il la feit insculper couchée comme permanente, & demy nue, qui appuye son bras sus vn vaisseau, duquel sort vne vigne, & l'autre main elle repose sus vn globe: & quatre petites figures de femmes, qui luy presentent l'vne vn raisin, l'autre de la main gauche des espis de blé, & de la droitte vne coronne de fleurs: & l'autre vn vase plein de quelque liqueur. La derniere de toutes est la Victoire, qui porte vn rameau de palme: & au dessoubs telle est l'inscription, TELLVS STABILIS. Signifiants toutes ces choses, que la terre produit vin, blé, fleurs & fruicts, pour le nourrissement de tout le monde.

Descriptiõ du medaillon de Commode, ou est paincte la figure de la Terre.

MEDAILLON DE COMMODE.

De Ceres i'ay escript les Cereales biẽ au long au liure premier de mes Antiquitez de Rome. Parquoy il me suffira de representer le reuers de la medaille de Caius Memmius Edile Curule, qui fut celuy à Rome, qui premier celebra les Cereales: ou se trouue Ceres, qui tient d'vne main trois espis de blé, & de l'autre sa torche, & le

CERES.

C. Mẽmius premier de tous les Romains qui celebra les Cereales.

pied senestre sus vn serpent, auecques telle inscription tout autour, MEMMIVS AEDILIS CERIALIA PREIMVS FECIT. Par l'autre medaille de Volteius se monstre la Deesse auecques deux torches, estant dedans son char tiré par deux serpents. Et par les deux autres de Pansa, elle est figurée succincte & troussée, tenãt aux deux mains ses torches accoustumées, et au pied de l'vne le souchet, & à l'autre le Porceau ou la Truye, que luy estoit consacrée & mactée, pource qu'elle gaste les blez: qui a faict escrire à Ouide,

La Truye cõsacrée à Ceres.

Prima Ceres grauidæ gauisa est sanguine porcæ,
Vlta suas merita cæde nocentis opes.

Car il n'estoit point permis aux sacrifices de Ceres de tuer autre victime que le Porceau: mais bien estoit deffendue la mactation des beufs, pource qu'ils laboroyent la terre. Ce que ledict Ouide a monstré au quatriéme de ses Fastes soubs ces mots,

La mactation des beufs deffendue aux sacrifices de Ceres.

A boue succincti cultros remouete ministri:
Bos aret, ignauam sacrificate suem.
Apta iugo ceruix non est ferienda securi:
Viuat, & in dura sæpe laboret humo.

C. MEMMIVS.	M. VOLTEIVS.
ARGENT.	*ARGENT.*

MED.

MED. DE PANSA.

ARGENT. *ARGENT.*

La chose que plus demande Ceres, c'est la paix, & qui plus fait resiouyr son laboureur: pource que la guerre est ennemye mortelle de la Deesse: car elle garde de semer les champs, detrousse & despouille le pouure laboureur de ses beufs & de son bestail, faict le gast apres qu'il a semé: qui sont choses qui contraignent le laboureur d'abandonner les champs, & de se retirer au plus profond des forests, pour se sauuer & conduire ses bestes en seureté. Ce qu'Ouide au quatriéme des Fastes a tresbien monstré par ces vers,

PAIX.

La guerre ennemye mortelle de Ceres.

Ouide.

Pace Ceres læta est, & vos orate coloni
Perpetuam pacem, pacificámque Deam.

Ce que nous a encores monstré en son Elegie dixiéme Tibulle, quand il a dit,

Tibulle.

Intereà pax arua colat, pax candida primùm
Duxit araturos sub iuga curua boues.

Et au dessoubs,

Pace bidens vomérque vigent: at tristia duri
Militis in tenebris occupat arma situs.

Anciennement quand l'imaige de la Paix estoit painčte pour le caducée, luy estoyent donnez les espis

La paix necessaire nourriture des hõmes.

de blé d'vne main, & de l'autre le cor d'abondance : pour monstrer que la paix estoit celle qui faisoit porter le grain pour la necessaire nourriture des hommes. Ce que nous a monstré encores Tibulle en son Elegie dixiéme cy dessus aleguée, quand il escrit,

At nobis Pax alma veni spicámque teneto,
Persluat & pomis candidus antè sinus.

OTHO.	VESPASIAN.
ARGENT.	*ARGENT.*

BACCHVS.

Le Bouc sacrifié à Bacchus.

Et comme Ceres auoit la coronne & les espis de blé pour son enseigne, & la Truye pour sa victime : tout ainsi ce bon Pere Liber, autrement nommé Bacchus, auoit la coronne de liairre, & le Bouc (pource qu'il gaste les vignes & mange les raisins) luy estoit sacrifié. Ce que Virgile nous a monstré, quand il dit,

--Baccho caper omnibus aris
Cæditur.

Corniol antique graué.

I'ay longuement gardé vn bellissime Corniol antique, ou lon pourra veoir vn Satyre, qui mene vn Bouc à l'autel, ou le feu est alumé par dessus, pour le sacrifier & immoler au Dieu Bacchus.

CORN

CORNIOL ANTIQVE.

Et pource que les Anciens paignirent le ſimulacre de Liber vne fois en figure d'enfant, qui tenoit vn raiſin embraſſé, l'autrefois en aage viril portant vne branche de pin : comme lon verra par l'image que i'ay faict retirer de l'antique au liure Latin, que i'ay eſcript, *De imaginibus Deorum*. Touteſfois ie ne lairray, en attendant qu'il ſe mettra en lumiere, de repreſenter la figure d'vn petit Bacchus de brõze, qui eſt entre mes mains, faict d'vn tel artifice, qu'il merite bien d'eſtre veu & repreſenté cy deſſoubs.

Painĉture de Bacchus.

Liure de l'Auteur, De imaginibus Deorum.

PETIT SIMVLACRE DE Bacchus, qui est entre les mains de l'Auteur.

Quand les Anciens vindrent à representer ce petit simulacre, ilz ne voulurent entendre autre chose par leur secrette theologie, sinon que la personne qui est oultré du vin, retire à vn petit enfant, qui pour son adolescence est innocent de tous ses faicts.

De Bacchus i'ay encores deux onices antiques, qui representent son effigie toute nue, qui tient de l'vne des mains son baston, appelé des Latins *Thyrsus*, & de l'autre vn raisin, ayant autour de son bras la peau & despouille d'vn Tigre, animal particulierement dedié à ce Dieu, comme nous dirons cy apres.

Le Tigre animal consacré à Bacchus.

ONICE.

ONICE. ONICE.

Quant aux Bacchãtes, Bacches & Mimalonides, i'en representeray la figure d'vne medaille Grecque frappée en l'honneur de Bacchus, qu'autrefois me donna le Seigneur Iulio de Calestan Parmesan, singulier amateur de l'Antiquité : ou du costé droit de la medaille se voit Bacchus coronné d'vne corõne de liairre, & lettres Grecques qui disent Λ Υ Σ Ω Ν, qui veut dire *Liber* : & de l'autre costé se voyent les Bacchantes, qui en dansant font vn present à Dionysius, & vn feu, qui monstre leur sacrifice, auecques telle inscription, ΔΙΟΝΥΣΟ ΔΩΡΟΣ, que Latinement nous dirons, *Dionysio munus*.

Bacchãtes, Bacches ou Mimalonides.

Sacrifice des Bacchantes.

MED. GRECQVE.

ARGENT.

Et

Bacchanales representées aux med. de Nero et d'Antonin Pié.

Et par les deux medaillōs qui sont cy apres mis, dont l'vn est de Nero, & l'autre de Pius Antoninus, se verront les Bacchanales, & Bacchus dedans son char tiré par deux Onces, accompaigné de ses Satyres: remettant le Lecteur à lire plus amplement la description des Bacchanales au liure premier de noz Antiquitez de Rome.

MEDAILLONS.

NERO. ANT. PIE.

Char de Bacchus tiré par deux Tigres, ou deux Onces. Properce.

Le chariot de Bacchus estoit tiré par deux Tigres, animaux qui luy estoyent consacrez: cōbien que le plus souuent il fust tiré par deux Onces: qui a faict escrire à Properce, parlant de Ariadne rauie par Bacchus,

Lyncibus in cœlum vecta Ariadna tuis.

Et par les medailles de Philippe & de Gallienus se peut veoir le Tigre, qui represente Liber Pater Conseruateur de l'Empereur: cōme le mōstre l'escripture qui dit, LIBERO PATRI CONSERVATORI AVGVSTI.

PHIL

PHILIPPE.	GALLIEN.
ARGENT.	*BRONZE.*

De Ceres & de Bacchus vient l'abondance de tous biens,& de l'abondance Liberalité, Deesse tant desirée de tout le monde,qui a bien merité d'estre mise entre les vertus. C'est la Deesse qui tire à soy l'amitié de chascun, de sorte que ceux qui sont demourants aux dernieres parties quasi de tout le mõde,sont estimez & louez par la renõmée de leur liberalité. Et encores que lon n'espere rien d'eux,si estce toutesfois qu'ils ont le cueur des hõmes accompaigné d'vne certaine beniuolence, qui nous contraint de prescher leurs louanges. Et tout au contraire sont desprisez les auaritieux, qui se rendent pour leur auarice hays d'vn chascun. Et si nous regardons la splendeur de la liberalité de Cesar, d'Auguste, de Tite Vespasian,de Traian,& d'Alexander Mammeæ, nous trouuerons qu'ils ont esté tenus en telle recõmandation, qu'elle est demeurée resplẽdissante iusques à ce iour. Lisons Tranquille, & nous verrons que Cesar Auguste auoit de coustume de donner grand somme de deniers pour distribuer au peuple:& telle liberalité se nommoit des Latins Congiaire. Et quand elle se faisoit aux gendarmes,elle prenoit ce nom de Donatif: cõme lon peut

LIBERALITE'. *Louëge de Liberalité.* *Liberalité des Empereurs.* *Suetone Trãquille.* *Congiaire.* *Donatif.*

veoir par plusieurs passaiges de Cornelius Tacitus, quand en parlant du ieune Cesar il a dit, *Congiarium populo, donatiuum militibus dedit.* Et durant le temps de son Empire, qui passa cinquante ans, il vsa de ce congiaire souuentesfois, en donnant trente petits sesterces pour homme, aucunesfois quarante, d'autresfois deux cents cinquante, comme dit Suetone : & ne passoit petit enfant qui n'en eust: combien qu'ordinairement auant luy les enfans dessoubs douze ans ne prenoyent rien en telles distributions. Telle façon de faire depuis fut gardée par les Empereurs, qui vouloyent auoir la grace du peuple de Rome: & autāt les bons Princes que les meschāts. Ce que nous monstrent les medailles de Nero & de Cōmodus, & celles de Titus, de Traian, d'Hadrian, d'Antonin Pie, de Marc Aurele, & de plusieurs autres.

Liberalité d'Auguste Cesar.

Suetone Tranq.

TITVS. *BRONZE.*	TRAIAN. *BRONZE.*

Telles largesses ne se faisoyēt pas souuēt, mais les petites (dont parle Suetone) estoyent faictes plus aysemēt. Et par le moyen de telle liberalité, que repandoyent les Empereurs, apres qu'ils auoyent amassé grand somme de deniers, estoit entretenu le peuple, & les soldats, qui

main

maintindrẽt ſouuentesfois les meſchãts Princes en leur tyrannie diſſoluë. Et au contraire les bons acqueroyent la grace du peuple & de leurs gendarmes, vſants de telle largeſſe, apres qu'ils auoyẽt bien ſerui la Republicque en ſes expeditions & dangereuſes entrepriſes.

Et entre toutes les medailles que i'ay, frappées de Liberalité, i'en ay vne de Marc Aurele, qui monſtre la largeſſe qu'il auoit faict iuſques à la ſeptiéme fois: repreſentant par le dos de ſes medailles vne Liberalité veſtue d'vne robe longue, comme ſont la plus part des autres Deeſſes, qui tient de la main droitte vne teſſere, & lettres à l'enuiron, qui diſent, LIBERALITAS AVGVSTI SEPTIMA. Et tout ainſi l'a repreſentée Gordian le Ieune & Tacitus Empereurs, accompaignée de ſemblables mots, LIBERALITAS AVGVSTI TERTIA ET QVARTA: & encores d'vne autre ſorte Philippe le pere & le fils, comme il ſe voit par leurs medailles.

Liberalité de M. Aurele.

Imaige de Liberalité.

M. AVRELE.	GORDIAN.
BRONZE.	*BRONZE.*

PHILIP. LE PERE.	PHIL. LE FILZ.
BRONZE.	*ARGENT.*

Liberalité d'Hadrian et d'Alex. Seuerus figurée par leurs medailles.

Par les medailles d'Hadrian & d'Alexander Seuerus ſe monſtrent quatre figures : la plus grande eſt celle de l'Empereur, qui eſt aſsis ſus vne chaiſe, tenãt d'vne main vn petit roleau de papier, & de l'autre il mõſtre cõmander de donner à celuy qui ſe preſente deuãt luy la ſomme des deniers, laquelle eſt repreſentée par les points de ſon ſuggeſte, qui pourroit eſtre le nombre des ſeſterces, qu'il donne par ſa largeſſe. L'autre qui mõte par degrez iuſques ſus le ſuggeſte, reçoit l'argent qui luy eſt donné: eſtant Liberalité aupres d'eux toute droitte, qui tiẽt vne teſſere à la main: & au deſſoubs telle inſcription, LIBERALITAS AVGVSTI.

HADRIAN.	ALEX. SEVERVS.
BRONZE.	*BRONZE.*

Le

Le dé, ou tessere que porte Liberalité, est asses congnue, qui me fera passer oultre pour continuer la narration de mon entreprise: qui est de monstrer que largesse vient d'vn noble cueur, & non de celuy qui est remis & sordide. C'est la raison qui a faict honorer les nobles vertueux, et les mettre iusques au ciel, que noblesse de cueur qui viēt de vertu: & de vertu vint premieremēt Iustice, de laquelle est saillie la puissance Royale, & sont venus les Princes. Et ne se trouue point noblesse plus anciēne, que celle des Roys, qui ont exercé par vertu la iustice: & apres la iustice ils sont venus à ceste grādeur & magnanimité de cueur, qu'ils ont par armes deffendu leur peuple des iniures de leurs voisins, & de leurs ennemys. Et sans nulle doubte, tous ceux qui sont incitez de gloire s'estudiēt de verser aux choses de la guerre, cōme à celle, à laquelle ont esté dōnez tant de priuileges. Autresfois les loix des Macedoniens condannerent celuy, qui n'auoit faict à la guerre acte de vertu, de porter pour ceinture vne corde publiquement. Aux Amazones n'estoit point permis par condition que ce fust, d'estre mariées, que premierement elles n'eussent en combattant faict mourir vn de leurs ennemys. Au païs des Scythes il n'estoit point licite à homme de prendre la couppe, que lon presentoit aux festins sacrez, que premieremēt il n'eust faict à la guerre preuue de sa vertu. Les histoires Romaines sont toutes pleines de la recompense qui estoit donnée à ceux, qui auoyent bien merité de la chose publicque. Et de là sont sorties les corōnes ciuiques, triomphales, murales, nauales, tiltres & statues, & autres presents, enseignes de vertu, de magnanimité & de force. Ce n'est pas de merueille, si Rome vint à telle grandeur, en laquelle la vertu estoit tant honorée & prisee: & qui

NOBLESSE.

De vertu est venue Iustice.

Loix des Macedoniens.

Loix des Amazones.

Loix des Scythes.

Coronnes triomphales, ciuiques & autres, enseignes de vertu.

Anobliſſement du ſoldat qui auoit faict acte de vertu.

faiſoit monter le pouure ſoldat par degrez iuſques à la ſommité de l'Empire: de ſorte que s'il auoit faict à la guerre acte de vertu, le Conſul, Preteur, ou l'Empereur l'anobliſſoit, & luy donnoit pour recompenſe colliers, braſſelets, ornements de cheuaux & coronnes d'or: enſeignes toutes de nobleſſe, qu'il portoit pour la memoire de ſa poſterité. Comme l'epitaphe qui ſe trouue à Turin, que i'ay retiré de mon liure Des Epigrammes de toute la Gaule, le teſmoigne par ſon eſcripture, qui eſt telle:

Epitaphe trouué à Turin.

C. GAVIO L. F.
STEL. SILVANO
PRIMIPILARI LEG. VIII. AVG.
TRIBVNO COHOR. II. VIGILVM
TRIBVNO COH. XIII. VRBAN.
TRIBVNO COH. XII. PRAETOR.
DONIS DONATO A DIVO CLAVD.
BELLO BRITANNICO
TORQVIBVS ARMILLIS PHALERIS
CORONA AVREA
PATRONO COLON.

D D

Des bonnes ſemences viẽnent les bonnes herbes & les bõs fruicts. Les armes & les lettres ſont deux choſes qui font

Et comme des bonnes ſemences viennent les bonnes herbes, & les bons fruicts: tout ainſi des hommes vertueux s'engendrẽt ceux qui viennent à la nobleſſe, quãd la vertu eſt exercitée par armes, ou par les bonnes lettres: qui ſont deux choſes qui font viure les hommes eternellement. Et ſi la fortune conſent, que les armes ſoyent accõpaignées des bons eſtudes, comme ils eſtoyent du temps des anciens Romains, c'eſt vn lien indiſſolubile le & qui ne se peut desnouër, pour entretenir la memoire perpetuelle de noblesse, sans que iamas elle puisse ruiner ne perir. Anciennement estoit prisée & estimée la noblesse, qui venoit de la generosité du sang : comme l'a defini Cicero en ses Topiques, par telle maniere, *Gentiles sunt, qui inter se eodem nomine sunt, qui ab ingenuis oriundi sunt, quorum maiorum nemo seruitutem seruiuit, qui capite non sunt diminuti.* Laquelle definition dit Tulle auoir esté de Sceuola Pontife : & par moy traduite tout ainsi, Nobles sont ceux qui ont vn mesme nom entre eux, qui sont nez d'hommes libres, desquels personne de leurs predecesseurs n'a point esté cerf, & qui n'ont iamais chãgé d'estat. Car sans doubte la mutation faict perdre la noblesse & la gentilesse. Et pour dire le vray, la gentilesse & la noblesse sont vne mesme chose : & n'est rien autre chose le gentilhomme que l'homme noble. Et encores entendoyent les Anciens par les imaiges la noblesse du sang : pource qu'ils auoyent de coustume de garder le portrait & desseing, & les statues de leurs predecesseurs, pour les monstrer à leurs successeurs. Et la coustume estoit de porter ces imaiges aux funerailles : comme recite Pline au trenteneufiéme liure de l'histoire naturelle, & comme en faict encores la foy Cornelius Nepos au liure qu'il a faict des hommes illustres, lequel parlant de Portius Cato, dit en sa briefueté accoustumée, *Imago huius funeris gratia produci solet.* Et mesmement Cicero en plusieurs lieux par les imaiges entent la noblesse du sang. Telles imaiges & simulacres furent nommées des Anciens *stemmata* : si nous voulons croire Iuuenal, quand par derision de telle noblesse il a dit,

viure les hommes eternellement.

Cicero.

Definition de Noblesse.

Changemẽt d'estat fait perdre la noblesse.

Par les images les Anciens entendirẽt la noblesse du sang.

Coustume des Anciẽs aux funerailles.

Cornelius Nepos.

Cicero.

Iuuenal.

Stemmata quid faciunt? quid prodest Pontice longo
Sanguine censeri, & pictos ostendere vultus

Maio

Maiorum? & stantes in curribus Aemilianos?

Definition de Noblesse selon Aristote.

Toutesfois Aristote au cinquiéme des Polytiques recite, que les Nobles sont ceux, desquels les predecesseurs ont esté decorez de richesse ou de la vertu. Car sans doubte les richesses sont necessaires à la noblesse, & principalement à celle, qui consiste en la vertu : Et cela pour deux raisons. La premiere pour auoir le moyen d'ayder, suruenir & deffendre la Republicque en ses affaires: & secondement pour vser de la vertu, qui consiste à donner, nommée Liberalité, laquelle sans les richesses ne se pourroit faire. Et si lon demandoit, quelle differēce lon trouue entre ces deux sortes de definition de Noblesse d'Aristote & de Sceuola, veu que toutes deux demeurent à la splendeur des predecesseurs : ie dis qu'elle est grande: car Aristote en la sienne demande les richesses, & Sceuola ne les cherche point: car la Noblesse peut bien demeurer, comme lon voit tous les iours, auecques la pouureté, de sorte qu'elle nuict à plusieurs, qui se paissent de ceste fumée : & ce nourrissants de ce seul nom, ils viennent par succesion de temps à mourir de faim. Et à ce que nous lisons, tous les anciens Saiges quasi d'vne mesme bouche ont dit, que la vraye noblesse se treuue en la vertu, & qu'vn homme ne peut estre noble sans elle. Ce que nous a monstré le Poëte Satyrique à ce propos, signifiant que l'opinion cōmune estoit vaine de ceux, qui auoyent mis la noblesse en la generosité de leurs predecesseurs, & aux imaiges faictes de cire, pour leur memoire, disant ainsi,

Les richesses sont necessaires à la noblesse pour deux raisons.

Difference qui est entre la definition de Noblesse d'Aristote & celle de Sceuola.

La vraye noblesse se treuue en la vertu.

Tota licet veteres exornent vndique ceræ
Atria: nobilitas sola est, atque vnica virtus.

Pource que les vertus de noz predecesseurs ne nous peuuent ayder que d'exemple, pour entreprēdre choses vertueuses

Les vertus des predecesseurs ne seruent que d'exemple.

tueuses:& l'homme vitieux qui presche sa noblesse par les faicts de ses Maieurs, il s'enterre de luy mesmes. Et de tels gentilshommes, qui ne veulent rien tenir de noblesse que leur race, lon peut dire ce que Anacharsis respondit à vn homme, lequel luy reprochoit qu'il estoit barbare, & né en la barbare & vile Scythie: auquel il respondit, Ma patrie me donne infamie, mais tu la donnes à ta patrie. Tant y a que la noblesse, qui vient premierement de la vertu, est celle qui vrayemēt se peut nommer Noblesse, & qui doibt aler deuāt toutes les autres. Laissons apart toutes ces raisons, & faisons entendre à ceux qui font si grād conte & estime de la noblesse de leur sang, & de leur maison, qu'ils prisent trop plus, qu'ils ne font eux mesmes. Ce que recite sus ce propos Boëce au troisiéme liure de consolation, quand il parle de la noblesse qui vient du sang, ou entre les autres choses il dit, *Quod si quid est in nobilitate bonum, id arbitror esse solum, vt impositа nobilibus necessitudo videatur, ne à maiorum virtute degenerent.* Et suyuant tel propos dit par ces vers, que ceste noblesse de sang seule, est comme vne nuée, & comme le vent:

Bellissime respōce du Philosophe Anacharsis.

Boëce.

Omne humanum genus in terris
Simili surgit ab ortu.
Vnus enim rerum pater est,
Vnus cuncta ministrat:
Ille dedit Phœbo radios,
Dedit & cornua Lunæ:
Ille homines & terris
Dedit & sydera cœlo:
Hic clausit membris animos
Celsa sede petitos.
Mortales igitur cunctos

Edit nobile germen.
Quid genus & proauos ſtrepitis?
Si primordia veſtra
Autorémque Deum ſpectes,
Nullus degener extat,
Ni vitiis peiora fouens
Proprium deſerat ortum.

Nous auons veu comme nobleſſe conſiſte en la vertu, qui ſe peut exaucer & eleuer par les dignitez, que peut donner vn Prince. Et quand ell'eſt accompaignee de celle qui vient de nature, d'humilité, de doulceur, & de modeſtie: alors il n'eſt rien plus triomphant, que de veoir toutes ces belles choſes en vn gentilhomme noble & genereux. Et me ſemble qu'il ne ſera point hors de propos d'aduertir le Lecteur de la difference, qui ſe treuue entre Noble & Genereux. Ce que nous a monſtré Ariſtote au commencemẽt de l'hiſtoire des animaux, qui recite, que le Noble eſt celuy qui eſt né de bonne race: & le Genereux, celuy qui ne degenere point de ſa race, ſoit bonne, ou mauuaiſe: donnãt le Philoſophe l'exemple du loup & du lion. Le loup (dit il) ſe dira genereux, & non noble: genereux, pource qu'il ne degenere point de ſa meſchante race: mais il ne ſe peut dire noble, pource qu'il n'eſt pas né de bon ſang. Le lion ſe peut dire noble, & genereux: noble, pource qu'il eſt né de bon pere, & genereux, pource qu'il ne degenere point d'eux: comme plus amplement ie l'ay eſcript à l'hiſtoire que i'ay faicte Des animaux feroces & eſtranges: là ou i'ay traicté du lion. Les vertus, qui viennent du cueur ou du corps meritent d'eſtre louées: mais les œuures vertueuſes qui ſont plus dignes que les vertuz, meritent plus toſt honneur que louãnge. Il ne ſuffit pas d'auoir les vertuz, par leſquelles l'hom

Difference entre le noble & genereux.

Exemple du loup & du lion.

L'hiſtoire naturelle des animaux feroces, faicte par l'Auteur.

l'homme merite d'estre loué:car s'il ne vient apres à les mettre en œuure,elles se trouueront mortes, & du tout esteintes. Nous pourrons doncques veoir, que l'œuure vertueuse est plus excellente que n'est la vertu, parquoy elle merite le vray honneur. Et par conclusion il est impossible,qu'vn Prince,tant soit il grand,puisse entretenir en sa noblesse vn gentilhomme,qui a deliberé d'estre vilain.Et quelque honneur & autorité qu'il luy puisse donner,il fault que la vertu, hardiesse & experience de la guerre l'entretienne en sa noblesse:autrement il sera vn ombre de noblesse fardée,confermé par l'opinion du peuple.Ce sont les vices qui ruinent, & totalement font esteindre la noblesse & antiquité des bonnes maisons: comme la vertu les exaulce, & les maintient en leur grandeur.

L'œuure vertueuse est plus excellēte que la vertu.

Les vices font perdre la noblesse des antiques maisons.

Ce que nous a donné à congnoistre par sa medaille Antoninus Geta,fils de l'Empereur Seuerus:ou il a faict coigner Noblesse en habit de femme d'honneur,qui tiēt son sceptre à la main droitte,par lequel elle monstre sa puissance Royale: & sur la main gauche elle porte vne petite figure de Minerue,ou de Pallas,pour mōstrer que le sçauoir & les armes sont deux choses excellentes, qui doibuent tousiours estre en la compaignie de l'homme noble.

Paincture de Noblesse.

ANTONINVS GETA.

ARGENT.

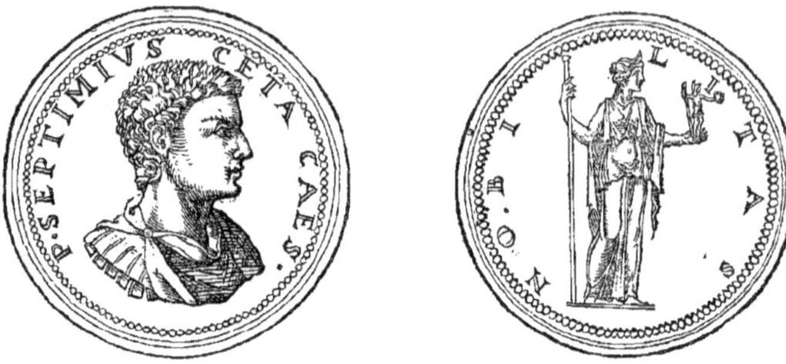

GENIVS.

Genius Dieu de nature.

Et pource que la bonne nature entretient la vertu auecques la noblesse,nous escrirons du Dieu de nature, que les Anciens nommerent *Genius*, qu'ils estimerent fils de Dieu,& pere des hommes. Et telle fut la religion ancienne des Romains,qu'elle cuidoit que chascun eust son genie & son esperit:si bien nous regardons l'escripture de noz medailles,qui sont toutes remplies de semblables inscriptions : c'estassauoir à celles de Nero, GENIO AVGVSTI:à celles d'Antonin Pie, GENIO SENATVS: de Constantin , GENIO POPVLI ROMANI:& par celles de Claudius,GENIO EXERCITVVM : figurants l'imaige de Genius voilée par le milieu du corps , qui tenoit vn cor d'abondance d'vne main , & de l'autre vne tasse pour sacrifier:& au deuant de sa figure vn autel,ou lon voit du feu par dessus,monstrants par cela sa deité. Et de telle sorte la descript Ammianus Marcellinus en son vintetcinquiéme liure, ou il parle des gestes de Iulian l'Empereur.

Imaige & figure de Genius.

NERO.

NERO. *BRONZE.*

ANT. PIE. *BRONZE.*

CONSTANTIN. *BRONZE.*

CLAVDIVS. *BRONZE.*

Cenſorinus au liure qu'il a faict *De die natali*, dit, que tout incontinent que nous ſommes nez, nous viuons ſoubs la garde & tutelle de Genius. D'autres ont eſcript, que les Lares & Genius eſtoyent vne meſme choſe: & meſmemẽt Flaccus au liure qu'il laiſſa *De indigitamentis* à Ceſar. Et entre les anciens Philoſophes Euclide donne à tout hõme deux Lares, l'vn bon & l'autre mauuais: s'ils eſtoyent bons, ils les nommoyent Lares: & ſi mauuais, Lemures: ce que nous appellons bons & mauuais *Cenſorinus.* LARES. *Euclides.* *Lares & Lemures.*

Bons & mauuais Esperits.

Esperits. Et de ceux-là a parlé Plutarque en la vie de Brutus, qui recite, que la nuyt ainsi qu'il pensoit aux affaires de la guerre, auecques vne petite lucerne, s'apparut à luy vne personne tragique plus grande que le naturel: & soubdain (comme il estoit homme sans pœur) il luy demanda qu'il estoit, lequel luy respondit, Ie suis ton mauuais Genie, luy disant, tu me verras à Philippes: alors asseuremẽt luy respõdit Brutus, ie te verray donques là: ce qu'il feit auant que de mourir. Noz Theologiens suyuants l'opinion des Anciens disent, que nous auons deux Genies, lesquels ils nomment Anges: le bon, qui nous pourchasse nostre bien: & le mauuais, qui nous apporte tout malheur. Plato disoit, que Socrates auoit vn especial Esperit ou Genie.

A Brutus apparut son mauuais Genie.

Bons & mauuais Anges. Plato.

Du tẽps des Romains il n'estoit point permis de iurer par le Genie du Prince.

Du temps des Romains il n'estoit point licite (cõme dit le Iurisconsulte soubs le tiltre *De verborum obligationibus*) de iurer par les Lares, & par le Genie du Prince. Et le plus grand sermẽt que faisoyẽt les Anciens, estoit de iurer par leurs Dieux domestiques: & si celuy qui iuroit, estoit par fortune reprins, il estoit puni griefuement. Et se periuroyent plus tost les Romains par tous leurs Dieux, que par le seul Genie du Prince: comme dit Tertullian en son Apologie, qu'il a faict contre les Gentils. C'estoyent ceux, qui veilloyent pour les Romains: qui a faict dire à Ouide,

Tertulliã.

Et vigilant nostra semper in vrbe Lares.

Laraire des anciens Romains. Alex. Mã. tenoit en sõ laraire l'imaige de Iesu Christ.

De ces Lares fut nommé le Laraire, lieu ordõné par les maisons, ou estoyent adorez ces Dieux familiers & domestiques. Ce que nous a laissé par escript Spartian en la vie d'Alexandre fils de Mammea, qui dit, qu'il tenoit en son laraire l'image de IESVS CHRIST auec celles de ses autres Dieux.

N'à pas long temps que à Lyon au deuãt de la croix de Colle fut trouuée vne lucerne de bronze antique, qui me fut donnée: à laquelle estoit attachée vne lame, en forme de table d'attente, insculpée de lettres maiuscu les Latines, qui disoyent, LARIBVS SACRVM: & au dessoubs lettres Romaines plus petites abregées, qui signifioyent la publicque felicité des Romains, par semblables parolles, PVBLICAE FELICITATI ROMANORVM. Et de telle forme qu'elle me fut donnée, ie l'ay faicte retirer cy dessoubs. *Lucerne antique de bronze trouée à Lyon.*

LVCERNE DE BRONZE antique, trouuée à Lyon l'an mil cinq cents vint & cinq.

Les

Les Lares fils de la Lune & de Mercure.

Les Lares estoyent fils de la Lune & de Mercure, cõme plusieurs Auteurs anciens ont escript: qui me fera mettre Mercure cy apres, pource que cela sert à nostre propos: prenãt de la theologie des Anciens, que l'estoille de Mercure rendoit les hommes faconds & bien parlants: & qu'il se trouuoit bon messager, quand il estoit accompaigné du Soleil & de Iupiter: & mauuais, quand il se trouuoit en la compaignie de Mars & de Saturne.

MERCVRE.

Estoille de Mercure.

Enseignes de Mercure.

Les Poëtes ont attribué à Mercure messager des Dieux la verge, les talaires, & le chapeau accoustré de ses æsles, nommé des Latins *Galerus*: signifiants par cela que la parolle vole, comme faict par l'air vn oyseau. Et messager, pource que par la parolle lon dit ce que lon a pensé.

Hermes.

Les Grecs l'ont nommé ἙΡΜΗ͂Σ, qui ne signifie autre chose qu'Interprete, ou Truchemãt: & pour ceste cause nommé Dieu des marchants: pource qu'entre les vendeurs & achepteurs la parole est celle, qui moyenne tous leurs affaires.

Mercure Dieu des marchãts.

MED. DE C. MAMIL. LIMEAN.

ARGENT.

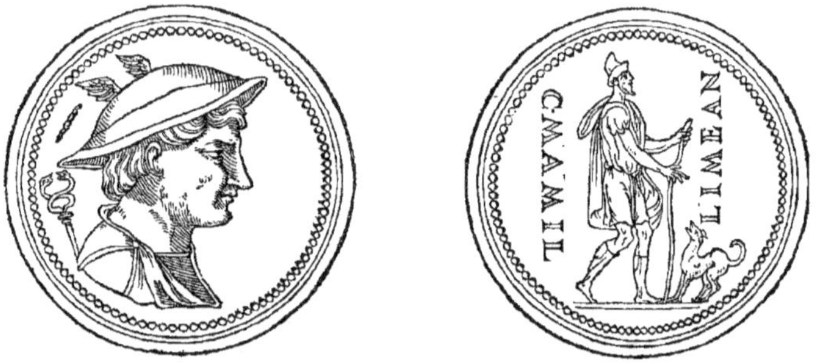

Chapeau de Mercure nommé Petasus.

Plaute & les plus Anciens ont nommé ce chapeau, *Petasus*: comme l'inscription de plusieurs marbres antiques

ques le monstrent par ces mots, CVM MERCVRIO PETASATO. Et par ce petasus, ou chapeau, estoit signifié, que l'eloquence & le bien parler seruoit pour se couurir alencontre des parolles rapportées, & des enuieux. Les autres ont dit, que le chapeau, duquel est couuerte la teste de son simulacre, monstre que les affaires d'vn bon Ambassadeur doibuẽt estre traictez secrettement. Quant à son Caducée, qui est sa verge entortillée de deux serpens, cela ne signifie autre chose que la paix: comme l'ont monstré les Anciens par leurs medailles.

Les affaires d'vn bõ Ambassadeur doibuent estre conduits secrettemẽt.

VESPASIAN.	POSTHVMIVS.
ARGENT.	*BRONZE.*

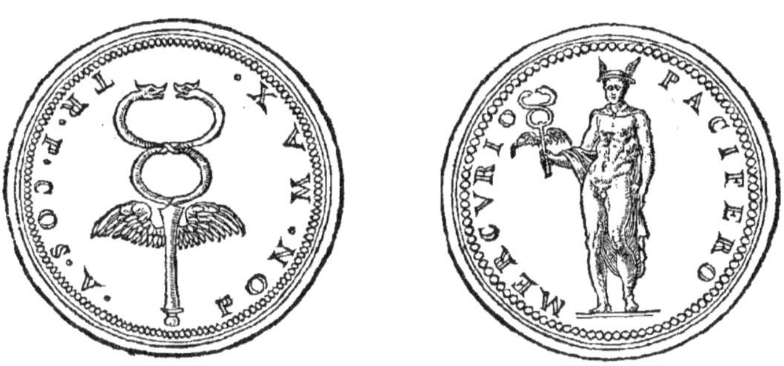

De ceste coniunction de serpens a parlé Pline asses au long, que comme chose trop superstitieuse ie remets à veoir au Lecteur. Et quant à la fable, lise Higinius en son liure Astronomique, qui l'escript bien amplement. Et oultre les autres choses il dit, que le Caducée principalement luy fut donné cõme deuise de la paix: & pour cela nommé des Anciens Mercure Pacifere: comme se voit par la medaille de Posthumius l'Empereur, cy dessus mise.

Higinius.

Le Caducée, enseigne de la paix.

Mercure Pacifere.

FELICITE'. *La felicité publicque procede de la paix.*

Quand les Empereurs Romains auoyent mis l'Empire en tranquilité, pour monſtrer la felicité qu'apporte la paix, ils faiſoyent battre par leurs monnoyes la Deeſſe de Felicité, qui tenoit d'vne main le caducée, & de l'autre vn cor d'abondance: pour monſtrer que la felicité publicque procede de la paix.

GALBA.	TITVS.
BRONZE.	BRONZE.

Ceſar. Mercure adoré par les Gaulois. Pline.

Ceſar en ſes Commentaires de la guerre Gallique eſcript, que les Gaulois adoroyent Mercure inuenteur des arts & guide des chemins: & qu'ils eſtimerent qu'il auoit grand force pour enrichir les marchans. Ce que Pline au trentequatriéme liure de l'Hiſtoire naturelle a confermé, quand il parle des ſtatues antiques, des coloſſes & de leur valeur: & qu'il dit que Xenodôrus en ſon temps auoit vaincu toutes les grandeurs des ſtatues, qui auoyent iamais eſté faictes de ſemblable façon: ayant faict en Auuergne la ſtatue de Mercure haulte de quatre cents pieds, auecques groſſe deſpence, en l'eſpace de dix ans.

Xenodórus ſtatuaire treſexcellent. Statue de Mercure en Auuergne. Le Gal en la tutelle de Mercure.

Le Gal anciennement eſtoit mis en la tutelle de Mercure, qui ſignifioit que les marchans doibuẽt eſtre vigilants,

lants,& qu'ils se doiuent leuer au chant du Gal,pour negocier & donner ordre à leurs affaires. Et entre mes pierres grauées antiques i'ay vne Onice & deux Corniols qui representent l'imaige de Mercure: l'Onice auecques son caducée d'vne main, & de l'autre, comme Dieu des marchants,vne bourse. Le Corniol nous represente son effigie assise sus vn Escreuice de mer, qui tient semblablement à la main droitte sa verge, & de la gauche l'vn des pieds du Cancre, accoustré par la teste de son chapeau. Par Mercure nous est signifiée la parolle:& par l'Escreuice ou Langouste, la tardité: monstrãts les Anciens par ce symbole & deuise que les marchans ne se doibuẽt point haster de parler,& moins employer leurs deniers sans consideration. En l'autre est vn Mercure graué de telle maniere, ieune, sans barbe, qui ha des æsles sur son chapeau,tout nud, hors mis son manteau, qu'il porte sur le bras droit,tenant de la main gauche vne bourse, & vn Gal sur son poing,& de la droitte son caducée: & à ses pieds accoustrez de ses talaires, se voit vn Bouc:& de l'autre costé vn Escorpion, & vne Mousche,choses toutes appartenãtes à Mercure.

Onice & Corniols antiques, qui representẽt Mercure.

Deuise de la velocité qui est acc͂opaignée de la tardité.

CORNIOL ANTIQVE.

CORNIOL. ONICE.

Mercure inuēteur de plusieurs choses necessaires aux hommes.

Mercure Dieu de eloquence.

Par cecy nous congnoissons que Mercure fut adoré des humains, pource qu'il auoit esté inuenteur de plusieurs choses necessaires pour la vie des hommes: & principalement ils disoyent, qu'il auoit esté le premier qui auoit rendu les parolles en ordre pour former vne parfaicte oraison. Et pour ceste cause luy fut attribuée l'eloquence, qui est tresnecessaire pour ceux qui s'exercitent au palais. Parquoy dit Vitruue, que son temple debuoit estre edifié aupres du fore.

IVNO.

Iuno femme et sœur de Iupiter.

Le Ciel attribué à Iupiter, l'air à Iuno, la mer à Neptune, & à Pluto la terre.

C'est asses escript de nos Dieux, sans entremesler noz Deesses: parquoy ie commenceray à Iuno, femme & sœur de Iupiter, comme la plus digne: & diray premierement, que par Iupiter estoit signifié le ciel, & l'air par Iuno: pource que ces deux elements sont conioints ensemble. La mer estoit attribuée à Neptune, & à Pluto la terre. Et de pœur qu'ils ne demeurassent sans femmes, fut donnée à Neptune Salacia, & à Pluto Proserpine. Et cõme Iuno tient l'inferieure partie de l'air, tout ainsi Salacia celle de la mer: & Proserpine ha celle de la terre. C'est quant aux fictions de la garrulité des Poëtes, & des occultes mysteres de la theologie antique des Grecs & des Latins.

Iuno

Iuno auoit la cure des femmes enceintes.

Iuno auoit la cure & la charge des femmes enceintes. Et quand ce venoit à faire leurs enfans, à la difficulté de leur trauail, elles inuoquoyent la Deesse : comme Diodore l'escript : qui dit encores, que la charge des enfans, apres qu'ils estoyent nez, & de leur nourriture, apartenoit à Diane : cōme lon peut veoir par l'hymne de Callimachus faict à l'honneur de la Deesse. Et quand les femmes Romaines ne pouuoyent conceuoir, elles aloyēt faire leur deuotion au temple de Iuno, surnommee Lucine : là ou se tenoit vn sacerdote Lupercale, qui les faisoit despouiller toutes nues, & prosterner contre terre deuāt luy : & alors il les battoit auecques vn fouët, qui estoit faict des courroyes du cuir d'vn bouc, pour les faire en apres cōceuoir. Comme lon peut veoir par les medailles de Lucilla, au reuers desquelles est insculpée Iuno en habit de matrone, assise en son throsne, qui tient son sceptre d'vne main, comme Royne, & de l'autre vn fouët : & lettres qui disent, IVNONI LVCINAE.

Deuotion des femmes Romaines.

Iuno Lucina.

Comme les femmes Romaines estoyent purgées par les sacerdotes de Iuno.

LVCILLA.

BRONZE.

C'est la maniere comme les femmes Romaines estoyent purgées par les sacerdotes de Iuno : ayāts ceste opi-

FECON DITE'. nion pour asseurée, que cela seruoit pour la fecondité, qu'ils estimerent Deesse: qui n'estoit autre chose que d'auoir & faire de beaux enfans.

FAVSTINE. *ARGENT.*	IVL. MAMMEA. *BRONZE.*

Façon de faire des sacerdotes Lupercules.

Quãd les sacerdotes Lupercales couroyẽt parmy les rues, ils estoyent tous nuds, hors mis les parties qui doibuent estre cachées, qu'estoyent couuertes des peaux des boucs, qui auoyent esté immolez deuant l'autel de Iuno en ses sacrifices. Et des courroyes que portoyent les Lupercales, frappoyent les mains des femmes, qu'elles tendoyent pour conceuoir.

Lupercal. Dieu Lupin, ou bien Pan Lycæus.

Et pource que nous auons escript cy-dessus des Lupercales, il ne sera point mal à propos de dire, que le lieu, nõmé Lupercal, estoit au palais de Rome, sacré au Dieu Lupin, que les Romains nommerent autrement, *Pan Lycæus.*

Simulacre de bronze de Romulus & Remus.

En ce propre lieu auoyent succé les mamelles de la Louue Romulus & Remus: & là se trouuoit le simulacre de bronze, qui faisoit foy des premiers conditeurs de la cité de Rome: faict, cõme il se voit tout entier dedans le Capitole, & par les medailles tant des Consuls que des Empereurs.

MEDA

MEDAILLE DE
BRONZE.

MED. DE SEX. PO.
ARGENT.

DOMITIAN.
ARGENT.

HADRIAN.
OR.

Nous

Nous auons veu Romulus & Remus, qui furent les premiers conditeurs de Rome: & depuis Romulus apres sa mort fut receu au nombre des Dieux Immortels: comme lon pourra veoir par les medailles de Pius Antoninus, ou se trouue Romulus en accoustrement de Mars, portant de la main droitte vne haste, & de lautre vn trophée sus ses espaules: & telle inscription, ROMVLO AVGVSTO.

ROMVLVS.

Romulus en accoustremẽt de Mars.

ANTONIN PIE.

BRONZE.

ROME.

Rome Victorieuse.

Si Romulus fut deifié, semblablement fut Rome tenue entre les autres Deesses: & luy firent les Romains temples, ou ils la representerent vne fois Victorieuse, tenant sa haste dvne main, & la Victoire de lautre, qui la coronnoit dvne coronne de laure. Dautrefois au lieu de la Victoire, ils luy bailloyent vn globe sus la main, comme Royne & maistresse de tout le monde, auec telles inscriptions, ROMAE AETERNAE.

NERO

NERO. PHILIPPE.

ARG. ARG.

Et par les medailles de Maxentius se treuuent encores temples dressez à Rome Eternelle, ou elle est painĉte asſise ſus des enſeignes militaires, armée par la teste d'vn morrion, tenant d'vne main ſon ſceptre, & de l'autre vn globe, qu'elle preſente à l'Empereur corôné d'vne coronne de laurier: monſtrant par cela qu'il eſtoit conſeruateur de tout le monde: & reçoit ceſte pomme l'Empereur d'vne main, & de l'autre il tient vn dard, veſtu de de ſa thorace militaire, & ſon paludament ietté par deſſus, ayant ſon pied gauche ſus vne Prouince ſubiuguée, couchée par terre, qui ha les mains liées par derriere, auecques telle inſcription, CONSERVATORI VRBIS AETERNAE.

Rome Eternelle.

Maxẽtius conſeruateur de la cité de Rome, & de tout le mõde.

MAXENTIVS.

BRONZE. *BRONZE.*

PHILIPPE. PROBVS.

ARG. *BR.*

Deſcriptiō de la Rome painƈte aux med. de Veſpaſian.

Sept montaignes de Rome.

Figure du Tibre.

Par les medailles de Veſpaſian ſe treuue Rome figuree auecques vne ſalade ſur la teſte, trouſſee, ayant le bras & le ſein à demy decouuert, appuyee & aſsiſe ſus les ſept montaignes de Rome, tenãt de la main gauche ſon ſceptre, les pieds reueſtus de botines & greues à l'antique: ayant le Fleuue du Tibre couché à ſes pieds, qui tient vn rameau paluſtre à la main: & de l'autre coſté ſe voyent Romulus & Remus, qui tetent vne louue, auecques l'eſcripture de ROMA.

Et

Et par les medailles d'Hadrian elle tient vn rameau de laurier de la main gauche, & de la droitte la Victoire ſur vn globe, comme Victorieuſe de tout le monde. *Rome victorieuſe de tout le monde.*

VESPASIAN LE PERE.

BRONZE.

HADRIAN.

ARGENT.

M. AVRELE.

BRONZE.

Ainſi que i'eſcriuoye ce Diſcours, me fut donnée vne medaille de bronze, ou du coſté droit eſtoit painct le ſimulacre de la teſte du Soleil, & de l'autre vn Croiſſant qui embraſſe vn globe, & par le deſſus deux eſtoiles, & au deſſoubs l'inſcription de ROMA. Signifiants toutes ces choſes, que les geſtes & triomphantes victoires des *Geſtes des Romains.*

Romains eſtoyent montées iuſques au ciel, & reſplendiſſoyent par tout le monde.

MEDAILLE DE

BRONZE.

ITALIA.

Signification de la painƈture d'Italie.

Et comme les Romains paignirent le ſimulacre de Rome armée & Viƈtorieuſe, tout ainſi ils figurerent l'Italie coronnée comme Royne de tout le monde, aſsiſe ſus vn globe, tenant de la main droitte vn cor d'abondance, ayant le ſein & le bras decouuert. Et par le Cornucopie eſt monſtrée la fertilité de l'Italie, & l'abondance de toutes choſes, deſquelles elle ſuppedite tout le monde. Ce que nous a repreſenté Antonin Pie par ſes medailles, ou eſt telle eſcripture, ITALIA.

ANTONIN PIE.

BRONZE. *BRONZE.*

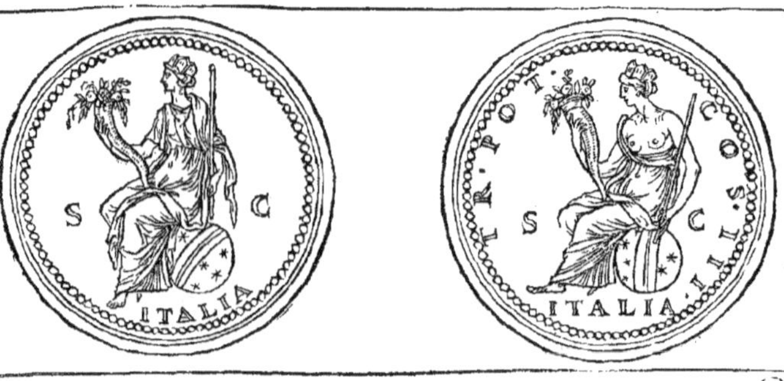

Or

Or pour monſtrer briefuement ſa grandeur & vertu,ie reciteray les vers,que ce gentil Poëte Tuſcan Petrarque feit, quãd de Prouence il retourna en Italie. Et alors qu'il ſe veit auoir gaigné la ſommité du mont Geneure, ſe reiouyſſant en regadant l'Italie, & plein de contentement commença à chanter, *Petrarque.*

Salue chara Deo tellus, ſanctiſsima ſalue
Tellus tuta bonis, tellus metuenda ſuperbis,
Tellus nobilibus multùm generoſior oris.

Vers de Petrarque en louënge de l'Italie.

Ie ne veux laiſſer en arriere que Conſtatin l'Empereur feit battre medailles de bronze dedans la ville de Rome, ou il a figuré la Deeſſe tout ainſi que la paincture le monſtre du coſté droit:& de l'autre on voit vne Louue qui en leſchant Romulus & Remus les alaicte. Et en Conſtantinoble il feit coigner monnoye d'or & d'argent, ou lon pourra veoir ſon viſaige auecques telle inſcription CONSTANTINOPOLIS, comme il auoit mis à celle de Rome, VRBS ROMA.

Teſtes de Rome & de Conſtantinoble figurées aux med. de Cõſtantin.

CONSTANTIN.

BRONZE. *ARGENT.*

Qui vouldroit reciter les grãdes louënges de Rome, & de ceſte tant noble Prouince d'Italie, le ſubiet en ſeroit asses grand pour en faire vn iuste volume. Parquoy ie me contenteray de sommairement escrire ce que Strabo en a dit: Que là est la temperance de l'air, l'abondance des fontaines, & sources des eaues salutaires, pleines de grandes vertus, produites par Nature autant pour restaurer & conseruer la santé, que pour le contentement & plaisir des hommes. Là sont les bons fruicts, les mines, les carrieres des marbres de diuerses couleurs. Et entre toutes les Prouinces du monde, ou se treuue quelque excellence digne d'estre mise par escript (comme il dit) c'est la parangone, & la plus fertile de toutes les autres. Ledict Auteur monstre d'auantaige, qu'en Italie se trouuent toutes les bonnes qualitez, lesquelles non seulement sont necessaires pour les hommes, mais encores pour les delices. C'est la triomphante terre d'Italie, qui a esté si biẽ douée de Nature, qu'elle obtint iadis le gouuernement de tout le monde: qui a porté & nourri si grãd nombre de gens belliqueux, de sçauoir, & de lettres: de la plus grande partie desquels nous sommes possesseurs encores auiourdhuy. Et sans la malheureuse & barbare natiõ Gottique ennemie des lettres & de la vertu, qui a bruslé vne infinité de bons liures, & ruiné vn si grand nõbre de somptueux edifices, seroit Rome & l'Italie encores en son entier.

Strabo.
Louënges de l'Italie.
L'Italie iadis Dame & Maistresse de tout le monde.

VICTORIA.

Et pource que nous auons veu, par la sculpture des simulacres de Rome triõphãte, la Victoire, nous escrirons comme elle fut estimée vierge & Deesse des Anciens: à laquelle ils donnerent vn temple: & si estoit adorée par la Grece, & auoit là son temple, comme recite *in Atticis* Pausanias.

Painćture de la Deesse Victoire.

Les Anciens la figurerẽt auecques des aisles, qui portoit à la main vne coronne triomphante de laurier: & de de l'autre vn rameau de palme, ayant les pieds ſus vn globe. Domitian la feit paindre auec vn Cornucopie, pour monſtrer que la victoire aporte abondance de toutes choſes.

La victoire nous aporte abondãce de toutes choſes.

DOMITIAN.

BRONZE. *BRONZE.*

Et par le reuers de la medaille d'argent de Lucius Hoſtilius, la Victoire ſe trouue painčte, portant d'vne main le Caducée, qui eſt la verge de paix de Mercure: & de l'autre vn trophée, ou ſont pẽdues les deſpouilles des ennemys: pour monſtrer que la guerre & la victoire apportent la paix.

La Victoire qui porte le Caducée.

L. HOSTILIVS. DOMITIAN.

ARGENT. *BRONZE.*

Titus

Painɛture de la Victoire sans aisles.

Titus Vespasian, delices de l'humain lignaige, la feit insculper en ses monnoyes d'argent, portant ses enseignes accoustumees de la palme & coronne de laure, sans plumes & sans aisles: comme celuy qui la vouloit garder de voler autrepart. Et tout ainsi la formerent les Atheniens, cõme recite en ses Attiques Pausanias: & semblable chose aux Laconiques il dit, que les Atheniens la figuroyent sans plumes, pour la crainte qu'ils auoyent, qu'elle ne volast hors d'Athenes.

VESPASIAN. *ARGENT.*	TITE VESP. *ARGENT.*

Le Labarũ enseigne principale de l'Empereur.

Entre mes medailles d'or i'en ay vne d'Auguste qui monstre par son reuers vne Victoire, qui est sus vn globe, les aisles estendues, comme si elle vouloit voler, tenãt de la main droitte vne coronne de laure, & de l'autre le Labarum (enseigne du Prince la plus insigne de toutes, qui se portoit à la guerre deuant l'Empereur, & adoree par les soldats) auecques telle inscription, IMPERATOR CAESAR.

AVGV

AVGVSTE.

OR.

Depuis les Empereurs Romains, qui vindrent sus la declination de l'Empire, porterent le Labarum auecques l'aigle paincte dedãs : comme lon voit par le dos de la medaille de Maxentius, ou il est representé armé de sa cuirace, & de sa cotte d'armes par dessus, qui tiẽt d'vne main le Labarum, & de l'autre vn rameau de laurier, ses iambes garnies de greues à l'antique, tenant le pied gauche sus vne Prouince, ou sus son ennemy subiugué & couché: & lettres qui disent autour de la medaille, VICTORIA AVGVSTI LIBERATORI ROMANORVM. Depuis Constantin le Grand à l'expedition de la guerre, qu'il feit contre ledit Maxentius, appellé par les Romains en Italie, qui ne pouuoyent endurer la tyrannie de Maxence, lequel il deffit, moyennant la conduitte & ayde du signe de la Croix, qui luy estoit apparu, comme lon dit: de sorte qu'il reduist toute l'Italie auecques la ville de Rome en son ancienne magesté. Et depuis renonça aux adorations des Idoles, & receut la foy Chrestienne : commandant que chascun adorast CHRIST, luy faisant dresser tẽples triõphants. Et tousiours depuis il porta le Labarũ en ses expeditiõs

Labarum ou est l'aigle paincte dedans.

Le signe qui apparut à Constantin.

Constantin adora Iesus Christ & luy feit faire temples magnifiques.

& entrepriſes difficiles:enrichi par le dedans, & tiſſu d'or deſſus le pourpre de ce chiffre ☧, qui ne ſignifie autre choſe que CHRIST, commençant par l'element Grec de X. figuré en croix Sainct André, par lequel ont eſcript les Grecs ΧΡΙΣΤΟΣ, auecques les autres caracteres entremeſlez, qui ne ſignifient autre choſe que CHRISTVS, accompaigné de deux elements Grecs

Alpha & Ω, commẽcement & la fin, n'eſt autre choſe que le Createur.

A. & ω, pour monſtrer que le commencement & la fin n'eſt autre choſe que le Createur. Tant y a que pluſieurs ont erré à la congnoiſſance de ceſte enſeigne, diſants, que c'eſtoit vne croix, que Conſtantin auoit faict faire toute d'or, quand il partit de la Gaule pour aler deffaire Maxentius en Italie. Et depuis fut portée la figure de ladite enſeigne par les Empereurs ſes ſucceſſeurs, comme lon peut veoir par les monnoyes de Conſtans: ou lon voit la figure de l'Empereur armé tout entierement,

Paludament.

couuert de ſon paludament, ou manteau Royal, qui tiẽt ſus ſa main droitte vne Victoire, qui le veut coronner d'vne coronne de laure: & de la main gauche il tient la hante, ou eſt pendu le Labarum, ou eſt figurée l'enſeigne qui apparut à Conſtantin: eſtant l'Empereur dedans vn nauire, dont tient le timon, ou gouuernal vne Victoire: pour monſtrer la victoire qu'il auoit euë par mer & par terre, par laquelle il auoit heureuſement remis les choſes en leur premier eſtat: & lettres qui diſẽt ainſi, FELIX TEMPORVM REPARATIO.

MAXEN

MAXENTIVS.	CONSTANS.
ARGENT.	*ARGENT.*

Depuis Decentius, Conſtãtius,& autres Empereurs iuſques au regne de Iulian ſurnommé l'Apoſtat,feirent *Iulian l'Apoſtat.* coigner ce chiffre de CHRIST par leurs monnoyes, auec ſemblables motz, SALVS DOMINORVM NOSTRORVM AVGVSTORVM LVCET.

CONSTANTIVS.	DECENTIVS.
BRONZE.	*BRONZE.*

Au liure cinquiéme, epiſtre vintetneufiéme, monſtre Sainct Ambroiſe eſcripuãt à Theodoſian l'Empereur, que ceſte enſeigne eſtoit ſacrée à IESVS CHRIST. *Sainct Ambroiſe.* Ce que Prudence nous a donné à congnoiſtre par ces vers, quand il a dit,

Christus purpureum gemmanti textus in auro
Signabat labarum, clypeorum insignia Christus
Scripserat, ardebat summis crux addita cristis.

Descriptiō de l'enseigne du Labarum, & comme il estoit porté à la guerre.

Or pour faire cōgnoistre comme se portoit le Labarum, les Empereurs Chrestiens le firent porter deuant eux à la guerre sur vne lōgue hante de bois toute dorée, la Croix estant releuée par le dessus, & le signe de Constantin par le milieu, tissu en or, ou mis en broderie sus vn petit estendart quarré, de soye cramoisie violette, enrichi par le bort d'vne frēge de fil d'or & pierres precieuses. Et tout ainsi le portēt auiourdhuy aux processions generales noz Mendians, or-mis que pour la figure du Labarum ils representent nostre Seigneur, ou la vierge MARIE.

Comme les Anciens paignirent la Victoire.

Pour retourner au propos de la Victoire, les Anciēs luy donnerent des aisles, & tel accoustrement comme nous faisons paindre les Anges par noz eglises : la figurant souuētesfois assise sus les despouilles des ennemys, ayant vn trophée planté deuant elle, le sein tout decouuert, tenāt de la main droitte vne palme, & de l'autre vn escu : qui mōstroit la victoire que l'Empereur auoit euë, soubs ces mots, VICTORIA AVGVSTI. Et tout ainsi la descript Claudian, quand il a dit,

Claudian.

Ipsa Duci sacras Victoria panderēt alas,
Et palma viridi gaudens, & amica trophæis.
Custos imperij virgo, quæ sola mederis
Vulneribus, nullúmque doces sentire laborem.

Qui a faict dire à Pline, que *Laborem in victoria nemo sentit.*

MED

MEDAILLON. COMMODE.

M. AVRELE. BRONZE.

Et pource que la victoire ne se peut acquerir sans labeur, sans vertu & sans force, ie mettray cy apres celuy qui l'acquit en telle sorte: qui fut Hercules: par le simulacre duquel ont representé autresfois les Romains la vertu, le figurãts appuyé sus sa claue, & autour de son bras la despouille du lion. Et pour mõstrer sa force, ils le paignirẽt souuẽtesfois auecques sa massue & peau de lion, & d'autresfois tenant Anteus, qu'il faisoit mourir entre ses bras: de la statue duquel a tout ainsi parlé Iuuenal, HERCVLES. *La figure d'Hercules representoit la vertu.* *Simulacre d'Hercules tenant Anteus.*

--Ceruicibus æquat

Herculis Anteum procul à tellure tenentis.

Se ioüant à la statue de Polyclete, qui estoit à Rome: de laquelle Pline parle tout ainsi, Polycletus a faict Hercules qui est à Rome, qui lieue Anteus de la terre. Et tout ainsi l'ont faict paindre Hadrian & Posthumius par leurs medailles: ou i'ay trouué à l'inscription de l'vne, HERCVLI MACVSANO, confessant ingenuement de n'auoir point entendu l'epithete de cest Hercules. *Statue de Polyclete.*

HADRIAN.	POSTHVMIVS.
BRONZE.	*BRONZE.*

TRAIAN.	HADRIAN GREC.
BRONZE.	*BRONZE.*

La Claue & la peau du lion par quoy données à Hercules.

La Claue & la peau du lion furent données à Hercules comme à vn bon Capitaine & fort, pour mõstrer sa force & vertu, comme nous auons dit : car il n'est pas vraysemblable qu'il allast tout nud par le monde, armé seulement de sa massue, & couuert de la peau d'vn lion. Mais il fault entendre que les plus Anciens l'armerent de telles enseignes apres sa mort, & principalemẽt ceux qui estimerent son ayde salutaire : ou bien pour monstrer sa vertu, qui a tousiours esté figurée toute nue, & qui ne demande point les richesses : mais, comme dit le marbre

marbre antique, NVDO HOMINE CONTENTA EST. Quoy que ce soit, & l'vn & l'autre sont signes de generosité.

Vertu se contẽte de l'homme nud.

Et cõme Hercules passoit de force tous les animaulx, tout ainsi la Claue estoit la plus forte de toutes ses armes. Et pour la force & vertu paincte des Grecs & des Romains.

PRINCESSE DES MACEDONIENS.

BRONZE.

Q. CINCINNIVS III. VIR. *ARGENT.* — AVGVSTE. *ARGENT.*

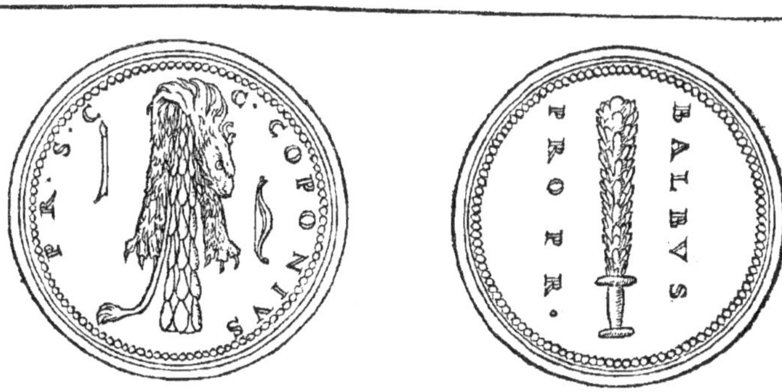

Les Anciens paignirent Hercules auecques sa claue, qui fut nommée des Grecs ῥόπαλος: & d'autresfois auecques

Massue d'Hercules nommée

des Grecs Ropalos.

ques vn trophée, le nommants Victeur : ſouuentesfois tenant vn rameau de laurier de la main droitte, & de la gauche ſa maſſue, & la deſpouille du liõ, diſants qu'auecques ces choſes il auoit vaincu les monſtres : voulants ſignifier par la claue ſa prudẽce, par laquelle il auoit vaincu toutes autres paſsions.

C. ANTIVS.	MEDAILLON.
ARG.	COMMODE.

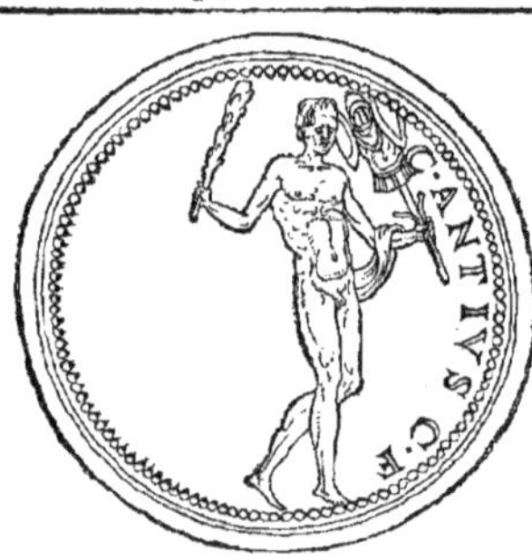

Epithetes donnez à Hercules par Apulee et Theocrite.

Apulée l'a nõmé luſtrateur du monde, purgateur des beſtes feroces, & domateur des hommes. Et Theocrite le dit tueur & occiſeur des lions & des taures: cõme l'ont mõſtré les medailles q ont eſté coignées en ſon hõneur.

MED. GRECQVE.	C. POBLICIVS.
BRONZE.	*ARGENT.*

Diodore

Diodore au liure premier de ſon hiſtoire recite, que à l'antique Hercules eſtoit donnée la maſſue,& la peau du lion, pource qu'en ce temps là les armes n'eſtoyent pas entre les mains des hommes, qui repouſſoyent les iniures auecques les batons: & pour les armes ils couuroyẽt leurs corps auecques les peaux des beſtes feroces & ſauuaiges. *Diodore.*

Hercules outre ſes autres forces, tira des enfers Cerberus,chien de Pluto (comme dit Homere) qui auoit trois teſtes. Et ce Monſtre ont painct les Poëtes de pluſieurs manieres. Toutesfois ie repreſenteray ſa figure, auec celle d'Hercules, comme elle m'a eſté enuoyée de Narbonne, ou elle fut trouuée ainſi que lon faiſoit les bouleuarts de la cité.

SIMVLACRE D'HERCVLES ET DE Cerberus, retiré du marbre antique qui est à Narbonne.

Ceux qui se sont monstrez en la theologie poëtique excellẽts, ont interpreté par Cerberus, tous les vices qu'Hercules auoit vaincus & subiuguez. Et qui plus amplement vouldra entendre toutes ces allegories, lise le traicté, que Lilius Gregorius Giraldus Ferrarois a doctement escript, de la vie d'Hercules.

Lilius Gregorius Giraldus.

Nous

Nous auons veu cy dessus, comme la claue & la despouille du lion fut donnée à Hercules, & de telle sorte paincte son effigie. Il demeure à veoir les statues, qui furent faictes auec trois pommes, qu'il portoit à la main droitte: & de la gauche sa massue, qui monstroit sa vertu, qui estoit triple: C'est assauoir, sans corrous, sans auarice, & sans volupté. Et encores auiourdhuy se treuue à Rome vne grãde figure de bronze d'Hercules, qui porte vne pomme à la main (à luy consacrée) trouuée n'a pas long temps au lieu ou auoit esté le grand autel, au marché des beufs.

Vertu de Hercules triple.

L'arbre du peuple estoit dedié à Hercules: & les Salies coronnez de peuple faisoyent ce sacrifice. Ce que nous lisons en Virgile, qui dit,

Le peuple dedié à Hercules.

Tunc Salij ad cantus incensa altaria circum
Pôpuleis adsunt euincti tempora ramis.

Et dit encores Virgile,

Pôpulus Alcidæ gratissima.

Ce que nous monstre estre chose certaine la medaille Grecque d'Hercules: ou est representée du costé droit la figure de sa teste, coronnée de peuple: & alentour de son col, la peau du lion pour ornement. Et de l'autre costé se monstre le Zodiac rempli de ses signes & vn Phaëthon, qui est tombé de son char, qui estoit tiré par quatre cheuaux, auec la figure du Soleil au dessus. Et pour monstrer qu'il cherchoit chose qui estoit impossible, sont insculpez caracteres Grecs qui disent, ἈΔΥΝΑΤΑ ΖΗΤΩΝ.

Interpretation de la medaille d'Hercules.

MEDAILLE GRECQVE.

BRONZE.

La vertu frappe de loing.

Les anciens Grecs & Romains paignirent encores Hercules la teste armée de la despouille du lion, vn arc, sa trousse, & sa massue, pour mõstrer que la vertu frappe de loing. Et tout ainsi figurée i'ay sa medaille Grecque sans inscription.

MEDAILLE GRECQVE.

BRONZE.

Ie ne

Ie ne puis passer oultre sans reciter, que Commode l'Empereur fut si incensé, qu'il repudia, comme infame, le surnom de sa maison. Et pour Cõmode, fils de Marc Aurele, il se feit nommer Hercules fils de Iupiter: & depuis ayant laisse l'accoustrement d'vn Empereur Romain, se vestit de la peau du lion, portant vne massue en sa main. Et en tel habit entremesloit les robes de pourpre brochees d'or: & vestu de tel accoustrement, se monstroit en public.

Folie grande de Commode l'Empereur.

Et non content de tout cela, il feit frapper monnoye d'or, d'argent, & de bronze, & medaillons pour sa memoire: ou sont veuës aux vnes, la massue, l'arc, la trousse, & les flesches: & aux autres, la claue toute seule: & son simulacre accoustré en lieu de coronne, d'vne teste de lion, auecques l'inscription, qui est telle, HERCVLI ROMANO AVGVSTO.

MEDAILLON DE COMMODE.

COMMODE.

BRONZE.

Commode tomba depuis en vne si grand folie, comme recite Dion, qu'il voulut estre appellé Hercules Romain, conditeur de la cité de Rome: faisant representer sa figure par ses monnoyes en habit d'Hercules, qui conduisoit deux beufs: signifiant par cela sa nouuelle colonie: & comme s'il eust voulu mettre nouueaux habitãs en la Cité de Rome. Et commãda, que Rome fust nommee Commodiene, & son exercite Commodian: comme lon voit par l'inscription de ses medailles, qui est telle, COLONIA LVCII ANTONINI COMMODIANA: & aux autres, HERCVLES ROMANVS CONDITOR.

Hercules Romanus.

Colonia Cõmodiana.

COMMODE.

BR. *OR.*

Entre

Entre les autres noms que porta ce Prince,fut celuy de Hercules. Et en ceste folie il estoit tellement enraigé, que quand il escriuoit au Senat, par-my ses tiltres il se nommoit ainsi par ses inscriptions, *Les noms & tiltres de Cõmode l'Empereur.*

IMPERATOR CAESAR LVCIVS AELIVS AVRELIVS COMMODVS AVGVSTVS, PIVS, FELIX, SARMATICVS, GERMANICVS, MAXIMVS, BRITANNICVS, PACATOR ORBIS TERRARVM, INVICTVS ROMANVS HERCVLES, PONTIFEX MAXIMVS, TRIBVNICIAE POTESTATIS XVIII, IMPERATOR VIII, CONSVL VII, PATER PATRIAE, CONSVLIBVS, PRAETORIBVS, TRIBVNIS PLEBIS, SENATVIQ. COMMODIANO FELICI SALVTEM.

Et plusieurs statues luy furent dressées en habit d'Hercules. Et quand il marchoit par païs, il faisoit porter deuant luy la massue & la peau du lion. *Commode faisoit porter deuant luy la massue et peau du lion.*

Or pour acheuer descrire la narratiõ de nostre Hercules, reiectons toutes ces fables, & venons à la verité, qui fut telle,cõme recite Halicarnasseus,qui dit:qu'Hercules fut vn gentil Capitaine de son temps,qui auoit vn exercite fort & puissant, auec lequel il ala visiter toutes les terres,qui estoyent entre la mer Oceane, regardant & cherchant ceux, qui traictoyent leurs subiects tyranniquement, lesquels il ostoit de leurs potentats: faisant punir griefuement les larrons,& guetteurs de chemins: rendant droit aux nations tant Grecques que barbares, maritimes & mediterranées: faisant edifier nouuelles citez:detourner les riuieres,qui gastoyent le païs:& plusieurs autres choses, qu'il pensoit estre necessaires pour *Quel fut Hercules selon les Historiographes.*

la

la commodité des humains. Ie n'auois pas deliberé d'vser de si long propos pour la description d'Hercules, sans le grand nombre des medailles que ie me suis troué, qui m'ont contraint d'en donner aux amateurs des bonnes lettres la congnoissance, pour les contenter. Et pour la fin de ce que i'en veux escrire, ie mettray en auãt Hercules Ogmion, ainsi appellé des Celtes, cõme nous monstre Lucian Orateur & Philosophe Grec, par vne petite preface ou traicté, qu'il a faict de nostre Hercules Gallique: laquelle a esté autrefois rendue Latine par Erasme, & que i'ay mise en nostre langue succinctement, comme il s'ensuyt:

Hercules Ogmion ou Gallique.

Les Gaulois en leur langue maternelle ont nommé Hercules, Ogmion, & l'ont figuré par leurs painctures d'vne façon nouuelle, & non veuë. Ils l'ont retiré & figuré vieil, chanu, & decrepite, n'ayant qu'vn bien peu de cheueux par derriere, & tous blancs: sa peau estoit ridée, de couleur oliuastre, à cause du Soleil, comme sont les vieux mariniers: & à le veoir il ne retiroit de chose qui fust à Hercules. Toutesfois sa figure portoit son accoustrement: veu qu'il estoit vestu d'vne peau de lion, & que de sa main droitte il tenoit vne massue, & portoit à son col en escharpe vne trousse, & en sa main gauche vn arc bendé: finablement, c'estoit vn droit Hercules. Asseurément ie pensoye, que toutes ces choses fussent faictes en derision des Grecs par les Gaulois: veu qu'ils figuroyent son simulacre en ceste façon, pour se venger de ce que iadis il auoit couru le païs de la Gaule. Mais ie n'ay pas encores dit ce, qui estoit plus admirable en ce dit imaige: car certainement il tiroit apres luy vne merueilleuse compaignie d'hommes & femmes, tous attachez apart l'vn de l'autre par l'oreille. Les liens estoyent

Comme Hercules estoit painct des Gaulois.

Hercules auoit couru le païs de la Gaule.

petites

petites chaines d'or & d'ambre bien faictes. Et combien qu'ilz fussent tous tirez & menez de ces chaines, qui se rompent facilement, tant elles sont fragiles: toutesfois il ne s'en trouuoit pas vn, qui se voulust reculer, & moins retirer le pied en arriere: mais tous alegres & ioyeux le suyuoyent, & en s'esbahissant de luy, tous de leur bon gré se hastoyent de le suyure, & en laschant leurs liens s'efforçoyent de marcher plus tost que luy: quasi comme s'ils estoyẽt marris qu'ilz fussent deliez. Et certainement ie diray volontiers, encores que ce soit chose mal à propos, c'est que le painctre, n'ayant trouué lieu pour attacher les bouts de toutes ces chaines (veu qu'en la main dextre estoit sa massue, & en la senestre son arc) il perça la langue du Dieu Hercules, à laquelle estoyent toutes ces chaines attachées. Et feit ledict painctre que tous ces hommes & femmes estoyent tirez apres Hercules, qui tournoit son regard & sa veuë vers ceux qu'il menoit, en leur monstrant bon & gracieux visaige. Lucian qui auoit demeuré long temps droit sur ses pieds, contemploit s'esbahissant, toutes ces choses, comme il dit. Alors vn Philosophe, à son aduis de la sorte de ceux, qui ont de coustume d'estre en France, qui n'estoit pas sans lettres Grecques, d'autant qu'il les prononçoit tresbien & absoluëment, luy dit: Mon amy, ie te veux declairer la difficulté de ceste paincture: car tu me sembles grãdement esbahi & estonné. Entre nous Françoys nous n'attribuons point l'oraison à Mercure, comme vous faictes en Grece, mais nous l'appliquons à Hercules: pource qu'il est plus robuste, que n'est Mercure. Et pour le veoir uieulx, tu ne te doibs esbahir, car le beau parler ha de coustume de monstrer sa parfaicte vigueur en l'aage de vieillesse: pour le moins si les Poëtes disent vray: veu que le

Interpretation de la paincture d'Hercules Ogmius ou Gallique.

ſens de ieuneſſe eſt enuironné de tenebres & obſcurité. Et au contraire, vieilleſſe dit purement & nettement ce qu'elle veut dire, trop mieux, & plus clerement que la ru de ieuneſſe. Quant à ce que tu vois, que ce vieil Hercules tire de ſa langue tous ces hommes liez par l'oreille : cela ne ſignifie autre choſe, que le langaige orné. Et ne te esbahis, veu que tu ſçais bien, que la langue ha certaine accointance aux oreilles. Parquoy l'on ne doibt faire ce reproche à Hercules, que ſa langue eſt percée, pource que ie me ſouuiẽs, qu'en voz comedies y a des vers Iambiques, qui diſent, que les hommes qui ſont grands cauſeurs, ont tous la langue percée. Et pource nous autres François auons ceſte opinion, que tout ce que faict Hercules, il le faict par ſon doulx & gratieux langaige, comme vn homme ſaige, qui ſçait perſuader en ſoubmettãt à luy tout ce qu'il veut. Les fleſches & la trouſſe ſignifiẽt ſes raiſons, qui ſõt aigues, penetrãtes, & legeres, qui percent noz volõtez. Et pour ceſte cauſe vous autres Grecs dictes, que la parolle eſt pennigere, comme vne fleſche.

Prouerbe

Parole pennigere.

Et cecy ſuffira pour l'intelligence de l'arc, de la pharetre, & des fleſches, qui furent attribuées à Hercules, comme nous auons veu cy deſſus: tout ainſi que le Dieu Apollo, (duquel nous eſcrirons preſentement) eſtoit painct auecques vn arc & des fleſches, deſquelles il tua le ſerpẽt Pythus: qui l'a faict nõmer à Homere Ἀπόλλων ἑκηβόλος, c'eſt à dire, qu'il tire de loing. Et de telle figure le repreſenterent les Grecs, comme l'on peut veoir par les medailles de Nero: ou il eſt painct coronné d'vne coronne de laure, & ſa pharetre ſur le dos, & l'eſtoille de Phebus, auecques lettres qui diſent, ΑΠΟΛΛΩΝ ΣΩΤΗΡ, c'eſt-à-dire, Apollo Conſeruateur : comme par l'aigle & par le fulgure les Grecs vſerent de telle façon de faire.

APOLLO.

Homere.

Apollo Conſeruateur.

CLAV

CLAVDIVS NERO.

ARGENT.

MEDAILLE GRECQVE.

BRONZE.

Apollo Dieu des Cithariſtes.

Paincture d'Apollo.

L'Antiquité cuida, qu'Apollo fuſt Dieu des Cithares-des: voila parquoy la lyre luy fut miſe pour enſeigne: & le feit paindre auecques les cheueux longs, & ſans barbe, tenant ſa cithare d'vne main, & de l'autre vne branche de laure: d'autrefois en habit long, qui tenoit vne patere à la main droitte, pour monſtrer ſa deité.

ANT. PIE.	CARACALLA.
ARG.	ARG.

Le laure consacré au Dieu Apollo.

Les Grecs attribuerent le laure premierement à Apollo, non tant pour la fable de Daphné, que pour la vertu de la plante, qui est tousiours verte, & qui sert aux hõmes à plusieurs choses, idoine aux purificatiõs des sacrifices. Et nõ sans occasiõ il a esté consacré à sa flagrante chaleur: arbre plaisant à ce Dieu, lequel (cõme dit Pline) n'est iamais touché du fulgure. Du laure estoyent decorez les cheueux, les pharetres, lyres & cithares. Et quãd les Empereurs triomphoyent, ils portoyent la coronne de laure, & vn rameau de laurier en leurs mains. Et propremẽt le laure estoit dedié aux triomphes, comme dit Pline: qui l'a nommé portier des maisons des Cesars, & des grands Pontifes: messaiger de la Victoire, quand il estoit adiousté auecques les paquets, qui se boutoit au giron de Iupiter, s'il apportoit nouuelle ioye.

Le laurier n'est iamais frappé du fulgure.

Le laurier dedié aux triomphes.

Corõnes de laurier pẽdues sur le portal des maisõs des Empereurs.

Les corõnes du laurier estoyent pendues sus le deuãt du portal du palais de l'Empereur: & pendoit au milieu la corõne de chesne ciuique, nõmée quernée: qui a faict dire à Ouide au premier liure de sa Transmutation,

--*Mediámque tuebere quercum.*

Et

Et de toutes ces corõnes se treuuẽt pleines les mõnoyes des Emp. insculpées comme elles sont veuës cy dessoubs.

AVGVSTE.

BRONZE. *ARGENT.*

Nous lisons en Pline, que si en la force de la pestilẽce lon sent les fueilles du laurier, ou biẽ q'uelles soyẽt bruslées, que cela sert pour obuier à ceste contagieuse maladie. Ce qui se peut veoir par l'histoire de Cõmodus, qui se retira à Laurẽte, ou estoit grãde abondãce de lauriers, pour euiter la peste, qui estoit à Rome tresforte. Et luy affermerẽt les medecins, que la senteur du laurier estoit fort profitable pour dechasser telle infection de l'air.

Pline. La senteur du laurier dechasse l'infection de l'air.

Quand les anciens Romains faisoyent paindre le simulacre d'Apollo, ils luy dõnoyent vne fois son arc & ses sagettes, d'autrefois sa lyre. Et pour monstrer l'Empereur Galien son expedition en Orient, il le feit paindre en forme de Centaure, tenãt de la main droitte sa lyre, & de l'autre vn globe, acompaigné de telle inscription, APOLLINI COMITI: pour monstrer q'uil aloit soubs la compaignie d'Apollo en son entreprise de l'Orient. Probus l'a figuré Aurigateur, estant dedans son char coronné de rayons, qui tenoir la bride de ses qua-

Painture diuerse de la statue d'Apollo.

Probus.

Le Soleil inuincible.

tre cheuaux : le nommãt Soleil inuincible par ces motz, SOLI INVICTO.

Les autres Empereurs, comme Constantinus, Aurelianus, Crispus, feirent frapper son imaige par leurs monnoyes, qui monstroit la figure du Soleil tout nud, ayant vne coronne de rayons, & qui tenoit à la main dextre vn globe, & souuentesfois de la gauche vn fouet, auecques telle escripture, SOLI INVICTO COMITI: monstrants qu'ils auoyent vaincu & subiugué plusieurs Prouinces auecques l'ayde du Soleil.

GALLIEN.	PROBVS.
B R.	*B R.*

CONSTANTIN.	AVRELIAN.
BRONZE.	*BRONZE.*

Ec

Et pource que plusieurs auteurs ont escript que le tẽple du Soleil estoit de forme spherique, i'ay bien voulu mettre cy apres la medaille de Marc Antoine le Triũuir, ou il a represente le simulacre du Soleil au milieu d'vn temple, qui est de forme quarrée, accompaigné de semblables caracteres, III. VIR R. P. C. qui signifiẽt, TRIVMVIR REIPVBLICAE, CONSTITVENDAE: & du costé de la teste, M. A R C V S A N T O N I V S I M P E R A T O R. *Temple du Soleil.*

M. ANTOINE III. VIR.

ARGENT.

Les Rhodiens firent paindre par leurs monnoyes l'effigie d'Apollo auecques ses rayes solaires, imberbe, & les cheueux longs: ou est represente par leurs reuers vne rose, vne fois faicte d'vne sorte, d'autrefois d'vne autre: auecques telle inscription, ΡΟΔΙΟΝ ΑΡΙΣΤΟΚΡΙΤΟΣ: & ΡΟΔΙΟΝ par caracteres Grecs asses esloignez l'vn de l'autre. *Monnoye des Rhodiens.*

MON

MONNOYE DES RHODIENS.

ARGENT.

MON. DES RHODIENS.

BRONZE.

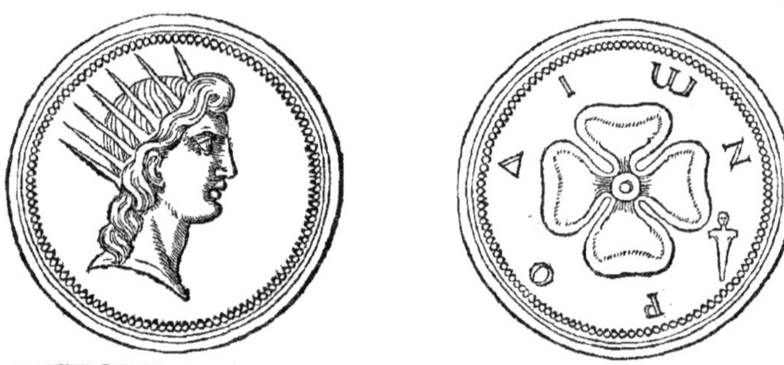

MON. DES RHODIENS.

ARGENT. *ARGENT.*

Par

Par le reuers des monnoyes d'or de Traian, d'Hadrian, & d'Aurelian Empereurs ſe treuue inſculpé l'Orient à la maniere des Grecs, repreſenté par le Soleil, & l'eſcripture qui dit, ORIENS. Et par les medailles d'argent de Lucius Plautius, ſe treuue le ſimulacre de la teſte d'Apollo accompaigné de deux ſerpents, comme Pythius. Et par le reuers du dedans de la medaille lon voit vne Victoire, qui tient auecques les deux mains les cheuaux du Soleil par la bride.

L'Orient inſculpé aux medailles des Empereurs

Figure de la teſte d'Apollo accompaigné de deux ſerpens.

TRAIAN. *OR.* AVRELIAN. *AR.*

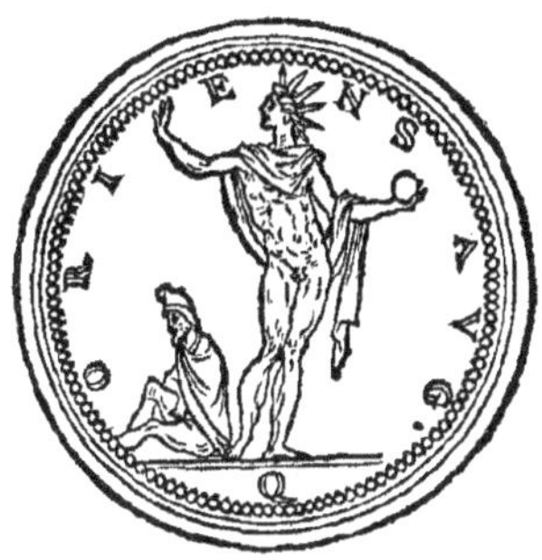

L. PLAVTIVS.

ARGENT.

Colosse de Rhodes.

Ie n'auoye pas deliberé d'escrire du colosse de Rhodes, qui estoit la statue d'Apollo, pource que i'en auoye faict mention au liure second de mes Antiquitez de Rome. Tant y a que sommairement i'en diray ce que i'en ay tiré d'vn liure Grec fort ancien, toutefois acephale, qu'autrefois me presta feu Mesſire George de Vauzeles, Cheualier de Rhodes, Cõmãdeur de la Torrette, & qu'il auoit autresfois apporté de Grece, mon voisin & singulier amy, et duquel ie n'ay voulu taire le plaisir qu'il me feit, pour auoir esté en son viuant homme liberal de ce qu'il auoit, à l'endroit de tous ses amys. Et dudict liure i'en tiray au plus pres ce qui s'ensuit.

Descriptiõ du colosse de Rhodes. Colasses.

Entre les autres miracles estoit le colosse de Rhodes, faict de bronze, dressé en l'honneur du Soleil de septante coudées de hauteur, faict par Colasses, qui consuma douze ans en tel ouurage. La base, qui soustenoit la statue, estoit de forme triangulaire, & chascune de ses extremitez estoit soustenue par soixante colonnes de marbre. Et par le dedans estoyent degrez, faicts à la semblance d'vne vis, par lesquels lon montoit iusques au plus hault de la machine : à la sommité de laquelle estoyent bons & variables instruments d'vn chant suaue & tresdoulce musique. Le chanter & la symphonie estoit de vers Iambiques. Et dudict colosse estoyẽt veuës toutes les parties de la Syrie, & les nauires qui aloyẽt en Aegipte, par le moyen d'vn grand miroir, qui estoit pendu au col de la statue, qui auoit le visaige tourné droit à l'Egipte. La statue se monstroit droitte, & qui tenoit à la main dextre vne espée, & de l'autre vne longue picque. Lon estimoit que la despense auoit passé trois cents talents d'or. Il tomba la cinquantiéme année apres qu'il fut faict & dressé, par vn tremblement de

Despense de trois cẽts talents d'or pour faire

terre,

terre,ſi grand,qu'il dura ſept iours entiers. Quand il fut tombé, bien peu de gens pouuoyent embraſſer le gros poulce. Celuy qui achepta le bronze,en chargea des pieces neuf cents cameaux. Et cecy eſt la ſommaire narration,que i'ay peu tirer dudict liure. *le coloſſe de Rhodes.*

Nous parlerons du combat d'Apollo & de Marſias, duquel Apulée au premier liure de ſes Florides eſcript, que ce monſtre vouloit contendre auec Apollo de mieux chanter:choſe (comme il dit) contre raiſon,& que Therſites auecques vn bel homme, vn ignorant contre vn ſçauant, vne beſte contre vn Dieu, ſe vouluſt comparer. Les Muſes aſsiſterent au iugement,pour ſe mocquer de la barbarie de ce monſtre, pour le faire punir de ſon outrecuidance & de ſa folie. Et depuis que ce beau iouëur de fleuſtes fut vaincu par Apollo en ce combat,il le feit attacher à vn arbre,& luy feit oſter le cuir de ſon dos,& miſerablement deſsirer toute ſa peau. Et par ce moyen tomba Marſias en la peine, qu'il auoit merité. Ce que nous a monſtré Ouide en ſes Faſtes par ces deux vers, *Cõbat d'Apollo & de Marſias.* *Marſias eſcorché par ſon outrecuidãce.*

Prouocat & Phœbum,Phœbo ſuperante pependit:
Cæſa receſſerunt à cute membra ſua.

Et par le cachet de Nero, duquel i'ay faict retirer la graueure antique, pourra veoir le Lecteur la figure de ce combat. *Cachet de Nero antique.*

*CACHET DE NERO RE-
tiré de la graueure antique.*

Apollo estoit accompaigné de ses Muses,& tousiours painct auecques sa lyre, quãd il estoit en leur cõpaignie. Aucuns ont voulu dire que les Muses ont vne certaine fraternité auecques ce Dieu,& qu'elles sont necessaires comme les Vertus. Et de là est venu qu'elles ont esté estimées vne vraye coniunction de doctrine & de science. Mais disons parquoy les Anciens les ont plustost fainctes vierges que mariées. Cornutus,ou bien Phurnutus a dit,que c'est pour le fruict qui s'engendre du iugement de l'ame:& sont dictes vierges,pource que les disciplines de la Vertu sont cachées, contentes de leur ornement naturel. Ledict Phurnutus dit encores,qu'elles demeurent par les montaignes, rendant ceste raison,que les amateurs des bonnes lettres, & que les gens studieux se

Les Muses ont vne fraternité auecques Apollo.

Les Muses parquoy vierges.

Les Muses demeurent par les mõtaignes.

dele

delectent de se retirer à part pour estudier, & de choisir lieux separez & solitaires, qui sont par les bois & par les forestz. Qui a faict escrire à Plutarque, que les temples des Muses furent mis le plus loing des villes, qu'il fut possible.

Orpheus & Proclus ont chanté en leurs hymnes, que les Muses auoyent mõstré aux hommes la religion, à laquelle nous retournerons, apres auoir monstré par figure le tripos d'Apollo, qui tant a esté celebré le temps passé.

Les Muses ont mõstré aux hommes la religion.

Tripos d'Apollo.

Et pource que oultre les medailles d'or & d'argent de Vitellius & de Vespasian qui se treuuẽt, i'ay vne graueure tresantique, qui merite d'auoir lieu parmy les medailles: ie l'ay faict representer la premiere, cõme chose rare & digne d'estre veuë: par laquelle lon voit le tripos d'Apollo, & la Corneille qui luy est consacrée: lequel est garni par les pieds d'un costé de sa cithare, & de l'autre d'vn rameau de laurier, enseignes toutes consacrées à ce Dieu.

La Corneil le consacrée à Apollo.

IASPE ANTIQVE.

VITELLIVS.

OR. ARG.

VITELLIVS. VESPASIAN.

ARG. ARG.

Le Soleil nommé des Pheniciens Heliogabale.

Heliogabalus l'Empereur.

Le Soleil honoré des Pheniciẽs.

Le Soleil,que les Pheniciens ont nõmé en leur langue Heliogabale,fut amené à Rome par l'Empereur Antonin, ſurnommé de ce nom Heliogabalus,qui luy feit faire ſon temple au mõt Palatin:& là(comme dit Lampridius)il voulut nõ ſeulemẽt trãſferer les ſacrifices de Romains,mais bien encores des Chreſtiens,& des Iuifs, auec vne grãde curioſité:n'ayãt autre raiſon , ſinon qu'il auoit eſté ieune conſacré & initié au ſacerdoce du Soleil, qui eſt grandemẽt hõnoré des habitans de Phenice: auquel Dieu ils auoyẽt baſti vn merueilleux temple,orné né d'or & d'argent, & de belles pierres quarrées, par vne magnificence bien grande : comme recite Herodian au cinquiéme liure de son histoire bien amplement. *Herodian.*

I'ay deux medailles d'argent dudict Empereur, par lesquelles en habit de sacerdote Phenicien, il sacrifie au Soleil, tenant de la main droitte vne patere, & de la gauche, vn rameau de laurier dedié à ce Dieu. Et au dessus de l'are, ou est alumé le feu, se voit le Soleil : & lettres, qui disẽt à l'vne desdictes medailles, SVMMVS SACERDOS : & à l'autre, INVICTVS SACERDOS. Et par tel epithete a tousiours esté nommé le Soleil des Anciens. *Heliogabale en habit de sacerdote Phenicien.*

HELIOGABALVS.

ARGENT. ARGENT.

Ie passeray oultre sans faire autre mentiõ de ce malheureux Prince, qui n'eut de l'homme, que la figure : & prendray à descrire la Fortune, qui mit ce monstre iusques à la sommité de l'Empire : estãt paincte par les Anciens, tenant d'vne main vn cor d'abondance, & de l'autre vn timon, ou gouuernal de nauire, qu'elle reposoit souuentesfois sus vn globe : signifiants par cela, qu'elle donnoit les richesses : & si auoit le gouuernement des choses humaines, & de tout le monde. FORTVNE. *Paincture de la Fortune.*

TRA

TRAIAN.

BRONZE. *ARGENT.*

HADRIAN. ANT. PIE.

BR. *AR.*

Imaige de Fortune couchée.

Apelles painctre renommé de la Grece.

L'imaige de fortune fut encores paincte couchée, qui tenoit du bras gauche son cornucopie, & le bras droit appuyé sus vne roüe, qui monstroit son instabilité & inconstance, auecques l'inscription de FORTVNAE REDVCI. Voila parquoy Apelles painctre renommé de la Grece interrogé, qui l'auoit meu d'auoir painct la Fortune assise: il respõdit, que c'estoit pource qu'elle n'auoit iamais reposé.

ANT.

ANT. GETA.	TRAIAN.
ARG.	*ARG.*

Ce que nous auons nommé Fortune en noſtre language, les Grecs l'ont nommé τύχη: & ſi elle eſtoit bonne, καλὴ τύχη: cõme verra le Lecteur cy deſſoubs, par vne graueure antique, que m'apporta de la Grece au retour de ſa peregrination F. André Theuet d'Angouleſme, de l'Ordre de Sainct François (celuy qui depuis a faict la Coſmographie de Leuant) entre pluſieurs medailles Grecques, qu'il me donna, leſquelles ie repreſenteray en leur lieu aux liures que i'ay faict des Antiquitez de Rome.

La bonne fortune nõmée des Grecs cali tychi.

Ce pendant i'accompaigneray noſtre graueure d'vne Fortune, que i'ay inſculpée dedans vn Corniol antique, tout ainſi retirée, qu'elle eſt par les medailles, ormis qu'elle porte vn rameau de laurier, auec ſon cor d'abondance: pour monſtrer que la Fortune faict triompher ceux qu'elle veut.

Corniol antique. Fortune qui porte vn rameau de laurier.

IASPE ANTIQVE.	CORNIOL ANTIQVE.

La fortune accompaignoit le lict des Cesars.
Pline.

Par les histoires nous congnoissons que la Fortune d'or accompaignoit ordinairement le lict des Cesars: & quand l'Empereur venoit à tirer à la fin, en sa presence elle estoit portée à son successeur. Pline la nomme legere, inconstante, incertaine, qui fauorise les indignes.

Qu'est ce que Fortune.

Toutefois Fortune n'est autre chose, que la seule prouidence de Dieu, par laquelle nous receuons le bien & le mal selon noz merites.

Fortune paincte aueugle.
Aristophane.

La Fortune fut encores paincte aueugle: pource que souuentesfois elle donne les biens à ceux, qui ne l'ont pas merité. Et de cecy a tresbien parlé Aristophane en son Pluto Dieu des richesses: & son argument a traduit Lucian en son Misanthropos. Ledict Aristophane recite, que quand Iupiter enuoye les richesses aux bons, il est boiteux: & aux meschants, il court legerement.

Temple superbe de Fortune à Preneste.
Doreure Prenestine.
Sylla.

A Preneste fut anciennement le temple superbe de Fortune, edifié par Sylla: ou estoit la statue de bronze de la Deesse, tellement dorée, que pour l'excellence du merueilleux artifice vint delà le prouerbe, que si lon vouloit louër vne belle doreure, lon disoit, que c'estoit vne doreure Prenestine. Encores commença ledit Sylla de faire vn

paué

paué en ce temple, auecques diuerses figures de marbres taillez de plusieurs couleurs, fort petits, que les Anciens ont nommé Lithostrates, ou Musaiques, desquels parle Pline au vintcinquiéme chapitre du trentesixiéme liure de l'Histoire naturelle, quand il escript des pauez somptueux, & comme furent agreables les lithostrates commencez soubs Sylla, auecques petites crustules & pieces deliées de pierres variables au temple de Fortune faict à Preneste.

L'ithostrates. Musaiques

MARS.

Et pource que la bonne fortune accompaigne souuentesfois les batailles, & les expeditions de la guerre, ie l'ay voulu mettre & colloquer au plus pres du Dieu Mars: auquel les Romains firent faire temples, luy donnant sacerdotes nommez Salies: le paignant vne fois Victeur, quand il porte la Victoire sus sa main: vne autrefois Propugnateur, Vlteur, Pacateur: alors tenant de la main droitte vne branche d'oliue, & de l'autre sa picque, ayant à ses pieds d'vn costé sa cuyrasse, & au deuant de luy targues & rondelles: accoustré de son morrion, qui est decoré d'vn panache, figuré tout nud: signifiant par cela, que ceux qui vont à la guerre, se doibuent presenter sans crainte de cueur aux ennemys. Et tout autour de la medaille se lit telle inscription, MARTI PACATORI.

Mars Victeur, Propugnateur, Vengeur et Pacateur.

Ceux qui vont à la guerre doiuent estre sans peur.

VITELLIVS.	ANT. PIE.
BRONZE.	*BRONZE.*

MEDAILLONS DE
SEVERVS.

Quiris. Mars Quirinus.

Les autres ont painct le simulacre de Mars auecques vne haste, laquelle il auoit accoustumé de porter, nommée des Sabins, *Quiris*: & pour cela nommé Quirinus, tenant son escu de la main droitte, armé tout entierement. Et tout ainsi le nommant Vlteur, ou Vengeur, l'ont representé les monnoyes des Empereurs.

ANT.

ANT. PIE.

BR.

CARACALLA.

ARG.

GORDIAN.

BRONZE.

ALEX. MAMMEAE.

BRONZE.

HADRIAN.

ARG.

CLAVDIVS.

BR.

Auguste Cesar feit faire le tẽple de Mars à Rome.

Le temple de Mars Vlteur fut faict à Rome par Cesar Auguste, de forme ronde : & lequel il auoit voué à la guerre de Philippes, pour la vengeance de son pere: comme recite Suetone, & en ses Fastes Ouide, soubs ces mots,

Templa feres, & me victore vocaberis Vltor:
Vouerat, & fuso lætus ab hoste redit.

Dion.

Temple de Mars edifié par Auguste.

Dion au cinquantequatriéme liure de son histoire Romaine escript, que Cesar Auguste edifia le temple de Mars Vlteur au Capitole, ou furent mises les enseignes & l'aigle que portoyent les Romains à la guerre. Et depuis ordõna le Senat & le Peuple de Rome, que le char, ou il auoit triomphé, seroit mis audict temple pour sa memoire.

AVGVSTE.

ARG.

L. CINNA.

ARG.

AVGV

AVGVSTE.

ARGENT. *ARGENT.*

Par toutes ces figures nous congnoiſſons,que les Anciens obſeruerẽt de paindre le Dieu Mars auecques ſon morrion,tenant vn trophée ſus ſon eſpaule,& de l'autre ſa haſte : combien que les Lacedemoniens(comme recite Pauſanias) faiſoyent faire le ſimulacre de Mars enchesné,pour le garder de s'en aler d'auec eux. Et encores que les anciens Grecs & Romains le nommaſſent Vlteur & Propugnateur, ils le faiſoyent toutesfois armé à l'antique de toutes pieces. Il ſe treuue pluſieurs autres ſurnoms de ce Dieu Grecs & Latins, deſquels pour le preſent ie ne feray aucune mẽtion, reſeruãt ce demeurant pour le liure ſecond de mes Antiquitez de Rome.

Painčture du ſimulacre de Mars.

Pauſan. in Laconicis.

Et comme les Grecs & Romains nommerent Iupiter & Mars Victeurs, tout ainſi fut nommee Venus, Victrice: luy faiſant porter vne Victoire ſus la main droitte,& de la gauche tenant ſon ſceptre,ayant le bras appuyé ſus vn grãd eſcu:d'autrefois tenant vn morrion, au lieu de la Victoire,ſus ſa main:& la põme,par laquelle elle eſtoit demeurée victorieuſe entre les Deeſſes.

VENVS

Venus Victrice.

Les

Char de Venus tiré par des cygnes.

Les Poëtes ont faict tirer son char par des cygnes:& pour cela dit Ouide,

--Iunctisque per aëra cygnis
Carpit iter.

CARACALLA.	MAGNVRBICA.
BRONZE.	*ARGENT.*

PLAVTILLA.	FAVSTINA.
ARG.	*BR.*

Venus Deesse de beauté.

Quatre Venus differentes.

Ce que les Grecs en leur langue nommerent Ἀφροδίτη, les Latins ont nommé Venus, Deesse de beauté & de generatiõ: qui fut née (ainsi qu'ont faint les Poëtes) de l'escume de la mer. Et Cicero, au liure troisiéme de la nature des Dieux, faisant quatre Venus, en faict l'vne fille du Ciel

Ciel & de Iupiter:de laquelle il auoit veu(comme il dit) le temple en Elide. L'autre il a faict naistre de l'escume de la mer : & la troisiéme née de Iupiter & de Dione, qui fut mariée à Vulcan. La quatriéme Syrie,cõceüe de Syrus,nommée *Astarte*:qui fut mariée au bel Adonis. Plato en son banquet a mis deux Venus:la premiere celeste, qui incite les hommes à l'amour bonne & hõneste: l'autre inferieure & populaire,qui nous incite à lubricité. La premiere, sans mere,fille du Ciel:l'autre de Dione & de Iupiter,la plus ieune & quasi vulgaire. Les Pheniciens auoyent en grande reuerence la Deesse Venus, pour l'amour d'Adonis,qui estoit né en leur païs ; & luy faisoyẽt sacrifices auecques pleurs & lamentations.

Deux Venus selon Plato.

Les Pheniciens auoyent grand reuerẽce à Venus.

Laissons toutes ces superstitions ,& venons à descrire comme les Anciẽs sans la Victoire la representerent encores en leurs simulacres:& principalement Cesar le Dictateur , qui la feit insculper par le reuers de ses medailles,acompaignée de son petit Cupido.

IVLE CESAR.

ARGENT. *ARGENT.*

Par le reuers des medailles d'argent du ieune Cesar lon voit deux petits Cupido , qui en volant conduisent

Char de Venus cõduit par deux

Cupido. le char de Venus,qui tiẽt entre ses deux bras son sceptre comme Deesse:pource qu'ils se disoyent estre descendus de la lignée de Iülus:auec telle inscription, LVCII IVLI LVCII FILII.

IVL. CESAR.	AVGVSTE.
ARG.	*ARG.*

Le Temple de Venus dediè par Auguste Cesar.

Auguste Cesar dedia à Iule Cesar le temple de Venus Genitrice (depuis adorée soubs ce nom des Romains) qu'il auoit encommencé ; & luy auoit faict faire vne cuirasse ledict Cesar des perles,qu'il auoit apportées d'Angleterre & d'Escoce:comme dit Pline,qui au trentesixiéme liure de l'Histoire naturelle recite, que Cesar le Dictateur feit faire la figure de Venus Genitrice par Archesilaus: laquelle pour la grand haste qu'il auoit de la dedier, il la feit mettre dedans son fore, auant qu'elle fust acheuée.

Archesilaus painctre renommé.

AVGV

AVGVSTE CESAR.

ARG.

ANTINOVS.

Ie n'auoye pas deliberé d'immortaliser Antinous, cõbien qu'Hadrian l'Emp. l'eust faict receuoir au nombre des Dieux immortels, sans que ie me suis trouué trois medaillons d'Antinous, que feit frapper Hadrian pour l'eternité de sa memoire: lequel il perdit sur le Nil, en sa peregrination de l'Egipte, auecques telles lamentations & regrets, qu'il feit au lieu, ou il mourut, edifier vne cité, qui porta le nom d'Antinous: & là il luy feit dresser vn temple & vn autel, y adioustant des sacerdotes & flamines, pour luy sacrifier. Et non cõtent de toutes ces choses, il feit encores faire en Arcadie en la ville de Mantinée vn temple bien renommé, & feit mettre ses statues es gymnases, & par la cité, soubs l'effigie de Dionysius, ainsi que recite Pausanias.

Temple d'Antinous en Arcadie.

Pausanias in Arcadicis.

Et pource que la medaille dudict Antinous est entre mes mains, ou est representée par le reuers la figure du temple, qu'Hadrian l'Empereur feit edifier sur le Nil en son honneur, ie n'ay point voulu frauder le Lecteur studieux & amateur de l'Antiquité, de la veuë de ce bellissime ouurage & somptueux edifice, que l'Empereur

Temple d'Antinous magnifique edifié par Hadrian sur le Nil.

Hadrian print grand peine à exorner & enrichir de plusieurs belles statues et imaiges:comme la figure nous le represente, auecques l'insciption de semblables caracteres Grecs, ΑΔΡΙΑΝΟΣ ΩΚΟΔΟΜΗΣΕΝ, que nous pourrõs interpreter HADRIANVS CONSTRVXIT. Et par le dessoubs du temple est veu vn Crocodile, animal particulier au fleuue du Nil, ou mourut ledict Antinous:comme nous auons dict cy dessus.

MEDAILLON GREC D'ANTINOVS.

Ie me souuien auoir leu au liure qu'a faict de l'histoire variable Leonicus, que luy estãt à Venise, luy fut monstrée vne medaille d'argent d'Antinous, ou estoit escript en caracteres Grecs, ΑΝΤΙΝΟΟΣ ΗΡΟΣ: c'est à dire: Antinous hõme heroique, qui auoit quelque chose plus que de l'hõme. La teste de la medaille estoit si biẽ faicte, que ne luy manquoit autre chose que l'esprit. Et par ce que Leonicus ne faict aucune mention du reuers de ladicte medaille, i'ay faict paindre celuy de la miene, qui est vn mouton, pour le contentement des amateurs des bonnes lettres, sans inscriptiõ toutesfois: pource que les caracteres sont si frustres & si vsez, qu'il m'a esté impossible d'en auoir sceu tirer aucun sens.

Leonicus.

Antinous homme heroique.

MEDAILLON GREC
D'ANTINOVS.

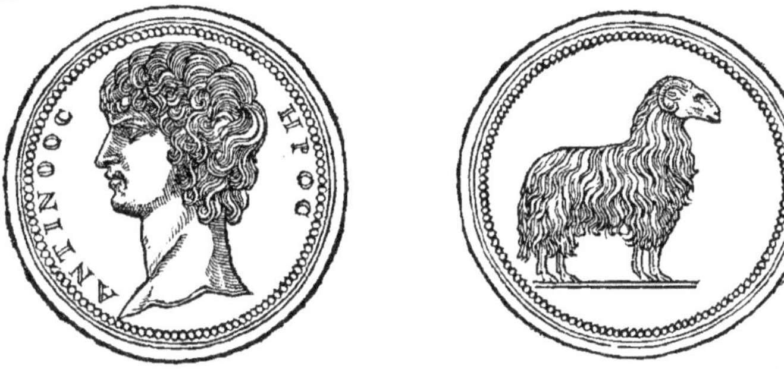

A l'autre medaillon d'Antinous du costé droit se voit l'effigie de ce ieune enfant de Bithynie, qui fut d'vne excellente beauté, auecques lettres Grecques qui disent, ΟΣΤΙΛΙΟΣ ΜΑΡΚΕΛΛΟΣ Ο ΙΕΡΕΥΣ ΤΟΥ ΑΝΤΙΝΟΟΥ: & de l'autre costé, ΤΟΙΣ ΑΧΑΙΟΙΣ ΑΝΕΘΗΚΕ. que i'ay ainsi rendues Latines, HOSTILIVS MARCELLVS SACERDOS ANTINOI ACHAEIS DICAVIT. Et au reuers de la medaille se treuue insculpé le cheual Pegasus, & Mercure auecques ses talaires, qui le tient de la main droitte, & de l'autre sa verge de paix, ou son caducée.

Antinous fut de Bithynie.

Le cheual Pegasus.

MEDAILLON GREC
D'ANTINOVS.

Pour la fin de ce que ie veux eſcrire des temples, qui ſeruoyent pour noſtre religion, i'ay faict repreſenter cy deſſoubs quatre temples, deſquels ie n'ay peu tirer, pour eſtre les medailles ſi gaſtées & conſumées de l'antiquité, entiere congnoiſſance.

NERO. *B R.*	TITVS. *B R.*

SEVERVS. *B R O N.*	MED. DE *B R O N.*

VESTA. Le dernier de ces quatre temples ſe voit de forme ſpherique, & qui retire fort au temple de Veſta, qui eſtoit tant reueré des Romains: là ou repoſoit le Palladium, qui auoit eſté amené de Troye, & qui iamais depuis

Palladiũ.

pais n'auoit esté veu d'hõme. Toutesfois quãd le magnifique temple de Paix brusla, le malheur fut si grand, qu'il accompaigna la conflagration du temple de Vesta : de sorte, que le Palladium fut saulué par les vierges Vestales, qui le passerent par le milieu de la voye Sacrée, & le porterent iusques dedans le palais de l'Empereur : duquel la figure se voit par les reuers des medailles de Vespasian, & de Iulia Pia: qui n'est autre chose, qu'vne petite statue de Pallas, qui tient sa haste d'vne main, & son bouclier de l'autre.

Vierges Vestales.

Descriptiõ du Palladium.

VESPASIAN.
AR.

IVL. PIA.
AR.

CLODIVS.
ARG.

VESPASIAN.
BR.

Quant

Temple de Vesta de forme ronde.
Numa.

Quant au temple de Vesta, les Romains le firent de forme ronde, estimants que c'estoit la Terre : le faisant faire Numa, apres que par armes il eut accoustré la cité de Rome, pour adoulcir la ferocité & rudesse du peuple, deliberant la munir de loix & de bonnes meurs, introduisant premierement dedans la cité la religion.

QVINTVS CASSIVS.
ARGENT.

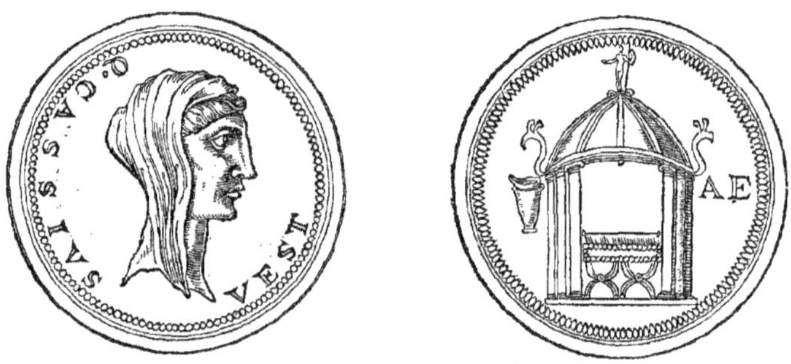

NERO.	VESPASIAN.
OR.	*OR.*

L'entrée du tẽple de Vesta estoit defendue aux hommes, comme celle des monasteres de noz Religieuses, qui sont reformees. Et pour le seruice de la Deesse furẽt

au

au commencement ordonnées quatre vierges, depuis six:& dura ce nombre asses longuement: comme la figure des medaillons de Faustine & de Lucille le representent : qui nous font congnoistre la maniere de leurs sacrifices, pour estre representées vestues de leurs robes blanches (nommées des Latins *Suffibulæ*) longuettes,& quarrées,& de telle longueur, qu'elles auoyent le moyen de les mettre sus la teste pour se voiler. La premiere desquelles nommée Maxima (comme de noz Religieuses & Nonnains l'Abaësse) tient le sympule, vase ordonné pour les sacrifices:& l'autre qui est deuant elle, & qui la regarde, tient de la main gauche vn petit coffre turaire appelé des Anciens *Acerra*, ou elle a prins l'encens, qu'elle iette sus le feu, appaisant la Deesse par l'odeur de telle suffumigation, ou parfum: estant dressé l'autel auecques le feu deuant le temple de la Deesse: ou par le dedans est veu le simulacre du Palladium, la teste armée d'vn cabasset,& qui tient de la main droite sa haste,& de l'autre son escu, sans aucune inscription.

Nombre des vierges Vestales.

Acoustrement des Vestales.

Maxima, que nous disons l'Abaësse.

Acerra coffre turaire.

FAVSTINE.	LVCILLE.
BRONZE.	MEDAILLON.

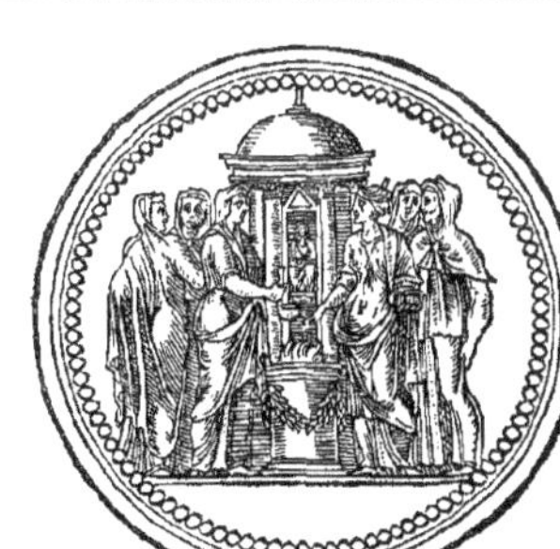

Vingt Vestales ordõnées pour le seruice de Vesta.

Par succesſion de temps vindrẽt les Veſtales iuſques à vingt : & ſi eſtoit neceſſaire qu'elles fuſſent nées d'vn homme libre, & falloit qu'elles fuſſent ſans manquement de leurs perſonnes, eſtant prinſes & rẽdues depuis l'aage de ſix ans, iuſques à dix : & aux premiers dix ans elles aprenoyent la façon & couſtume des ſacrifices. Ce que monſtre la medaille de Fauſtine, ou lon voit la petite Veſtale nonnain. Aux autres dix ans elles eſtoyent occupées & empeſchées à faire leurs ſacrifices : & aux dix derniers elles enſeignoyent les ieunes vierges, qui auoyent eſté nouuellement receuës. Et paſſé le terme de trente ans, elles auoyent le pouuoir de ſe marier. Tant y a que quaſi toutes celles (comme nous liſons) qui le furent, demeurerent infortunées & malheureuſes.

Paſſé le terme de xxx. ans ſe pouuoyent marier les Veſtales.

La principale (cõme i'ay dit) eſtoit nommée des Romains, *Maxima :* comme nous congnoiſſons par deux ſepultures, l'vne de Flauia Manilia, & l'autre de Clælia Claudiana, trouuées auecques leurs inſcriptions de noſtre temps à Rome.

Sepultures antiques.

Epitaphe de Flauia Manilia Veſtale.

FL. MANILIAE VV. MAX. CVIVS EGREGIAM SANCTIMONIAM ET VENERABILEM MORVM DISCIPLINAM, IN DEOS QVOQ. PERVIGILEM ADMINISTRATIONEM SENATVS LAVDANDO COMPROBAVIT. AEMILIVS FRATER ET RVFINVS FRATER ET FLAVII SILVANVS ET HIRENEVS SORORIS FILII A MILITIIS OB EXIMIAM ERGA SE PIETATEM, PRAESTANTIAMQVE.

Epita

Epitaphe de Clælia Claudiana Vestale.

CLAELIAE CLAVDIANAE VV. MAX. RELIGIOSISSIMAE, BENIGNISSIMAEQ. CVIVS RITVS ET PLENAM SACRORVM ERGA DEOS ADMINISTRATIONEM VRBIS AETERNAE LAVDIBVS SS. COMPROBATA OCTAVIA HONORATA VV. DIVINIS ADMONITIONIBVS SEMPER PROVECTA.

Ces Vierges Vestales estoyent tenues en grande reuerence & veneration à lendroit du peuple de Rome: comme lon voit par Tite Liue au cinquiéme liure de la premiere Decade, qui recite, qu'Albinus homme populaire voyant les vierges Vestales qui se retiroyent de Rome à pied, il commanda à sa femme & à ses enfans, qu'ils descendissent de leur chariot, pour faire monter en leur place les Vestales, pource qu'elles gardoyent le feu perpetuel par vne tresgrande deuotion. Et si par fortune il venoit à s'esteindre, elles estoyent chastiées par le grand Pontife: combien que tous les ans il estoit allumé de nouueau par les Vestales: comme nous faisons à la consecration du cierge de Pasques encores auiourdhuy. Sur l'autel des Hebrieux exterieur brusloit le feu perpetuellement, qui signifioit que les graces de Dieu ne defaillent point, mais bien se presentent à nous de iour & de nuyt. Et par la mystique theologie des Anciens n'estoit entendu autre chose par Vesta, que le feu: pource que le feu par son continuel mouuement n'engendre rien, comme dit Phurnutus: & pour cela estoit gardée Vesta par des vierges. Nous trouuons

Veneratiõ d'Albinus à l'endroit des Vestales.

Les Vestales furent ordonnées pour garder le feu perpetuel.

La grace de Dieu se presente à nous de iour & de nuyt.

Phurnutus.

Vesta pour le feu.

que les Poëtes l'ont mise pour le feu souuentesfois, mesmement Ouide, quand il a dit ces vers,

Nec tu aliud Vestam quàm puram intellige flammam,
Natáque de flamma corpora nulla vides.
Iure igitur virgo est, quæ semina nulla remittit,
Nec capit, & comites virginitatis amat.

Les Vestales estoyent estimées sacrosainctes.

Le sacerdoce estoit si venerable, que les Vestales estoyent estimées sacrosainctes. Et par leur seule autorité fut remise la paix souuent entre les citoyens de Rome.

Vestales tondues.

Lothos capillata.

Quand les vierges venoyent à se rendre Vestales, i'ay obserué qu'elles estoyent tondues, comme sont noz Nonnains d'auiourdhuy: & leur estoit deffendu de nourrir leur poil, si nous voulons croire Pline au liure seiziéme de son histoire naturelle, quand il a dit: *Antiquior lothos est, quæ Capillata dicitur, quoniam virginum Vestalium ad eam capillus defertur.* Seules les Vestales pour se nourrir (pource qu'elles estoyent femmes) prenoyent leur reuenu du public. Et dura ceste façon de faire iusques au regne de Theodosian Empereur Chrestien, qui leur osta, à la requeste des Gentils hommes Romains, qui estoyent desia en ce temps de grandeur, d'opulence & richesses esguaulx aux Gentils, qui enuoyerent pour ambassadeur Symmachus homme patrice, de noblesse, d'eloquence & de dignité tresinsigne, iusques à Milan, ou seiournoit pour lors l'Empereur, pour luy remonstrer entre les autres choses, que les vierges Vestales fussent maintenues en leurs priuileges, pour recouurer les legats & fondations, comme elles auoyent de tout temps accoustumé de faire, lesquelles leur auroyent esté ostées à la persuasion des Chrestiens, remonstrants audit Empereur, qu'à Rome estoyent laissez si grand nombre de legats aux vierges Vestales, qu'elles auoyent le pouuoir de

Les Vestales prenoyent leurs rentes du public.

Theodosiã Empereur Chrestien.

Symmachus.

Legats laissez aux vierges Vestales.

de les diſtribuer aux indigens, & d'en nourrir par grande pieté les pouures : de ſorte qu'elles ne permettoyent point mendier aucune perſonne du peuple, & moins des eſtrangiers & furuenants. Toutesfois ſa legation ſe treuua de peu de proffit, & de moindre valeur:& quelque remõſtrance qu'il ſceuſt faire, les Vierges demeurerent ſans legats. Parquoy ſe plaignant Symmachus en ſon oraiſon, recite ſemblables paroles : *Honorauerat lex parentum Veſtales virgines, ac miniſtros Deorum victu modico, iuſtiſque priuilegiis ſtetit muneris huius integritas vſque ad degeneres trapezetas.* Et bien toſt apres il dit, *Sequuta eſt hoc fames publica, & ſpem Prouinciarum omnium meßis ægra decepit. Non ſunt hæc vitia terrarum : nihil imputemus auſtris: nec rubigo ſegetibus obfuit, nec auena fruges necauit: ſacrilegio annus exaruit. Neceſſe enim fuit perire omnibus quod religionibus negabatur. Quid tale proaui pertulerunt, cum religionũ miniſtros honor publicus paſceret?* Aux arguments de Symmachus reſpond Prudentius de bonne grace par ces vers, en luy remonſtrãt que le port d'Hoſtie eſtoit plein des nauires chargez de blé, qui eſtoyent arriuez des Prouinces, pour la nourriture du peuple de Rome:& que les greniers eſtoyent ſi chargez de grain, qu'ils eſtoyent preſts à rompre : & que l'abondance des blez & de l'annone monſtroit le contraire, de ce qu'il auoit mis en auant : & qu'il ne ſe trouuoit homme en la ville de Rome, qui vinſt aux ſpectacles des ieux Circenſes, qui euſt faim:& qu'il ne ſe falloit point eſtonner, ſi la terre ſe trouuoit quelque fois ſterile & infertile, & ſans porter, autant pour la ſeichereſſe, que pour autre choſe. Et que auãt que le Palladium euſt eſté apporté à Rome, ou Veſta, ou les Dieux Penates, Lares, & Dieux domeſtiques, la terre bien ſouuent venoit à faillir:& que par

Ambaſſade de Symmachus de peu de proffit.

Reſponſe de Prudentius à Symmachus.

le vice de l'air autresfois estoyent suruenuz semblables accidents. Et qui plus amplement vouldra veoir ce que Prudence en a laissé par escript, lise le deuziéme liure contre Symmachus, ou il commence tout ainsi,

Prudence.

Vltima legati defleta dolore querela est,
Palladiis quòd farra focis, vel quòd stipis ipsis
Virginibus, castísque toris alimenta negentur.
Vestales solitis fraudentur sumptibus ignes.

Remonstrãce de Symmachus cõtre les vierges Vestales.

Et depuis luy auoir respondu suffisamment, il remonstre l'honnesteté de la virginité des Vestales, qui estoit pour lors à Rome, soubs semblables parolles:

Quæ nunc Vestalis sit virginitatis honestas,
Discutiam, qua lege regat decus omne pudoris.
Ac primùm paruæ teneris capiuntur in annis,
Ante voluntatis propriæ, quàm libera secta
Laude pudicitiæ feruens, & amore Deorum,
Iusta maritandi condemnat vincula sexus.
Captiuus pudor ingratis addicitur aris,
Nec contenta perit miseris, sed adempta voluptas,
Corporis intacti mens non intacta tenetur.
Nec requies datur vlla toris, quibus innuba cæcum
Vulnus, & amissas suspirat fœmina tedas.
Tum, quia non totum spes salua interficit ignem,
Nam resides quandoque faces adolere licebit,
Festáque decrepitis obtendere flammea canis
Tempore præscripto, membra intemerata requirens,
Tandem virgineam fastidit Vesta senectam,
Dum thalamis habilis timuit vigor, irrita nullus
Fœcundauit amor materno viscera partu,
Nubit anus veterana sacro perfuncta labore,
Desertísque focis, quibus est famulata iuuentus,
Transfert emeritas ad fulcra iugalia rugas,

Discit & in gelido noua nupta tepescere lecto.
Intereà dum torta vagos ligat infula crines,
Fatalesque adolet primas innupta sacerdos,
Fertur per medias vt publica pompa plateas.
Pilento residens, molli seque ore retecto
Imputat attonitæ virgo spectabilis vrbi:
Inde ad consessum caueæ pudor almus, & expers
Sanguinis, it pietas hominum visura cruentos
Congressus, mortésque, & vulnera vendita pastu,
Spectatura sacris oculis, sed & illa verendis,
Vittarum insignis phaleris, fruitúrque lanistis.
O tenerum mitémque animum, consurgit ad ictus,
Et quoties victor ferrum iugulo inserit, illa
Delicias ait esse suas, pectúsque iacentis
Virgo modesta iubet conuerso pollice rumpi,
Ne lateat pars vlla animæ vitalibus imis
Altius impressa dum palpitat ense secutor.
Hoc illud meritum est, quod continuare feruntur
Excubias, Latij pro maiestate palatij,
Quòd redimunt vitam populi, procerúmque salutem,
Perfundunt quia colla comis bene, vel bene cingunt
Tempora tæniolis, & litia crinibus addunt.
Et quia subter humum lustrales testibus vmbris
In flammam iugulant pecudes, & murmura miscent.

Pompe des Vestales du têps de Prudence.

C'est ce que Prudence mõstre de la superstition & pompe des Vestales, qui aloyent aux cirques & amphitheatres dedans leurs coches, accoustrées plus delicatement & pompeusemẽt, qu'il n'estoit requis à Religieuses, pour veoir le combat des bestes feroces cõtre les Gladiateurs: & prenoyent pour delices de regarder mettre l'espee dedans la gorge d'vne personne. Parquoy il supplie l'Empereur de vouloir faire oster ce sang des arenes, & tels specta-

ſpectacles pleins de cruautez. Et que Rome ne ſoit plus contaminée de ces malheurs, diſant ainſi pour la fin de ſes vers,

Te precor Auſonij Dux auguſtiſsime regni,
Vt tam triſte ſacrum iubeas, vt cætera tolli.

De quelle matiere firẽt les Anciens leurs ſimulacres.

Pauſanias in Arcadicis.

Simulacre de Iupiter en Populonie faict du bois de la vigne.

Nous auons aſſes demeuré ſus l'hiſtoire des Dieux & Deeſſes, & ſus les maiſons ſacrées & tẽples des Dieux, qu'adoroyent les Romains. Il demeure à veoir de quelle matiere firent les Anciens leurs ſimulacres, ſtatues & imaiges: qui furent (comme l'eſcript Pauſanias) de ebene, de cyprez, de cedre, de cheſne, de lothos, ſmilax, & de bouïs. Theophraſte y adiouſte la racine de l'oliue, qui ſeruoit aux Anciens pour leurs petites imaiges: & Pline y a mis le bois de la vigne, quand il recite, que le ſimulacre treſancien de Iupiter en fut faict en Populonie, cité d'Italie treſantique: lequel il dit auoir veu, & auoir duré incorrompu bien longuement. Et non ſans cauſe, comme ie penſe. Car ſi la dureté de la matiere eſtoit requiſe pour faire l'ouurage des arbres, deſquels nous auõs parlé cy deſſus, certainement lon trouuera qu'il ne ſe treuue bois plus durable, & qui moins ſente l'iniure du tẽps, que le bois de la vigne: comme il a eſté experimenté par plusieurs experiences: combien que la ſtatue de Mercure en Arcadie ne fuſt point faicte de la matiere de tous ces arbres, mais de celuy qui eſt nommé *Thya*, autremẽt appelé d'Homere *Troiethes*: duquel lon vſoit entre les odeurs pour les delices: qui vient principalement (comme dit Theophraſte) en la contrée de Cirene: l'eſpece duquel tout entier, les rameaux, les fueilles, & ſon fruict ſont quaſi ſemblables au cyprez. Et dauãtage dit l'Auteur, que de ſa racine eſtoyẽt faicts ouuraiges precieux.

Il ne ſe treuue bois plus durable que celuy de la vigne.

Thya, arbre autrement nommé Troiethes.

Theophraſte.

La

La cire fut encores en vsaige, & le sel, duquel furent trouuées statues, n'a pas long temps, dedans vne grotte aupres de Volterre. Semblablement le voirre fut asses estimé, duquel i'ay veu plusieurs figures: & entre les autres i'ay vn vase faict en forme de la teste d'vn Aethiopian, rempli par le fond de certaine composition antique odoriferante, trouué en Daulphiné, auec plusieurs autres vases en la maison du Seigneur de la Motte, qui le presenta à feu Monseigneur d'Orleans, second fils de France, auecques vn autre vase goderonné d'asses belle forme: & lesquels me donna depuis ledict Seigneur. L'or, l'argent, le brõze, le fer, l'ayement, l'estain, le plomb, l'yuoire, l'argile, ne furent pas espargnez pour la decoration de leurs temples, fores, & palais, qu'ils accompaignerent par le dedans de pierres precieuses: finablemẽt de toutes sortes de marbre amenez de lointain païs.

De la cire & du sel firent les Anciens statues.

Vases de voirre antiques trouuez en Daulphiné en la maisõ du Sieur de la Motte.

Il est temps desormais de faire fin à ce propos, & d'escrire des sacerdoces & dignitez sacerdotales, pour suyure la matiere de nostre religion. Et pour le commencement nous dirons comme les Romains eurent plusieurs ordres & collieges de sacerdotes, qui presidoyent aux choses sacrées: cõme furent le grand & petit Pontifes, Flamines & Archiflamines, les Augures au regard des oyseaux, les Salies: & de leurs collieges, prebstres, comme sont noz Chanoines, qui furent donnez aux Empereurs apres leur deification, nommez les vns d'Auguste, Augustales: d'Heluius, Heluiens: d'Antonin, Antoniens: d'Aurelius, Aureliens: & de Faustine, Faustiniens: qui tous estoyent ordonnez pour la religion, pieté, sainctété (qui est la science d'adorer les Dieux, cõme dit Cicero) cerimonies, pour faire sacrifices, pour

Collieges des sacerdotes Romains.

Sacerdotes Augustales, Heluiens, Antoniens, Aureliens & Faustiniẽs.

annoncer les festes, dedications, consecrations, supplications, procesſions, vœux, & deuotiõs, & plusieurs autres cerimonies, qu'ils faisoyent pour honnorer leurs Dieux, & plustost Demones en leurs folles superstitiõs. Et auec telle erreur des Gentils nous porrons ioindre la follie du peuple, en leurs diuerses opinions, lesquels demeurerent en si grande inconstance de verité, & d'ignorance si long temps.

DES SACERDOCES, ET PREMIEREMENT *des freres Aruales, & du sacrifice nommé Amberuale.*

Sacerdoce des freres Aruales par qui institué.

LE sacerdoce des freres Aruales fut institué par Romulus pour faire les sacrifices publicques, aux fins que les terres portassent force blé. Et pour enseigne religieuse leur fut donné vne coronne spicée, qui estoit liée d'vne ceinture blanche. Et le nombre ne passa pas douze, comme ont dit les Anciens. Quant au sacrifice nõmé des Latins *Amberuale*, il se faisoit de la truye, ou de la vache pleine, quand les champs & les blez estoyent lustrez & enuironnez auec la victime par trois fois, & tous suyuoyent les sacerdotes chantãs : entre lesquels y en auoit vn coronné d'vne coronne de chesne, qui chantoit les louënges de Ceres : & depuis qu'il auoit tasté le vin & le laict, auant que de couper les blez, ils immoloyent la truye à Ceres, comme nous auons dit. Et quand le pastre venoit à lustrer ses brebis, il les arrosoit de l'eaue, & puis auecques le

Amberuale sacrum.

le ſouffre, de l'herbe ſabine, du laurier, toutes ces choſes alumeés auecques le feu il aloit tout autour des troupeaux, & les perfumoit, & auecques vers ſacrez, & le gaſteau, qui eſtoit faict de millet & de laict, ſacrifioit à Pales Deeſſe dès Paſteurs. Et par telle fumigation ils penſoyẽt priuer de la gale, & de toutes autres maladies leurs brebis.

DES AVGVRES, ET DE la dignité Augurale.

LA diſcipline & religion des Augures vint premierement de Etrurie à Rome: combien que Cicero, qui fut de l'ordre, (cõme il eſcript au liure de la nature des Dieux) dit au liure qu'il a faict *De diuinatione*, que le ſacerdoce des Augures eſtoit de ſi grande autorité & veneration, que les Romains ne faiſoyent choſe dedans & dehors la cité ſans l'Augure. Et vint la dignité Augurale iuſques aux premiers de la Nobleſſe Romaine & des Empereurs, pour l'honneur & vtilité que receuoyent ceux qui eſtoyent de ce colliege.

Cicero Augur.

Sacerdoce des Augures de grãde veneration.

Ce que lon peut veoir par les monnoyes de Pompée & de Ceſar le Dictateur, qui feit receuoir Marc Antoine & Lepidus en ce noble colliege, ou ils ont figuré le litue, le ſympule, le chapeau, le vaſe, & les petits poulets, pour monſtrer la dignité de leurs ſacerdoces.

M. Antoine & Lepidus Augurs.

IVLE CESAR. POMPE'E.

A R. *A R.*

M. AVR. ANTONINVS ET AEL. VERVS

RESTITVTEVRS. *A R G.*

IVLE CESAR.

ARGENT. *ARGENT.*

MARC ANTOINE.

ARGENT.

Au commencement que fut ordonné le colliege des Augures, ils furent conſtituez trois par les trois tribuz, comme le monſtre Halicarnaſſeus : & depuis quatre. Par ſuccesſion de temps, demandant le peuple plus grãd nombre, furent adiouſtez cinq Augures de la plebe aux quatre patricies : & demeura touſiours depuis le nombre de neuf Interpretes des Dieux, la reſponſe deſquels ne faiſoit pas petite foy.

Nombre des Augures.

Le lieu de l'Auguratoire eſtoit vn temple, ou eſtoit asſis l'Augur, qui auoit la teſte voilée, tenant à la main le Litue, qui eſtoit proprement le baſton Augural, enſeigne de ſa dignité, comme eſt auiourdhuy de noz Eueſques la Croce : la painĉture duquel ie repreſenteray cy deſſoubs tout ainſi retirée d'vn friſe antique, qui ſe voit encores à Rome.

Auguratoire.
Litue, baſton augural.

BASTON AVGVRAL DES anciens Romains.

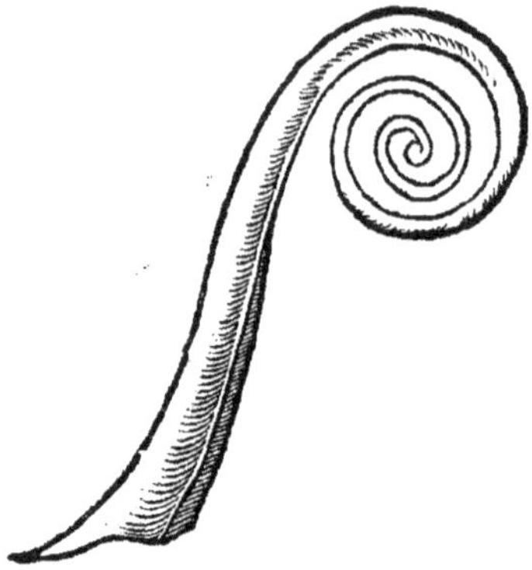

Robe de l'Augur nommée Trabea.

Et de ce Litue l'Augur notoit les quartiers du ciel, estant reuestu d'vne double togue, ou robe Augurale, que les Romains nommerent *Lena*, ou *Trabea*, qui estoit teincte en escarlatte. Et en tel accoustrement est representé Marc Antoine par ses medailles, ou d'vn costé se lisent telles lettres, MARCVS ANTONIVS LVCII FILIVS, MARCI NEPOS, AVGVR, IMPERATOR TERTIVM: & de l'autre se voit la teste du Soleil, auecques semblables paroles abregées, TRIVMVIR REIPVBLICAE CONSTITVENDAE, CONSVL DESIGNATVS ITERVM ET TERTIVM.

MARC

MARC ANTOINE.

ARGENT.

Et par les medailles de Lentulus Spinter ſe peuuent encores veoir le Litue, le Vaſe, le Sympule, le Maillet & le Couſteau, qui ſont toutes enſeignes de leur religion.

Enſeignes de la religion.

LENTVLVS SPINTER.

ARGENT.

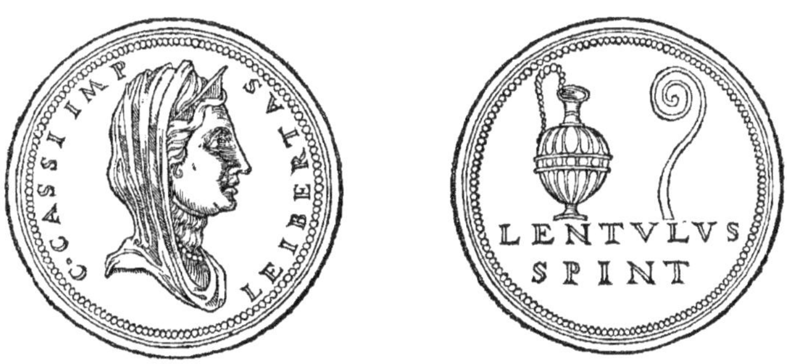

LENTV

LENTVLVS SPINTER.

ARGENT.

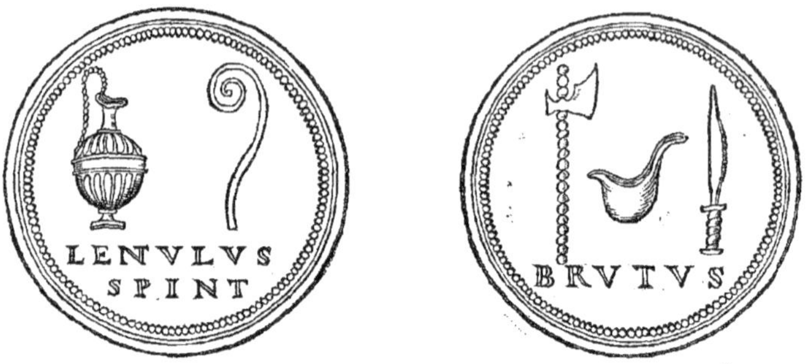

Pour le demeurant de ce que ie veux escrire de l'Augure, ie monstreray par figure retirée de la medaille d'argent d'Auguste, les sacerdotes auecques leurs robes longues, qui portent à leurs mains le sympule, & le litue, enseignes de la religion.

AVGV

AVGVRES ET SACERDOTES qui portent les enſeignes de la religion, pour monſtrer la pieté.

Danse des poulets.

Quant à la danse des poulets (nommée des Latins *Tripudium*) & de leur manger, par la diuination desquels faisoyent iugement les Augures, combien que ie les aye representé par la medaille de Marc Antoine cy-dessus mise, ie ne lairray toutesfois, auant que de parler de la caige pullaire, d'en monstrer la figure retirée de la medaille d'argent de Marcus Lepidus le Triumuir, pour le contentement des amateurs des bonnes lettres, qui en pourront tirer la vraye congnoissance plus aysement.

FIGVRE

FIGVRE RETIREE DE LA medaille d'argent de M. Lepidus.

Les auſpices en grãde recommandation à l'endroit des Romains.

Les Romains eurent les auſpices en ſi grande recommandation, qu'ils aſſeoyent leur iugemẽt, & ſe reigloyent entierement de ce qu'ils debuoyent faire ſus le manger de ces poulets: & ſi en leurs expeditions & difficiles entrepriſes ils ne faiſoyẽt rien, que premierement ils n'euſſent cõſultez les poulets: & s'ils euſſent eſté trouuez alegres mangeants le blé qui leur eſtoit preſenté, ils donnoyent bon preſaige: autrement les Romains n'entreprenoyent rien, & ne faiſoyent point la guerre tout ce iour là.

Pullarius. Cauea pullaria.

Celuy qui auoit la charge de ces pouſsins, ſe nõmoit *Pullarius*, & la caige ou ils eſtoyent encloz, *Cauea pullaria*: qui eſtoit à peu pres de telle forme & figure, qu'elle ſe voit à Rome en vne table de marbre, en la maiſon du Cardinal de Ceſis, accompaignée d'vn fort beau epigramme, lequel pour n'eſtre point hors de noſtre propos, ie mettray cy apres.

CAIGE PVLLAIRE RETIRE'E du marbre & epitaphe antique, qui ſe voit tout entier à Rome.

M. POM

M. POMPEIO M. F. ANI ASPRO
>LEG. XV. APOLLINAR.> COH. III. PR.
PRIMOP. LEG. III. CYREN PRAEF. CASTR.
LEG. XV. VICTR.
ATIMETVS LIB. PVLLARIVS
FECIT ET SIBI ET
M. POMPEIO M. F. ET CINCIAE
COL. ASPRO SATVRNINAE
FILIO SVO ET VXORI SVAE
M. POMPEIO M. F. COL. ASPRO FILIO MINORI.

Du Flamine Diale.

LEs prebſtres de Iupiter & de Mars furent inſtituez & nommez Flamines par Numa Pompilius, qui les ordonna pour la celebration des choſes diuines. Marcus Varro es liures qu'il a intitulé de l'origine de la langue Latine dit, que les Anciẽs eurent autant de Flamines qu'ils adoroyẽt de Dieux: cõme le Diale qui eſtoit à Iupiter: le Martiale, qui eſtoit à Mars: le Quirinale, à Romulus: le Vulcanale, à Vulcan, & pluſieurs autres: leſquels comme les noſtres ſont differents, que nous appellons Eueſques, Arceueſques, Patriarches, Cardinaulx: tout ainſi à leur endroit ils auoyent difference aux degrez de leur dignité. Depuis la Republicque ordonna Flamines aux Empereurs, qui auoyent eſté receus au ciel, au nombre des Dieux, comme à Auguſte, vn Flamine Auguſtale: à Antonin, Antonian. Le Diale ſpecialement portoit vne robe aſſes honorable, & auoit le ſiege d'yuoire, qui eſtoit donné en ce temps là ſeulement aux grands magiſtrats. Seul le Flamine portoit le chapeau blanc: & ne luy eſtoit point licite de ſortir hors de ſa maiſon ſans le porter.

Varro.

Dignitez ſacerdotales en la religion des Romains differẽtes.

Acouſtrement du Flamine Diale.

CHAPEAV DV FLAMINE, retiré d'vn frise antique de marbre, qui est à Rome.

Des Salies.

Numa Põpilius institua les Salies.

ENtre les autres institutions des sacerdotes que feit Numa Põpilius, il eleut douze hommes, qui furent nommez Salies, pour les saults solennels, qu'ils faisoyent en leurs sacrifices. A` ceux-cy en adiousta autres douze Tullius Hostilius. Depuis le nombre de ce sacerdoce creut de telle sorte, qu'il en fut faict vn colliege. Et quand ce venoit à l'election de ces Salies, il estoit requis, qu'ils eussent & pere & mere viuants. Tite Liue dit, que ces Prebstres aloyent dansant & balant parmy la ville, chantants vers Saliaires, au mois de Mars, portants les armes celestes nommées Anciles : qui estoyent petits escus faicts à la vraye semblance de ceux, que lon voit par les medailles d'Auguste Cesar & d'Antonin Pie.

Tullius Hostilius.

Tite Liue.

Figure des Anciles.

AVGV

AVGVSTE. ANT. PIE.

AR. *BR.*

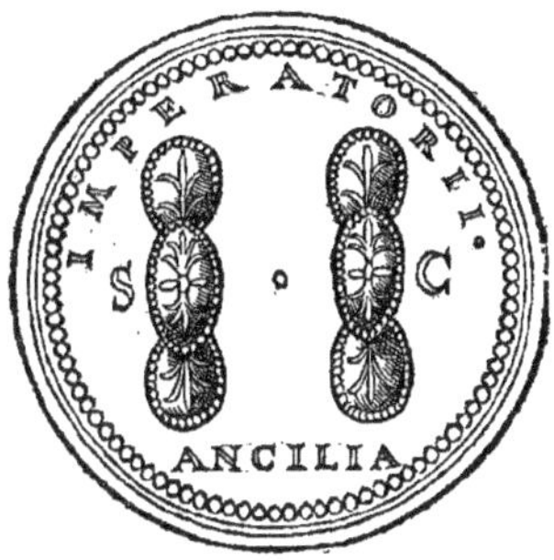

L'accouſtrement des Salies eſtoit vne robe honnorable de couleur violette, qu'ils trouſſoyent, & ſi auoyent la teſte armée d'vne ſalade : & auecques leurs petites dagues frappoyent en danſant leurs eſcus.

Accouſtrement des Salies.

Des Sept-hommes Epulones.

PAr ce que nous pouuons comprendre & coniecturer, les Septemuirs Epulones eſtoyent vne eſpece de ſacerdotes, qui furent inſtituez par les Pontifes, pour donner ordre aux feſtins, qui eſtoyent, celebrez aux ieux que les Romains faiſoyent en l'honneur de leurs Dieux. Leur charge eſtoit, de faire accouſtrer le ſouper des Pontifes, & annonçoyent les iours qui eſtoyent ordõnez pour le ſouper de Iupiter. Et ſi par fortune la ſolennité n'eſtoit obſeruée, ils venoyent l'annoncer aux Pontifes: & par leur aduis & conſeil les ſacrifices & ceremonies delaiſſées eſtoyent remiſes en leur entier. Les Grecs les ont nõmés φράτορες, prebſtres, qui s'aſſembloyẽt pluſtoſt pour faire grand chere, que pour celebrer les choſes diuines : & qui faiſoyent office plus de paraſites, que des ſacerdotes.

Septemuirs Epulones par qui inſtituez.

Charge des Epulones.

Phratores.

L. CAL.

L. CALDVS SEPTEMVIR
DES EPVLONES.
ARG.

Piramide antique qui se voit entiere à Rome.

Et iusques à ce iour sont demeurées à Rome taillées ces parolles en vne piramide de marbre quarrée, OPVS ABSOLVTVM DIEBVS CXXX. EX TESTAM. C. CORNELII TRIB. PLEB. SEPTEMVIRI EPVLONVM. Qui veut dire, Oeuure absoluë en cent trente iours, par le testament de Caius Cornelius, Tribun de la plebe, & Sept-hôme des Epulones: qui monstre la puissance, qu'ils auoyent, auecques son inscription, qui est dedãs la medaille de Caldus, cydessus mise, ou sont lettres semblables, qui disent, LVCIVS CALDVS SEPTEMVIR EPVLONVM.

Des deux, des dix & quinze hommes.

Les Deux hommes instituez par Tarquinius Superbus. Sylla augmenta le nôbre des dix hômes.

LEs Deux-hômes furent instituez par Tarquinius: & par succession de temps Aulus Sextius & Licinius Tribũs de la plebe mirent le nôbre iusques à dix: & alors en furent faicts & eleuz cinq de la noblesse, & cinq du peuple: & demeura ce nombre iusques au temps de Sylla, qui en feit adiouster encores cinq: & tousiours furent

furent depuis quinze hommes pour faire les ſacrifices. Leur charge eſtoit de lire les liures ſacrez, & vers de la Sybille, & d'interpreter les choſes & accidẽts, qui ſuruenoyent au peuple de Rome. Et ſi preſidoyent aux ſacrifices, que lon faiſoit à Apollo. Ce que mõſtre ſon tripos, qui a eſté graué par les medailles de Vitellius & de Veſpaſian, auecques lettres ſemblables, QVINDECIM VIR SACRIS FACIVNDIS.

Charge des xv. hommes pour faire les ſacrifices.

VITELLIVS. *ARG.* VESPASIAN. *ARG.*

Du grand Pontife.

ENtre les Pontifes, qui furent eleus par Numa, fut faict le grand Põtife: & long temps apres ils ne furent creez d'autres perſonnes que des Senateurs. Et quand le grand Pontife venoit à mourir, les petits Pontifes en eliſoyent vn autre en ſa place: comme noſtre grãd Pontife d'auiourdhuy eſt eleu par les Cardinaulx. Au grand Pontife eſtoyẽt ſoubmiſes les choſes ſacrées, tant publicques que priuées: & non ſeulement ils auoyẽt la charge des cerimonies, mais bien encores des choſes celeſtes, des funerailles, & prodiges. Et proprement ſa charge eſtoit de garder la religion, d'interpreter les

Electiõ du grand Pontife.

Charge du grand Pontife.

choses diuines,& de les auoir signées,& escriptes. C'est-assauoir à quels ares ou autels, à quels Dieux, & quelles victimes,iours,& temples lon debuoit faire sacrifice. Et sur tout il debuoit prendre garde,que nouuelles coustumes & estranges ne fussent receuës en la cité de Rome, qui fussent cause de troubler les cerimonies de la religion,& de leurs Dieux. Quant à la dignité du grand Pontife,Cicero en l'oraison qu'il a faict pour sa maison, l'a tresbien monstré soubs ces mots: *Cùm multa diuinitus Pontifices,à maioribus nostris inuenta atque instituta sunt,tũ nihil præclarius,quàm quòd vos eosdẽ & religionibus Deorum immortalium & summæ Reip. præesse voluerunt: vt amplißimi & clarißimi ciues Rempub.bene gerendo, Pontifices religiones sapienter interpretando,Rempub.conseruarent.*

Les Romains ne receuoyent point nouuelles coustumes en leur religion.

Dignité du grand Pontife.

Et pour la decoration de sa puissance & dignité sacrosaincte,il portoit le chapeau, faict de la propre maniere, qu'il se voit par les medailles de Cesar le Dictateur, accompaigné du sympule, & lettres qui disent, CAESAR IMPERATOR, PONTIFEX MAXIMVS. Et par les autres monnoyes se voyent la patere, & le chapeau, accompaignez du litue,enseignes des dignitez de l'Augure,& du grand Pontife.

Chapeau du grand Pontife.

IVLE CESAR.

ARG. *ARG.*

Toutesfois

Toutesfois par les friſes des marbres antiques qui ſont à Rome, ou ſont repreſentées toutes les enſeignes de la religion, la figure du chapeau du grand Pontiſe eſt mieux veuë, que par les medailles dudict Ceſar. *Figure du chapeau du grand Pontiſe.*

LE CHAPEAV DV GRAND Pontiſe des anciens Romains.

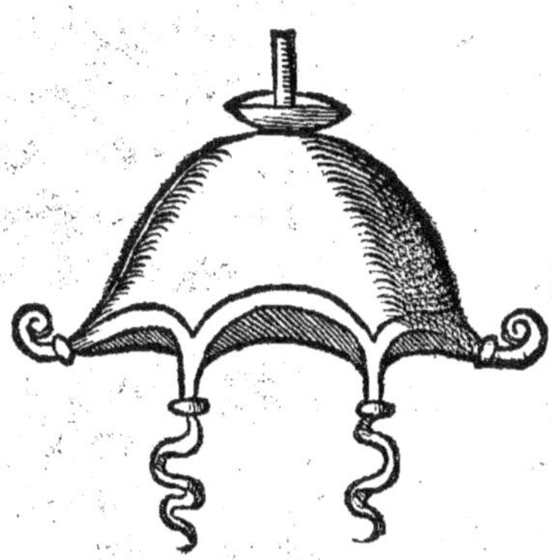

Apres auoir eſcript des Põtifes, il ne ſera point hors de propos de monſtrer la ſolennité, cerimonies, & façon de faire de leurs conſecrations: pour eſtre choſe ſi ridicule, qu'elle merite eſtre recitée tout ainſi que Prudence l'a laiſſée par eſcript, qui dit: Quand le grand Pontiſe venoit à eſtre conſacré, il entroit dedans vne foſſe expreſſement faicte, en ſon habit Pontifical, ayant ſa mitre ſus la teſte, ſa robe de ſoye ſuccinte & trouſſée. La foſſe eſtoit couuerte, apres qu'il eſtoit entré dedans, d'vn petit pont de bois, qui eſtoit percé de tous coſtez. Alors le Victimaire & miniſtres des ſacrifices ame- *Conſecration des Pontifes.*

noyent vn taureau, qui auoit les cornes garnies de bouquets & de roses, auquel le front reluisoit pour l'or qui estoit par dessus. Et estant arriuée la victime sus le milieu dudict pont, ou elle debuoit estre immolée, le Victimaire luy ouuroit la poictrine auecques vn cousteau sacré: & de là sourtoit vne grande abondance de sang tout bouillant, qui s'espandoit par les troux, qui estoyent expressemēt faicts sur ledict pont: qui tomboit comme vne rosée sus la teste du grand Pontife, qui la presentoit à chascune goutte de sang. Et apres qu'il estoit bien ord & bien sale, toute sa personne bien puãte, il presentoit encores ses oreilles, le nez & les ioues, & se frottoit les yeux & les leures de ceste liqueur, sans pardonner à sa bouche, ou à sa langue, qu'il arrosoit de ce sang noir. Cela faict, les Flamines leuoyent le pont, & tiroyent le grand Pontife dehors, qui se presentoit horrible de regard, monstrant sa teste, sa barbe, sa mitre, sa robe: cōme si ce fust esté vn iurongne. Et tout ainsi acoustré & sordide il estoit adoré & salué de chascun, apres qu'il auoit esté laué de ce vilain sang, qui estoit sorti de ce beuf mort. Les autres cerimonies estoyent le festin, qui estoit acoustré pour les petits Pontifes, Flamines, Archiflamines, & autres dignitez sacerdotales: qui se faisoyēt magnifiquement, & non point auecques moindre despence, que le souper des Pontifes: duquel a parlé Macrobe, que ie reciteray, pour mōstrer la façon de leurs magnifiques banquets. A l'entrée du souper (comme il dit) furent seruis herissons de mer, qui sont gros & ronds, & couuerts de longues espines, asses mauuaise viande, comme lon dit: des huitres crues, tant qu'il plaisoit à chascun d'en manger: puis apres des pelorides & spōdiles, qui sont sorte de moules: des tourdes ou griues,

Cousteau sacré.

Souper des Pontifes.

Herissons de mer.

Pelorides. Spondiles.

ues,que les Romains estimerent tant, que quand ce venoit à les seruir à table,ils ne tastoyent d'autres viandes, que premieremẽt elles ne fussent mangées. Et vindrent les irritaments de la gueule iusques là,que du tẽps d'Auguste elles estoyent farsies,pour estre trouuees meilleures. Puis apres des asperges dessoubs vne poule grasse, qui estoit vne viande friande, que Caius Annius Fannius defendit à Rome par edict de n'estre presentée à table, & que lon ne seruist que de poules, qui ne fussent point engressées. Et qui vouldra sçauoir comme les Anciens les faisoyent grasses,lise Columelle & Varro, qui enseignẽt de la gueule ingenieuse la façon de faire. Puis fut mis vn plat d'huitres & pelorides. Et ce qu'il nomme *balanos nigros, balanos albos*, ne peult estre exprimé de nom François : non plus que *spondylos & glycomaridas*, que lon dit estre vne espece de moules:des orties de mer, qui sont poissons nommez barbarement Cud'asnes: des becquefigues, ramiers, vne longe de sanglier & chevreau,des poules & becquefigues en paste,ou biẽ armez de farine:des pourpres,ebures, que les Latins ont nommez *purpuras & murices*, que autrement se peuuent nõmer limaz de mer. De ces couquilles tiroyẽt les Anciens ceste liqueur pretieuse pour teindre les robes, & pour les manger:qui a faict dire à Seneque en la premiere epistre de son quatorziéme liure semblables paroles:Combien de sortes de couquilles apportées de lointains païs passent par l'estomach insatiable des hommes? O personnes malheureuses,qui ne congnoissez,que vostre appetit est plus grand,que vostre ventre! Au second seruice furent mis sus table la vre d'vn sanglier, vn plat de poisson cuit dedans la poile, auec leur saulce:vn plat de sõmade, qui se faisoit de la tetine d'vne truye, qui auoit

Tourdes.

Griues farsies du tẽps d'Auguste.

Edict de C. Annius Fannius à Rome.

Balani.

Orties de mer.

Becquefigues.

Pourpres.

Liqueur precieuse pour teindre les robes.

Exclamation de Seneque.

Vre de sanglier.

Sommade.

nouuellement cochonné. Et tant plus estoit la tetine rẽplie de laict, d'autant plus estoit elle viande de plus grande recommandation. Les canars ne furent pas obliez pour en manger la poictrine, qui est gracieuse, le demeurant inutile: des cercelles boullies, lieures, volailles rosties, d'amydon, & des pains de la marche d'Ancone: qui se faisoyent apres que la farine auoit detrempé neuf iours en tisane ou alique, & puis pestrie & rostie auecques raisins de Damas, & mis dedans vn fourt en vn pot de terre, iusques à ce qu'il se rompist: & pour leur dureté ils ne pouuoyent estre rompus sans estre mouillez auecques le laict, & le mulse, comme dit Pline. C'est le souper & l'appareil des viandes des Pontifes farsi d'vn si grand nombre d'entremetz.

Pains de la marche d'Ancone.

Pline.

Des Augustales, & de leur colliege.

L'Origine & creation des Augustales & de leur colliege fut premierement ordonnée à Rome par Tibere Cesar, apres qu'il eut faict dresser vn tẽple à Auguste, que Caius Caligula consecra apres la mort de Tibere: comme le monstre sa medaille de bronze.

Tibere Cesar fondateur des Augustales.

C. CESAR CALIGVLA.

BRONZE.

Et

Et pour la reuerence d'Auguste à Lyon fut dressé vn autel,& faict vn temple, là ou toutes les Prouinces de la Gaule auoyent mise particulieremēt chascune vne statue,pour sa decoration, au lieu ou s'assemblent la Saone & le Rhosne: comme recite Strabo au liure quatriéme de sa Geographie & description du monde. Ce pourroit biē estre le lieu ou à present est l'Abbaye d'Aisnay, ou sont encores dressées colonnes fusiles de grosseur inestimable,lesquelles,à mon iugement,pourroyent estre des reliques & demeurant du temple,qui fut par la commune despēce des Gaulois edifié à Cesar Auguste apres sa deification.Et là pouuoit estre le colliege des sacerdotes Augustales:ce que nous monstre clerement l'antique pierre de marbre,qui se voit à Lyon en l'eglise de S. Pierre les Nonnains.

Temple d'Auguste faict à Lyon.

Strabo.

Colonnes fusiles au tēple d'Aisnay.

IOVI O. M.

Q. ADCINNIVS VRBICI
FIL. MARTINVS SEQ.
SACERDOS ROMAE ET AVG.
AD ARAM AD CONFLVENTES ARARIS ET RHODANI FLAMEN
II. VIR IN CIVITATE

SEQVANORVM.

Par le present epitaphe nous congnoissons que non seulement à Rome, mais à Lyon, & quasi par tout le monde furent fondez collieges & prebstres à l'hōneur d'Auguste, nōmez des Romains *Sextum-uiri Augustales.* Ce que monstre le monument, qui est encores à la porte S. Iust lez Lyon.

Colliege des Augustales nommés des Latins Sextum-viri Augustales.

D. M.

D. M.
CALVISIAE VRBICAE ET
MEMORIAE SANCTISSIMAE
P. POMPONIVS GEMELLINVS
IIIIII. VIR AVG. LVGVD.
CONIVGI CARISSIMAE
ET INCOMPARABILI
POSVIT.

Tranquillus. *Sergius Galba Augustale.*

Par succesſion de temps le colliege des Auguſtales vint en telle reputation, autorité & dignité, que Tranquillus eſcript, que Sergius Galba, depuis Empereur, fut receu entre les ſodales Auguſtales par grand honneur.

Alciat Iuriſconſulte renõmé.

Il ſuffira pour le preſent d'auoir entendu l'origine & creation du colliege des Auguſtales, & que *Sextumuiratus* eſtoit vne eſpece de ſacerdoce: pource que Alciat Iuriſconſulte renommé, amateur ſingulier de l'Antiquité, aux annotatiõs qu'il a faict ſus les trois liures du Code, nie auoir eſté entẽdu, quels eſtoyent les Sextumuirs, & quelle eſtoit leur charge iuſques à preſent: remettant le Lecteur au liure troiſiéme de mes Antiquitez de Rome, ou i'ay eſcript (parlant de Claudius Ceſar) plus au

Decurions autrement nommez Eſcheuins.

long de l'autorité des Decurions (que nous pourrons nommer Eſcheuins) qui eſtoyent ceux, qui donnoyent ces prebẽdes par les Prouinces. La cité de Lyon ne demeura gueres apres que Plancus par l'autorité du Senat de Rome y eut mis noueaux habitans, qu'elle ne vinſt à paſſer d'hommes, de ſomptuoſité, d'edifices, de magni-

Louënges de la cité de Lyon.

ficence, de richeſſes, pour les foires tant celebrées par tout le monde, toutes les autres villes de Gaule. Et cecy i'ay traicté bien amplement audict troiſiéme liure, pour le debuoir & pour l'obligation, ou ie demeure tenu à la terre naturelle de ma natiuité, & de ma patrie.

Des ſacerdotes de la Mere des Dieux.

LEs ſacerdotes de la Mere des Dieux, nommez *Galli*, furent inſtituez pour faire ſes ſacrifices auec des cymbales & tabourins: & le plus grand de tous eſtoit nommé *Archigallus*. Et ſus le cõmencement du printemps, comme recite Herodian, les Romains auoyent de couſtume de faire vne grand feſte tous les ans à la Mere des Dieux en pompe ſolennelle: & en ce iour ils portoyent deuant le ſimulacre de la Deeſſe les plus precieux meubles, qu'ils euſſent, comme vaſes d'excellẽt ouuraige, d'or & d'argent, & autre matiere plus riche. Lon donnoit congé à vn chaſcun le iour de la feſte de paſſer le temps en toute ſorte, & aler en maſque en tel accouſtrement que bon luy ſembloit. Et n'y auoit magiſtrat, ny dignité ſi grande, ne ſi honorable, auquel il ne fuſt permis de changer d'habillements. En faiſant ceſte feſte nommée *Megaleſia* (c'eſtadire les grands ieux) Maternus auoit deliberé de tuer Commode: mais eſtant la conſpiration deſcouuerte, il fut pris, & eut la teſte trenchée. Lors Commode eſtant treſioyeux d'auoir eſchappé celle fortune, n'oblia pas de ſacrifier triomphamment à la Mere des Dieux, luy rendant graces de ce qu'il auoit eſté preſerué d'vn tel inconuenient. Et en ſa feſte porta luy meſme les reliques ſainctes de la Deeſſe, & en toute deuotion ſe mit en debuoir de luy faire honneur. Le peuple de ſon coſté feit ieux & ſolennitez pour le ſalut & conſeruation du Prince: & furent nommez les ieux deſſudicts SOTERIA, c'eſtadire ſacrifices de ſalut. Toutes les autres fables de la Mere des Dieux nous laiſſerons aux plus curieux. Et qui en vouldra veoir d'auantage, liſe Tite Liue au vintetneufiéme liure de ſes Decades.

Galli, ſacerdotes de la Mere des Dieux.

Archigallus.

Feſte ſolẽnelle de la Mere des Dieux.

Megaleſia.

Sacrifices de ſalut nõmez Soteria.

Tite Liue.

Nous auons veu cy dessus les temples & autels, les simulacres des Dieux, les noms des sacerdoces: desormais pourra veoir le Lecteur ce que i'ay peu obseruer de la charge qu'ils auoyent, & pour la fin leurs vœux, & la cerimonie de leurs sacrifices. C'estoit doncques l'estat des sacerdotes de faire les supplications, que nous appelons procesions, pour remercier leurs Demones de quelque victoire, ou biẽ pour detourner l'ire de Dieu. Et quand les sacerdotes faisoyent leurs supplications parmy les rues, ils portoyẽt le simulacre de Iupiter: & par les quarrefours estoyent dressez reposoirs, pour y mettre son simulacre. Ce que lon faict encores en France à la solennité de la feste Dieu.

L'estat des sacerdotes.

Supplications.

Coustume des Anciens gardée en Frãce.

Ie me souuiens d'auoir veu vne medaille de Domitian, ou estoit representée par le reuers vne procesion des anciens Romains, marchants les petits enfans de cueur tous les premiers, en apres les sacerdotes, vestus de leurs surpelis, estants tous coronnez, & tenants à la main vne branche de laure: & les suyuoit l'Empereur en sa robe de pourpre. Et sans doubte les adorations, oblations, vœux, sacrifices, & oraisons, sont les degrez par lesquels il fault monter pour chercher Dieu. Et sur toute chose l'oraison a vne grand force, quand elle est adressée à Dieu, qui nous entend, quand elle est faicte de bon cueur, & repoulse plusieurs maulx, que sans cela nous pourroyent suruenir. Ce que nous a faict entendre Ouide, qui a dit,

L'ordre des procesions des Anciens.

Force de l'oraison.

Ouide au 5. li. des Fast.

Flectitur iratus voce rogante Deus.
Sæpe Iouem vidi, cùm iam sua mittere vellet
Fulmina, thure dato sustinuisse manum.

Par l'oraison s'exercent toutes les autres vertus: car la force de l'oraison est telle, qu'elle attire l'homme au ciel: pource

pource qu'elle se faict auecques la foy, que nous auons à Dieu, qui nous defend de toutes pasions humaines. Et par ceste cause nous suscite l'espoir, que le Seigneur seurement nous defendra, & deuiendrons par le moyen de l'oraison charitables, deliberez d'amender nostre vie, & ne retourner plus à pecher, comme nous auons faict. Et d'auantaige nous sommes fortifiez, pour ne faillir plus si facilement. Et finablement nous deliberons de viure iustement, & d'entrer en la compaignie de temperance, ayants du tout arresté de vaincre tous les accidents, qui nous pourroyent assaillir. Ce qui a faict dire à Pythagoras homme plein de doctrine, que le vray fondement de la vie saincte estoit la reuerence de Dieu. Car si nous auons prins de luy nous & noz biens, il n'y a point de doubte que nous & noz biens sont à luy, comme chose deuë. Parquoy il ne se trouuera chose plus gracieuse, ny plus plaisante à son endroit, que l'oraison & religion. Et à ce que disoit Plato, à vn homme de bien il est necessaire d'honnorer Dieu, & asister aux choses diuines. Le Createur pour sa voulonté libre faict bien à tous ceux qui l'adorent, & qui le prient & inuoquent son ayde. Et quand nous sommes mescongnoissants & ingrats du bien que nous auons receu de luy, soubdainement nous venõs à tomber en quelque calamité & misere: & alors se courrouce Dieu cõtre nous, qu'il nous fault appaiser auecques l'oraison, qui nous deliure de toutes tribulations. Et quãd nous ferons le commandement de Dieu, nous serons tousiours entendus de luy: si nous voulons croire la sentence d'Homere, qui a dit,

Pythagoras.

Le vray fondement de la vie saincte est la reuerence de Dieu.

Plato.

Le Createur s'appaise auecques l'oraison.

Celuy est ouy de Dieu, qui faict ses commãdemens.

ὅς κε θεοῖς ἐπιπείθηται, μάλα τ' ἔκλυον αὐτοῦ.

C'est à dire, Il est ouy des Dieux, qui fait leur commandement.

Vœux publicques des Romains.

Venons à la charge qu'auoyent les Sacerdotes de faire les vœux publicques tous les ans, apres les calendes de Ianuier. Ce que Tacitus recite au seiziéme de ses Annales. Et Pline second en son Panegyrique dit, que la coustume des Romains estoit, de nõmer les vœux pour l'eternité de l'Empire, pour la santé des citoyẽs, & principalement pour la santé des Princes. Et proprement ce que les Latins disent *Nuncupare vota*, n'est autre chose que de les vouër, faisant sacrifices publicquemẽt. Et cecy est la raison, qui nous faict veoir caracteres, qui disent, VOTA PVBLICA, QVINQVENNALIA, DECENNALIA, VICENALIA, TRICENALIA, QVADRICENNALIA par les mõnoyes des Empereurs.

Nuncupare vota.

SEVERVS.	ANT. GETA.
AR.	*AR.*

CRIS

CRISPVS.

BR.

IVLIANVS.

ARG.

CONSTANTINVS.

BRONZE.

IVLIANVS.

BRON.

MAXIMIANVS.

BRON.

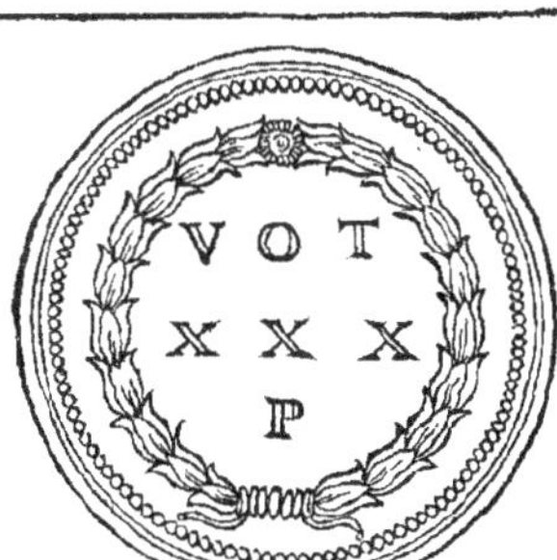

DIOCLETIANVS.

BRON.

Sacrifices pour les vœux.

Et quand ceste deuotion enuers les Dieux se faisoit, les prebstres & Flamines en leur habit sacerdotal sacrifioyent publicquement en la presence des Consuls, Preteurs, Censeurs, qui prenoyent les vœux publicques, en la presence toutesfoys du peuple.

CARACALLA. BRONZE.	CRISPINE. MEDAILLON.

Les vœux estoyēt escripts en marbres et tables d'airain.

Tous ces magistrats faisoyent escrire ces vœux en marbre & tables d'airain: & si estoyent frappées medailles, qui monstroyent les années qu'ils demandoyent pour les rendre, qui estoyent vne fois pour cinq ans, pour dix ans, d'autresfoys pour vingt ans, pour trēte, & bien souuent vindrent les Romains iusques au nombre de quarante.

Vœux quinquennales & decennales.

Et par les monnoyes de Maxentius & Decentius se trouue l'inscription de VOTIS QVINQVENNALIBVS, MVLTIS DECENNALIBVS, enrichie de chappeletz, qui sont garnis par la sommité, du labarum: & tout autour de la medaille sont semblables lettres abregées, VICTORIAE DOMINORVM NOSTRORVM AVGVSTORVM ET CAESARVM.

MAXEN

MAXENTIVS.	DECENTIVS.
BRONZE.	*BRONZE.*

CONSTANTINVS.

BRONZE.	*BRONZE.*

Du temps de Pape Paule furent trouuez à Rome marbres,ou eſtoyent inſculpées deux Victoires faictes à la ſemblance de celles, que lon voit par les medailles cy deſſus miſes, qui viennent deſia ſoubs la declination de l'Empire, & qui degenerent de la bonne antiquité: ou dedans vn eſcu, qui eſt faict de forme ouale,ſe liſent lettres qui diſent, CAESARVM DECENNALIA FELICITER.

Marbres ou ſont inſculpez les vœux.

ESCV

ESCV DE FORME OVAle retiré du marbre antique.

Vœux vouëz pour vingt ans.

Et par les medailles d'Antonin Pie & de Marc Aurele lon voit les vœux, qui auoyēt esté vouëz pour vingt ans, soubs telles parolles, VOTA SVSCEPTA VICENNALIA, & le sacerdote qui promet de les rendre en sacrifiant.

ANT. PIE.	M. AVRELE.
AR.	*BR.*

FLA

FLAVIVS IVLIVS CRISPVS.

BRONZE.

I'ay deux medailles d'argent, l'vne de Valens, l'autre de Theodosius, ou sõt insculpez par leurs reuers, les vœux tricenales & quadricenales, faicts par les Romains: cõme monstre la sculpture de l'imaige de Rome, qui porte de la main droitte le globe, & la croix par dessus, qui sont les enseignes des Empereurs Chrestiens. *Vœux tricenales & quadricenales.*

VALENS. *ARG.* THEODOSE. *ARG.*

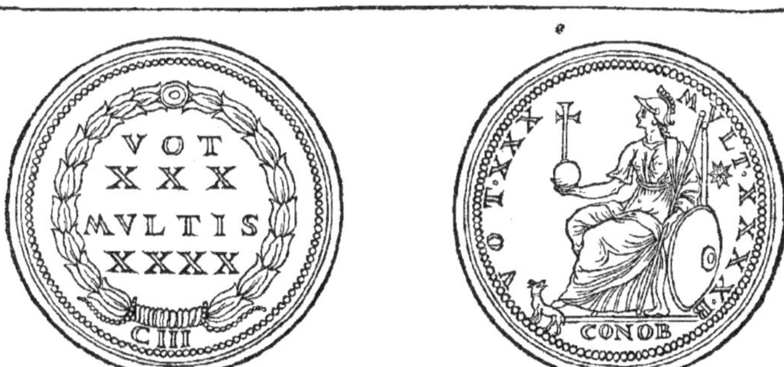

Ces vœux publicques se faisoyẽt auecques vne grãde solennité, demandant le peuple aux Dieux la vie longue de l'Empereur, la seureté de l'Empire, sa maison grãde, *Ce que demandoyẽt les Romains*

aux Dieux en leurs vœux publicques. la force de l'exercite, la fidelité du Senat, la bonté du peuple, le monde en paix, & la victoire contre les ennemys: cõme lon voit par les medailles cy dessus mises, ou l'inscription est telle, VICTORIA DOMINORVM NOSTRORVM AVGVSTORVM ET CAESARVM. Et depuis les premiers Empereurs ont esté continuez ces vœux iusques auiourdhuy. Et quand les Romains estoyent venuz au terme qu'auoit esté dict, ils rendoyẽt aux Dieux ce qu'ils auoyent promis, comme chose deüe. *Pline Second.* Ce que Pline Second escripuant à Traian a monstré, disant, qu'ils auoyẽt voüé les vœux pour sa santé, qui cõtenoyent le salut publicque, qu'ils auoyent accomplis: & là ils auoyent prié les Dieux immortels, de leur donner tousiours le moyen de les faire, & de les rendre tout ensemble. *Solennité aux vœux des anciẽs Romains.* Et quand ces vœux s'accomplisoyent par les Romains, ils faisoyent publicquement dresser autels, alumer feux, faire sacrifices, mener danses & banqueter parmy les rues, faisants grand chere, se resiouyssants publicquement par vn deshonneur publicque, estimãts pieté & religion ce qui se debuoit plustost nommer impieté, pour la licẽce qu'ils auoyent de mal faire. Les ieux se faisoyent encores par les amphitheatres: les compaignies des Aurigateurs couroyent parmi les cirques: les bestes estoyent mactées: les Gladiateurs desirés. Depuis *Congiare.* les Cesars montez sus eschaffaults faisoyent diuiser au peuple le congiaire, qui estoit vne distribution de grãds dons de largesse: criant le peuple à haulte voix,

De nostris annis augeat tibi Juppiter annos.

Celebratiõ des sacrifices des ieux seculaires. Quand le Flamine, Archiflamine, ou le sacerdote venoyent à faire les ieux publicques, le Pontife estoit reuestu d'vne robe de lin toute blanche, laquelle luy tomboit

tomboit iusques sus les talons : qui signifioit la fermesse d'vne resplendissante vertu. Les prebstres chantoyent hymnes & peanes sacrez en celebrãt les vertuz de leurs Dieux, par le moyen desquels ils auoyent receu plusieurs biens. Les autres commençoyent à iouër des flustes, de la lyre, ou cithare. Le ministre des sacrifices tenoit le beuf, & le Victimaire auecques son maillet l'assommoit : comme la figure cy apres mise le represente.

FIGVRE RETIRE'E DE LA medaille des ieux ſeculaires d'Auguſte.

Et

Et toutes ces cerimonies se pourront veoir encores par les medailles de Domitian & de Geta, en la representation des sacrifices, qui se faisoyent en leurs ieux seculaires. *Ieux seculaires de Domitian & de Geta.*

DOMITIAN.

BRONZE. *BRONZE.*

DOMITIAN. ANT. GETA.

BR. *BR.*

Quand ces sacrifices estoyent faicts par les temples, le peuple s'agenouilloit pour adorer les Dieux, ou l'Empereur (ayants les genoulx vne certaine humilité & obeyssance, comme dit Pline) asistoit, obseruant en cela les sainctes coustumes en l'honneur de la religion. *Adoratiõ des Gentilz.*

Et tels gestes deuotieux de mettre le genoulx à terre i'ay obserué par les medailles de Domitian.

DOMITIANVS CAESAR.

BRONZE.

La couſtume des Pontifes eſtoit de ſacrer les imaiges des Dieux pour les adorer:non pour elles,cõme dit Plato,mais pour la repreſentation de ceux, par le benefice deſquels ils auoyent receu tant de biens. Et comme nous adorõs la figure du petit aigneau de Dieu, pource qu'elle repreſente IESVSCHRIST:& ſemblablement la figure de la Colõbe, pource qu'elle denote le SAINCT ESPERIT: tout ainſi les Gentils auoyent en ſinguliere recommandation le fulgure de Iupiter: par lequel ils monſtroyent la figure de leur grand Dieu, cuidants qu'il les gardoit de la tempeſte, & qu'il euſt vne certaine vertu apres qu'il eſtoit ſacré par le grand Pontife.

Plato.

Les Romains eurent en grãde reuerence le fulgure de Iupiter.

AVGVSTE. *B R.*

ANT. PIE. *B R.*

Et

Et ce que les Gentils faisoyent en leurs ridicules superstitions, nous auons trãsferé à nostre religion Chrestienne, en faisant consacrer & benistre noz petits Agnus Dei & noz cloches, qui prennent par ce moyen vne vertu pour chasser la tempeste & le mauuais temps. Et tout ainsi le sel & l'eaue, par leurs benedictions & exorcismes, prennent vne force & vertu pour dechasser les mauuais esperitz.

Force du sel & de l'eaue, apres auoir esté sacrés.

Aprés auoir longuemẽt discouru, ie me suis souuentesfois esbahi, comme les Gentils demeurerẽt si longuemẽt en leur religion faulse, superstitieuse & cõtrouuée, laissants la nostre qui est vraye & venue de Dieu. Mais quelle faulse opinion estoit entrée en si grand nombre de gens saiges, modestes & vertueux, que de croire que ce grand pere omnipotent Iupiter Optimus Maximus eust esté vaincu d'vn si grand nombre de voluptez detestables entre gens de bien, & de croire qu'il auoit le pouuoir, comme Tonant & Fulgurateur, de ietter son fulgure & ses sagettes ou bon luy sembloit: ouurage certainement de leurs Demones & mauuais esperits, qui les ont tenus si longuement en cest erreur. Aussi bien pouuoyent croire les Romains, que IESVSCHRIST auoit resuscité les morts, comme leur Aesculapius, qu'ils firẽt monter au ciel tout fouldroyé, & de penser qu'il estoit né d'vne vierge, comme ils cuyderent que Vesta estoit vierge & mere des Dieux. Et si estoyent bien aueuglez de refuser de croire que nostre Seigneur auoit rendu la veuë aux aueugles, veu qu'ils asseuroyẽt que Vespasian l'Empereur auoit faict vn tel miracle en Alexandrie. Pouures Romains, pouures Gẽtils aueuglez d'ignorance, dignes certainement de grand pitié & de cõpassion, qui adiousterent foy à toutes ces fables, sans auoir congnoi

Nostre religiõ est venue de Dieu.

Faulse opinion des Gentilz.

Demones des Anciens.

Miracle faulx de Vespasian en Alexãdrie.

gnoissance de ces mauuais Demones, qui les ont gardez longuement de renoncer à ces folles superstitions.

C'est l'obseruation que i'ay peu faire sommairement de noz Pontifes & ministres des Dieux, de leurs deuotions, de leurs vœux & coustumes. Et pource ie passeray oultre, apres auoir recité, que ceux qui auoyent souffert vne grand tempeste & tourmente de mer, & estoyent eschappez d'vn naufrage, auoyent de coustume de faire estacher tables contre les murailles sacrées des temples, ou estoit paincte l'histoire des vœux qu'ils auoyẽt faicts, & de la fortune qu'ils auoyent eschappé: comme tesmoigne Horace en ses Odes, disant ainsi,

Coustume de ceux qui auoyẽt eschappé vn naufrage de mer.

--Me tabula sacer
Votiua paries indicat humida.
Suspendisse potenti
Vestimenta maris Deo.

Il est temps desormais de venir aux cerimonies de noz sacrifices. Et si lon demandoit parquoy les Anciens commencerent à sacrifier, ie respondray, que c'estoit pour trois choses. La premiere, pour honorer Dieu: l'autre pour l'vtilité du sacrificateur, qui demandoit santé estimée entre les biens diuins: & la troisiéme, pour luy demãder pardõ de ses faultes, pour apres deuenir meilleur, & pour receuoir de luy vne medicine de l'ame languissante. Et en tous leurs sacrifices commencerent les prebstres premierement d'immoler, c'est à dire, sacrer l'hostie, apres auoir mis sus le front de la beste, qui debuoit estre mactée, de la farine, de l'orge rousti & du sel detrempez ensemble, qui estoit appelé *Mola*, de laquelle vsoyent les Anciens en leurs sacrifices. Ce que nous a monstré Pline au dixseptiéme liure de l'histoire naturelle, qui dit, que Numa institua d'adorer les Dieux

Par quelle raison commencerent les Anciẽs à sacrifier.

Cerimonie des Romains en leurs sacrifices.

Mola des Anciens.

Institution de Numa pour adorer les Dieux.

auecques

auecques le blé,& supplier auec la mole salée : mais auãt toutes choses ils se purgeoyẽt en se lauant d'eaue, quand ils faisoyent sacrifice aux Dieux celestes. Et quand il falloit liter, que nous disons appaiser les Dieux, & les resiouir, c'estoit asses, cõme dit Macrobe, de se ietter de l'eaue par dessus, & suffisoit le seul arrosement de l'eaue: qui a faict dire à Virgile, quand il parle de Dido, qui se mit à faire les choses sacrées aux Dieux Inferes: *Macrobe.* *Virgile.*

Annam, cara mihi nutrix, huc siste sororem,
Dic corpus properet fluuiali spargere lympha.

Et là ou ledict Poete recite la sepulture de Misenus, il monstre la coustume des sacrifices, ou estoyent purgez les assistants auecques vne branche de laure, ou d'oliue, quand il dit, *Purgation des Romains auecques l'eaue sacrée.*

Idem ter socios pura circuntulit vnda,
Spargens rore leui, & ramo felicis oliuæ.

Au lieu toutesfois d'vne branche de laurier ou d'oliue, les Romains vsoyent d'vn aspergile : qui se voit de telle façon par les medailles & frises antiques, qui sont à Rome. *Aspergile.*

L'ASPERGILE
des anciens Romains.

Qui trempoit en l'eaue, en laquelle la torche (qui seruoit à l'autel, ou ils auoyent celebré les choses diuines) auoit esté premierement esteinte. Et de là vint l'eaue de Mercure aupres de la porte Appie, de laquelle le peuple de Rome s'arrosoit la teste, inuoquant Mercure, cuydãts par cela effacer leurs pechez, specialement les periures & menteries. I'ay toutesfoys obserué, qu'à l'entrée de leurs temples les anciens Romains faisoyent dresser vn benestier de marbre triomphant, là ou les sacerdotes & le peuple prenoyent de l'eaue, quand ils entroyent en leurs temples, pour faire leurs sacrifices. La painćture duquel ie representeray cy-apres, tout ainsi comme ie l'ay retirée de l'antique.

Benestier des Anciens.

FACON DV BENESTIER antique, qui se voit encores auiourdhuy.

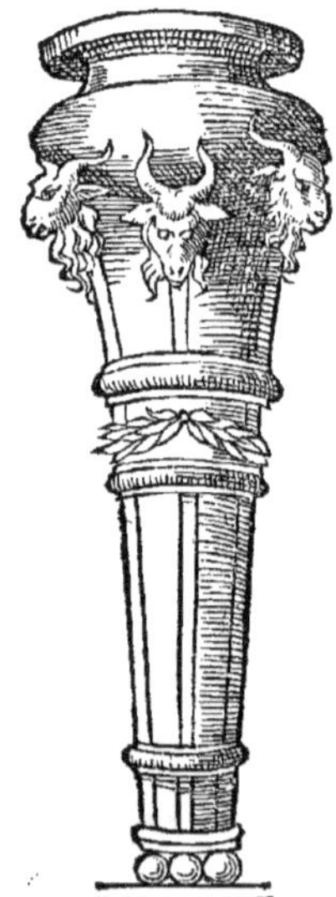

Car

Car le petit vaſe, que nous verrons cy deſſoubs, qui eſt retiré du marbre antique, ou ſont painctes les enſeignes de la religion, ſeruoit de petit beneſtier portatif, comme celuy qui ſe porte par noz egliſes encores auiourdhuy. *Beneſtier portatif.*

PETIT BENESTIER PORTAtif, ſemblable à celuy, duquel nous vſons en noſtre religion.

Les Hebreux à lentrée de leurs têples auoyêt vn grand vaſe faict en forme de cuue, nommé des Latins *Labrum*, là ou les ſacerdotes, qui vouloyent faire le ſeruice diuin prenoyêt de leaue pour ſe lauer les pieds & les mains. Et pour faire leur eaue beniſte ils prenoyent les cendres du bois de la victime, qui auoit eſté bruſlée, apres que le ſacrifice auoit eſté acheué, les faiſants mettre dedans vn vaſe, ou ils iettoyent de leaue par deſſus; & en prenant vn rameau d'iſope, quils plongeoyent en leaue, ils arroſoyent & purgeoyent les aſsiſtants. Combien que iay *Cuue des Hebreux nommée Labrum.* *L'yſope ſeruoit d'aſpergile aux Hebreux.*

obserué, que sur la fin de leur sacrifice, quand le feu venoit à s'esteindre, ils iettoyent par dessus petites pieces de bois de cedre, de l'isope, & du cumin: & de la cendre de ces trois choses ils faisoyent de l'eaue sacrée. Il fault toutesfois noter, qu'en tous les sacrifices des Anciens il se trouuoit trois manieres de purgations: c'est assauoir la tede, le soulfre, & l'eaue. Ce que Pline au seiziéme de ses liures preuue, quand il a dit, que la tede entre les arbres qui portent la resine, est aggreable pour son feu, & pour la lumiere des sacrifices. Du soulfre (cõme dit Proclus) vsoyent les sacerdotes aux purifi catiõs auecques l'asphalte, ou bitume, & de l'eaue de mer: pource que le soulfre purifie pour l'acuité de son odeur. Et Pline escript que le soulfre ha lieu aux religiõs, pour purger les maisõs auecques sa fumée. En apres les prebstres s'abstenoyent & ieusnoyent, pour venir seurement à l'autel: comme nous lisons de Numa Pompilius, quand il vint à prier pour les blez, qu'il se abstint des femmes & de manger de la chair. Et Iulian l'Empereur (si nous voulõs croire Spartian) se cõtenta de mãger des herbes & des poix à son souper. Car, à ce que dit Porphyrius, l'vsaige de la chair ne sert de rien pour la santé, mais plustost l'empesche & luy nuict: pource que la santé perdue se recouure par vne abstinẽce & viure biẽ petit. C'est par sobrieté, par charité, & par la religion que nous debuõs estre purgez: car depuis que l'ame est restituée en santé, elle ne craint point les concussions qui peuuent suruenir. La pureté & netteté se doibt garder en nostre façon de viure, & par les œuures que nous faisons chasser toutes choses qui offensent l'entendement & l'esprit. L'abstinence garde ceux, qui la font, de tous vices. Par la sobrieté nous rendons nostre esprit pur & net: & par le ieusne

Trois manieres de purgation aux anciẽs Romains.

Proclus.

Vertu du soulfre.

Abstinence de Numa Pompilius, & de Iulian l'Empereur.

L'vsaige de la chair ne sert de rien pour la santé.

Louẽges d'abstinẽce & de sobrieté.

ieusne nous extenuons le corps:qui feit garder aux Pythagoriens la table sobre & sacrée, & par telle temperance venir à viure longuement. Les Brachmanes ne receuoyent en leur colliege & en leur ordre, que ceux, qui se vouloyent abstenir de la chair, du vin, & des vices. La sobrieté est non seulement profitable pour l'ame, mais encores pour le corps: pource qu'elle chasse les maladies, qui ont coustume de venir par trop grande repletion. La sobrieté esguise l'esprit, & le reuoque à tous ses offices particuliers. Brief il ne se treuue riẽ de plus louäble à l'endroit des hommes, que la sobrieté. Et si bien nous regardons Tite Liue au trentecinquiéme, nous trouuerons que le ieusne fut obserué par les Anciens, quand il mõstre, que pour les prodiges les Dix-hommes, par le commandement du Senat, regarderent les liures Sibilins: & apres ils firent leur raport, qu'il estoit necessaire d'instituer le ieusne à la Deesse Ceres, cõmandãts qu'ils fussent cõtinuez de cinq ans en cinq ans. Quant à la chasteté, elle proffite à l'ame & au corps. Ce que iadis monstrerent les sacerdotes des Atheniens, qui furent nommez des Grecz Hierophantes: & pour rẽdre leurs sacrifices plus chastes, ils se chastroyent en beuuant du ius de la cigue. Encores n'estce pas tout: car nous debuõs estre libres de toutes passions, qui blessent le cueur, & peruertissent le iugement de la raison: comme lon peut veoir par les ambitieux, qui sont pleins de ces passions, que Cicero en ses Questions Tusculanes, a nommées maladies du cueur pestiferes. Il fault laisser & fuir toutes ces affections sensitiues, imaginations & opinions tant differentes, pour venir à vne vraye affection diuine, qui nous conduira à la bienheureuse & perpetuelle fin. Et pour l'eaue, de laquelle les Anciens se lauerent,

Table sacrée des Pythagoriens.

Brachmanes.

La sobrieté est profitable à l'ame & au corps.

Le ieusne obserué par les Anciens.

Liures Sibilins.

A quoy proffite la chasteté.

Hierophãtes des Grecz.

Ce qu'il fault laisser pour venir à la beatitude.

Penitence est le vray arrosemēt de salut.

pour effacer leurs pechez, venons à nous lauer par vne penitence, qui est le vray arrosement de salut: & suyuons la sentence de Seneque *in Thieste*, quand il a dit,

Quem pœnitet peccasse, penè est innocens.

Et cela nous seruira de vray soulfre & de vray bitume, si bien nous regardons ce que entre les Poëtes Gentils a dit Ouide en son liure de Ponto,

Ouide.

Sæpe leuant pœnas, ereptáque lumina reddunt,
Cùm bene peccati pœnituisse vident.

Les Anciens vserent de l'ausmone. Spartian.

Quant à l'aumosne, qui estoit vne autre maniere d'expiation, en vserent encores les Anciens: comme nous a donné à entendre Spartian en la vie d'Antoninus Caracalla, qui dit soubs semblables parolles, *Non tenax in largitionem, non lentus in eleemosynam.* Et ce mot de *eleemosyna* se treuue vnique (ainsi que ie pense) entre les liures des Gentils, duquel vsent les Chrestiens ordinairement. Nous lisons en Homere, là ou il faict parler vn ieune adolescēt à Antinous Procus, qui se courrouce contre luy, de ce qu'il auoit oultraigé vn pouure homme, qui demandoit l'ausmone à la porte, luy remonstrant que le Dieu celeste l'en feroit repentir: qui nous faict congnoistre en quelle recommandation estoit l'aumosne à l'endroit des Romains, & des Grecs.

Homere.

En quelle recōmandatiō estoit l'aumosne à l'endroit des Romains.

Il estoit encores obserué entre les anciens Romains, que celuy qui debuoit celebrer les choses diuines pour nettier sa conscience, confessoit auoir failli: qui estoit la premiere voix de leurs sacrifices, comme en nostre religion la confession des pechez precede les actes diuins. Car la coustume des sacrificateurs estoit de se confesser auant que de sacrifier, & demander à Dieu (comme dit Pythagoras en ses carmes dorez, & Orpheus en ses hymnes) c'est assauoir choses iustes & raisonnables.

Les prestres Romains se cōfessoyent auant que sacrifier.

Les

Les autres Dieu ne les escoutoit point, cõme ils disent.

Apres la confession le prebstre, ou la crie publicque, qui precedoit les choses sacrées, disoit semblables parolles, *Hoc age*, pour inciter le peuple à silence, & pour estre intẽtif aux mysteres diuins : & auecques vne verge qu'il portoit, faisoit faire place, & taire les assistẽts. Car aux sacrifices des Dieux deuant toutes choses, lon vsoit de taciturnité & fidelle silence: comme tesmoigne Vergile soubs ces mots, *Aux sacrifices des Dieux vsoyent les Romains de silence.*

--*Hinc fida silentia sacris.*

Pource qu'il est manifeste, que tous biens viennent & consistent de silence & taciturnité. Le prebstre commandoit *fauere sacris*, ou *fauere linguis*. Et proprement *fauere*, comme dit Festus, *est bona fari*. Et de ces mots Latins i'ay voulu vser, pour ne sortir point hors des termes de noz sacrifices. Toutesfois les anciens Poëtes vserent de ce mot *fauere*, pour monstrer le silence, qu'il faloit garder pour deuëment acheuer les sacrifices. *Tous biens viennẽt de silence. Qu'est-ce que fauere.*

Quand le prebstre venoit à l'autel pour sacrifier, il estoit coronné d'herbes nõmées verbenes : pource qu'elles estoyent estimées & tenues heureuses en tous les sacrifices: & si estoit necessairemẽt requis, qu'elles fussent tirées & arrachées d'vn lieu sacré. Et combien que nous auons nõmé abusiuement toutes herbes & branches sacrées, verbenes, cõme sont le laure, l'oliue, & le myrthe: toutesfois Menander dit que c'estoit le myrthe. Et de ces verbenes vsoyent les prebstres en leurs purifications, cõme pour sa pureté, du pentaphillon (que nous appellons Quintefueille) & des rameaux de l'oliue, lesquels disoyent estre les Anciẽs de si grãde netteté & pureté, que si vne femme impudique venoit à la plãter, elle demeuroit sans porter fruict, ou bien l'arbre venoit à seicher. *Verbenes.* *Vertu qu'estimerent les Anciẽs estre en l'oliue.*

FIGV

FIGVRE DE L'AVTEL ACcoustré tout autour de fueillages, comme il est à l'antique marbre.

A chascũ Dieu estoit consacrée son herbe ou arbre.

Esculus.

Venus se delecte des bonnes senteurs.

Le cyprez ne reiette iamais, quãd il est couppé.

Le liairre dedié à Bacchus.

Et combien que la coustume estoit de decorer l'autel desdictes branches & fueilles, si est ce que à chascun Dieu estoit dedié particulierement son herbe ou son arbre, pour la decoration de son autel: comme à Iupiter *d'esculus*, qui est vne espece de chesne: du laure à Apollo: l'oliue estoit à Minerue, & à Venus le myrthe, pource que c'est vn arbre odorifere, & que Venus se delecte des bonnes senteurs. Le pin seruoit au Dieu Pan: & aux Dieux Inferes, le cyprez, arbre qui ne reiette iamais, quand il est couppé, cõme de l'homme mort lon n'espere iamais rien: & pour ceste cause il estoit mis en la tutelle des Dieux Inferes. Le liairre estoit à Bacchus, le peuple à Hercules, comme lon a peu veoir par leurs medailles. Et comme chascun Dieu auoit son arbre ou herbe consacré particulieremẽt, tout ainsi ils auoyent diuerses & diffe differentes victimes. Le bouc estoit immolé à Bacchus, pource qu'il est nuysant aux vignes, & mange les raisins. A` Ceres estoit mactée la truye, pource qu'elle gaste les blez : le chien & la biche à Diane: le cheual à Neptune, qui fut le premier qui trouua le moyen de dompter & de bien picquer vn cheual : à Faunus, la cheure: le taureau à Iupiter : le coq à Aesculapius : l'oye à Isis, & plusieurs autres, qui seroit chose trop prolixe à mettre par escript. Le Flamine ou le prebstre qui faisoit le sacrifice, estoit vestu d'vne robe de toile de lin pure & blanche, que les Latins ont nommé *Alba vestis*, & le vulgaire vne aulbe : pource que la couleur blanche est gratieuse à Dieu : & se disoit pure & religieuse la robe, celle qui estoit sans macule & sans figure, & de laquelle ceux qui debuoyent faire le diuin seruice, vsoyent aux iours des festes solennelles : pource que le lin sort de la terre : & toutes choses que la terre porte, sont estimées pures & mundes. Encores auiourdhuy noz prebstres à la pompe de leurs sacrifices sont vestuz de linge blanc. Telle coustume lon diroit auoir esté translatée des Aegyptiens sacerdotes, qui auoyent leurs habits de lin tresaggreables, & de l'espece du lin qui est appellé *xylon*: & de là fut nommée la robe xyline, cõme Pline le monstre au dixneufuiéme liure de l'histoire naturelle. Et Cicero dit en ses loix, que la couleur blanche est principalement entre les autres agreable à Dieu : & que les teinctes ne debuoyent point estre receuës sinon aux accoustremẽts militaires, qui seruoyent pour les gens de guerre. Et tel habit estoit commun aux prebstres des autres temples, qui estoit si large & si long, que sans estre troussé il trainoit iusques à terre, si bien nous regardons l'antique sacrifice cy dessoubs mis.

Animaux immolez aux Dieux et Deesses.

L'aulbe habit des sacerdotes Romains.

Ce que la terre porte est estimé pur et net.

Robe xyline des Prebstres.

Pline.

Cicero.

SACRIFICE RETIRE' DU MARbre antique qui est à Rome.

Tunique des prebstres Romains.
Tite Liue.

Les prebstres estoyent encores vestuz d'vne tunique paincte, & par dessus la tunique vne couuerture pectorale. Ce que mõstre Tite Liue aux gestes de Numa Põpilius, quãd il dit, que il crea à Iupiter vn Flamine Diale perpetuel, & le decora d'vne robe insigne de la selle curule. Item il ordonna douze Salies au Dieu Mars, & vne tunique paincte, & dessus la tunique vne couuerture pectorale d'airain (comme ont noz prebstres Chrestiens) mais d'or & d'argent, broderies & pierres precieuses. Il luy bailla d'auantage vn chapeau de laine blãche, nommé *Albogalerus*, dont vsoit le Flamine Diale, c'est à dire, le prebstre de Iupiter. Et pource que les Flamines ne le

Albogalerus du Flamine Diale.

pouuoyent

pouuoyent porter au temps des chaleurs, ils se lierent la teste d'vn filet : car il ne leur estoit permis d'aler la teste nue. Toutesfois aux iours des festes il leur estoit necessaire de prendre leur chapeau, pour monstrer la dignité de leur sacerdoce.

Le chappeau monstroit la dignité du sacerdoce.

Oultre toutes ces choses les prebstres auoyent la teste rase, à la maniere des Aegyptiens. Ce que nous enseigne Pline, & deuant Pline Herodote, qui escript, que les prebstres portoyent leurs cheueux ailleurs, mais en Aegypte, non. Et Cõmodus Antoninus se feit raire, pour porter (comme dit Lampridius) le simulacre d'Anubis, suyuant telle coustume Isiaque. Lon diroit que lon a defendu à noz prebstres de nourrir leurs cheueux, combien que les escripuains ecclesiastiques l'interpretẽt autrement, & principalement S. Hierosme, qui dit, que la raseure de teste est la deposition de toutes choses temporelles : & que par la coronne que portent les sacerdotes, est designée la coronne du Royaume celeste.

Pline. Herodote.

Lampridius.

S. Hierosme.

Que signifie la corõne que portent les prestres.

Pour suyure la cerimonie de noz sacrifices, quand ce venoit à sacrifier, le sacerdote portoit la main iusques à sa bouche, & se tournoit cõme font noz prebstres en nostre religion. *Et sunt vertigines in sacris à Numa instituta.* Les ioueurs de flustes & les citharedes estoyent receus aux sacrifices, qui chantoyent hymnes & peanes, pour garder que les assistants ne feissent autre chose que d'estre attentifs au sacrifice. I'ay obserué que les flustes desquelles ils vsoyent es choses sacrées, estoyent de bouïs : & celles qui seruoyent pour les ieux, estoyẽt d'argent. Si l'hostie estoit grande, elle marchoit pour estre immolée, auecques le frõt & les cornes dorées, enrichie de petits chappelets, & patenotres dorez, qui luy pendoyent des cornes deça & dela, accompaignée des Vi-

Institution de Numa.

Hymnes chãtés aux sacrifices.

De quelle matiere estoyent les flustes des sacrifices.

Ornement des Victimes.

Victimaires à demy vestus. ctimaires, qui souuentesfois estoyent à demy vestus des peaux des bestes, qu'ils auoyent immolées. Ce que nous

Ouide. a monstré Ouide, quand il a dit,

--Indutáque cornibus auro Victima.

Virgile. Et Virg. clerement l'a donné à entendre soubs tels mots,

Et statuam ante aras aurata fronte iuuencum.

Pline. Et Pline au trentetroisiéme liure de l'histoire naturelle recite, que lon ne pensa autre chose aux sacrifices pour faire honneur aux Dieux immortels, que d'immoler les grandes hosties auec les cornes dorées. Et de cecy l'histoire presente nous rend certains, & de ce que nous auons escript cy dessus.

FIGVRE RETIRE'E DV marbre antique qui se treuue à Rome.

Si

Si la victime petite debuoit eſtre immolée, elle eſtoit coronnée du rameau de l'arbre, qui eſtoit dedié au Dieu, auquel ſe faiſoit le ſacrifice: ou bien elle eſtoit accouſtrée d'vne infule de laine, de laquelle pendoyent deux liens, qui ſont nommez en Grec ταινίαι, & *vittæ* en Latin. Et en tel ornement demeuroit la victime deuant l'autel, ſans eſtre lieé: choſe qu'eſtoit ordinairement obſeruée (comme dit Pline) de ceux qui faiſoyent les ſacrifices: toutesfois il fault entẽdre, que c'eſtoit la couſtume, ce pendant que lon faiſoit le ſacrifice: car au parauant les victimes eſtoyent liées, comme nous monſtre Iuuenal en diſant,

Immolation des petites victimes.

Infule de laine.

Pline.

Iuuenal.

Sed procul extenſum petulans quatit hoſtia funem.

Et ſi par fortune la victime, quand elle eſtoit menée à l'autel, euſt reſiſté violẽtemẽt, & qu'elle euſt eſté tirée par force iuſques là, ou qu'elle euſt prins la fuitte, ou qu'elle euſt crié, depuis qu'elle auoit eſté frappée par le Victimaire, ou qu'elle fuſt tõbée ſus vn autre coſté qu'elle ne debuoit, les Romains penſerent que cela leur annonçoit vn malheureux augure, & que la victime eſtoit offerte oultre le vouloir des Dieux: & l'hoſtie qui s'en eſtoit fuye, eſtoit mactée la part ou les miniſtres des ſacrifices l'auoyent arreſtée. Et la beſte qui demeuroit de ſon bon gré, ils eſtimoyent que c'eſtoit par le moyen de la diuine voulonté: & que le ſacrifice eſtoit acceptable aux Dieux quand elle ſe monſtroit patiente. Ce que nous liſons en Virgile par ces mots,

Signes de mauuais augure pour les Victimaires.

Sacrifice acceptable aux Dieux.

Et ducens cornu ſtabit ſacer hircus ad aram.

& cõme lon peult veoir par la medaille Grecque d'Hadrian.

MEDAIL. GRECQVE
D'HADRIAN.
B R.

Charge des Victimaires.

Depuis les Victimaires furent introduits pour apriuoiser & domestiquer les bestes, pour obuier aux choses qui pouuoyent suruenir & troubler les sacrifices. Et delà vint la superstition des victimes, & d'espreuuer si la beste refusoit d'estre tirée iusques à l'autel. Toutesfois

Audace de Cesar.

Cesar (comme recite Tranquillus) desprisa telle religion; & encores que la victime refusa le sacrifice, il ne laissa pour cela de combattre auecques la bonne fortune. Et comme les hosties debuoyent estre preparées pures & entieres, tout ainsi les sacerdotes qui debuoyent celebrer les sacrifices, s'ils n'estoyent de mesme qualité, ils n'estoyent point receus à la celebration des choses diuines: comme le monstre Pline, parlant de Sergius, au

Qualitez requises aux victimes des Anciens.

septiéme liure de l'histoire naturelle. Il estoit donc requis, que toutes ces bestes fussent entieres & saines, sans estre blessées en nul endroit & sans macule. Et pour cest affaire vserent les Anciens d'vne grande diligence, & principalemẽt ceux qui offroyent ces bestes. Les Sacrificules, Ministres & Victimaires, & encores les sacerdotes tresexperts & exercitez en ces affaires, cherchoyent par

par tout le corps de la victime, depuis l'extremité du pied iusques à la teste : de sorte qu'il estoit impossible, qu'vne seule macule fust cachée. Et la raisõ de toute ceste curiosité n'estoit autre, que pour mettre hors de coulpe ceux, qui les offroyent pour les macter. Les victimes des anciens Romains furent la brebis, la truye, le beuf & la cheure : & fut l'opinion des Anciens de prendre les bestes les plus doulces, & les plus priuées. Et qu'il soit ainsi, les beufs, les cheures, & les brebis se laissent cõduire par chascun. Ce sont bestes qui aydent grandement à la vie humaine: les moutõs portent la laine propice pour couurir le corps : les beufs labourẽt la terre, & la preparent pour semer le blé, nourrissement tresnecessaire pour la vie de l'homme. Du poil des cheures faisoyent les Anciens feultres pour la pluye : & les peaux des brebis & moutõs estoyent cousues ensemble, pour seruir de manteaux aux soldats : & pour ceux encores que la necessité contraignoit de demeurer aux champs soubs le Soleil.

Victimes des Romains.

Bestes qui seruẽt grãdement à la vie de l'homme.

Au cõmencement du sacrifice, le sacerdote Romain tenant son sympule, venoit voilé & coronné de laure, accompaigné du chore des petits enfans, qui chantoyẽt les louẽnges des Dieux, & en leur cõpaignie les ioueurs de flustes & citharistes : car bien peu se faisoyent sans musique leurs cerimonies. Et tout ainsi estoit accoustré le sacerdote Romain, comme la medaille de Longinius Triumuir le represente.

Accoustrement du sacerdote Romain.

LONGINIVS III. VIR.

ARGENT.

Le sacerdote tenoit l'autel en sacrifiant.

Le prebstre qui faisoit le sacrifice, tenoit l'autel auecques la main: car s'il n'eust tenu l'are, ils estimoyēt que les Dieux n'estoyent point appaisez. Ce que nous a monstré Vergile au quatriéme des Aeneides soubs ces mots,

Talibus orantem dictis, arásque tenentem
Audiit omnipotens.

Les Romains faisoyēt leurs prieres & sacrifices de matin.

Les Romains faisoyēt leurs sacrifices droit à l'orient.

Porphyrius.

Le prebstre tourné du costé d'Orient auecques meditations & solennelles prieres prioit les Dieux en grande deuotion. Et se faisoyent voulontiers ces prieres de matin, estimants les Anciens que c'estoit le temps le plus idoine pour sacrifier. Et l'opinion qu'ils auoyent estoit telle, qu'il leur sembloit, que les Dieux assistoyent alors au temple, pour receuoir leurs oraisons. Par cecy nous congnoissons, que les Romains faisoyent leurs sacrifices & deuotions droit à l'Orient, comme nous faisons encores auiourdhuy. Ce que Porphyrius a monstré: qui veut que les entrées des tēples & les statues soyent dressées à l'Orient. Et ce ie pense auoir leu dedans l'Architecture de Vitruue, quād il parle de la situation des temples des Dieux immortels.

FIGV

FIGVRE ANTIQVE RE-tirée de la colonne de Traian.

Apres la vaporation de lencẽs les primices & fruicts (que les Grecs ont nommez πρωτήματα) estoyent mis sus lautel auant le sacrifice, comme lantique paincture le monstre.

Vaporatiõ de l'encẽs.

N

FIGVRE DE L'ARE, OV *estoyent mis les primices & fruicts auant que de sacrifier.*

Et telle façon de faire estoit augure de la future fertilité des fruicts: & aussi pour rendre graces à la diuine bonté de ce qu'ils estoyēt paruenuz à vne plus doulce & gracieuse façon de viure, que de manger des glands & de l'orge, comme lon faisoit anciennement. Les grains de l'orge se nommoyent *olæ, & vlæ*, quand ils estoyent meslez auecques le sel (*Sic miscellam intelligunt Græci ex hordeo & sale materiam*) qui se mangeoyent tous entiers au commencement, auant que l'vsaige de mouldre fust trouué. Le sel se iettoit par dessus, non pour la naturelle fertilité, ou pour rēdre graces aux Dieux de leur nourriture, mais pource que c'estoit le symbole d'amytié. Et aux hostes & amys anciennement lon presentoit le sel deuāt toutes choses, pour mōstrer la fermesse de l'amytié, & pour donner à congnoistre comme de plusieurs eaues

Grains d'orge nómez olæ & vlæ.

Pourquoy se mesloit le sel auecques l'orge.

Fermesse d'amitié representée par le sel.

eaues fusiles se faict vne chose solide: tout ainsi que ceux,qui viennent & s'assemblent de plusieurs & diuers lieux,se font d'vn mesme cueur & volonté. Le prebstre apres tout cecy, iettoit entre les cornes de la victime la mole:en apres versoit du vin. Ce que dit Virgile à ce propos, *La mole.* *Virgile.*

--*Frontique inuergit vina sacerdos.*

signifiant par cela,que l'hostie estoit mactée, c'estadire augmẽtée,& si seruoit pour l'exploration de la victime, pour prouuer si elle auoit point de pœur:& sans la mole salée ils estimoyent que le sacrifice n'estoit point aggreable aux Dieux. Et cela ils estimerent vne grand force pour mouuoir & appaiser la diuine bonté. Le prebstre prenoit le vin du prefericule,vase ainsi nommé des Anciens,qui estoit ordinairement porté par vn des ministres succint de leurs sacrifices: duquel la figure se voit à Rome, par vn antique marbre, ou il est dresé sus vn autel. *Exploration de la victime.* *Prefericule.*

FIGVRE DV VASE NOMME' Prefericule,retiré de l'antique marbre.

Il fut obſerué aux ſacrifices des Anciens,que le prebſtre deuant qu'il vinſt à verſer le vin ſus la teſte de la victime,il le liboit,c'eſtadire il le taſtoit tout premier legerement auecques le ſympulle,qui eſtoitvn petit vaſe,qui ſe voit ainſi repreſenté par la figure de pluſieurs marbres & medailles.

Sympulle.

SYMPVLLES RETIREZ D'VN friſe antique de marbre, qui eſt à Rome.

Apres toutes ces choſes le ſacerdote prenoit du poil entre les cornes de la victime,qu'il iettoit ſus le feu, qui eſtoit alumé ſus l'autel, cõme premiere libation. Ce que Virgile a dit au ſixiéme des Aeneides,

Et ſummas carpens media inter cornua ſetas,
Ignibus imponit ſacris.

Les Romains ne faiſoyent point ſacrifice ſans feu.

Et la matiere, de laquelle faiſoyent les Miniſtres le feu des ſacrifices ſur les autels,eſtoit de bois ſec.Car ſans feu il n'eſtoit pas licite de faire aucun ſacrifice: comme en noſtre religion le ſeruice diuin ne ſe faict iamais ſans feu,

feu:non pour obuier aux tenebres, mais pour monſtrer en adorãt ſigne de ioye.Et ce lon peut veoir clerement par le Candelabre des Anciens.

CANDELABRE DES ANCIENS Romains,tout ainſi figuré,qu'il ſe voit par les marbres antiques.

Il n'eſtoit point permis de prendre le bois de l'oliuier, du laurier, & de l'eſcorce du cheſne pour faire le feu des ſacrifices:pource que les Anciens diſoyent, que tous ces bois eſtoyent de mauuais augure. Et quãd ce venoit à mettre le feu ſus l'autel,le ſacerdote l'alumoit auecques vne torche, qui eſtoit faicte de tede:tant ils obſeruerent la cerimonie de leurs ſacrifices. Et ſi eſtoit requis que le prebſtre gardaſt de ne commettre point d'erreur, & de garder l'ordre de leurs cerimonies. Car ce qu'auoit eſté approuué de long temps auec grand labeur (comme dit Iamblichus) c'eſtoit contre raiſon de le changer, pour choſe qui ſuruinſt. Cela faict,le prebſtre portoit le cou-

Bois de mauuais augure.

Torche de tede.

Cerimonie auant que

de tuer la victime. steau deuant l'immolation depuis la teste de la victime iusques à la queuë:qui est ce que Maro a voulu dire,

--Et tempora ferro
Summa notat pecudum.

Supposer les cousteaux. Le prebstre cõmandoit en-apres au Victimaire de supposer les cousteaux aux victimes. Et de semblables mots ils vsoyent en leurs sacrifices:ausquels les noms de mauuais augure estoyent euitez. Et de telles parolles a vsé Virgile,expert en toutes ces cerimonies,quand il a dit,

Supponunt alij cultros.

Et de là est venu que les Anciens disoyent macter, c'est adire augmenter. *Les Victimaires & ministres des sacrifices estoyët troussez.* Les Victimaires & ministres qui estoyent instruicts,succints,troussez,& en ordre de faire le sacrifice,frappoyent la victime dessus la teste auecques des maillets,qui se treuuent de semblable façon par les frises antiques,qui sont à Rome.

FIGVRE DES MAILLETS, desquels frappoyent la victime les Anciens.

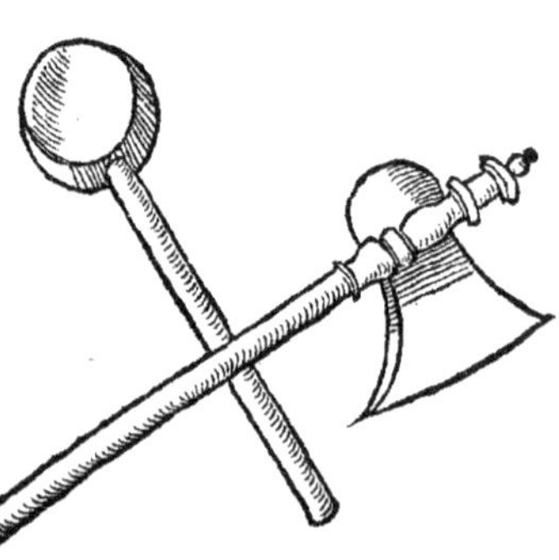

Et

Et ſans commandement il n'eſtoit point permis aux miniſtres de macter la victime.

Et pource que l'habit du miniſtre au Victimaire eſtoit different, i'ay cõſideré que la figure du ſacrifice, que i'ay faict paindre cy deſſoubs, en monſtrera la difference, & ſeruira noſtre paincture pour oſter le doubte, qui pouuoit ſortir entre les amateurs des Antiquitez & des bonnes lettres. *Habit du miniſtre au Victimaire different.*

FIGVRE RETIRE'E DV marbre antique, qui eſt à Rome.

Toutesfois il fault entendre, que ceux qui ſeruoyent aux myſteres antiques des choſes ſacrées, & qui precedoyent les victimes aux grandes mactations de cent beufs

Hecatombes. beufs (qui estoyent nommées des Grecs Hecatombes) comme Tubicines & Liticines, que nous dirons Trompettes & Clairons, & ceux qui conduisoyent les bestes, & qui seruoyent pour porter les vases & basins aux mysteres de la pompe de leurs sacrifices, estoyent tous coronnez & succints, comme l'antique figure le monstre.

TVBICINES ET LITICINES,

qui precedoyent les victimes aux pompes des sacrifices.

Façon de parler des Anciens. La victime souuuentesfois estoit mactée auecques le cousteau, que le sacerdote commandoit au Victimaire de poulser dedans la gorge de la victime, pour euiter ce mot

mot de coupper: comme ils disoyent de macter au lieu de tuer:noms qu'ils estimerent & façon de faire de parler non conuenables à leurs cerimonies. Et le cousteau nommé *Secespita*, duquel vserent les Victimaires, est representé cy dessoubs, retiré d'vn frise antique, qui se voit tout entier à Rome.

Cousteau nommé Secespita.

COVSTEAV DVQVEL LES Victimaires couppoyent la gorge aux victimes.

Apres que la victime estoit par terre, les vns aportoyent des pateres, vases ainsi nommez des Anciens, propices pour receuoir le sang de la beste. Et comme la figure antique le represente, qui en monstre la façon, tout ainsi comme l'escript Virgile,

Pateres des Anciens.

Virgile.

--Tepidúmque cruorem
Suscipiunt pateris.

VICTIMAIRES ET MINIstres, qui tuent la victime.

Paincture du disque.

Les autres tenoyent des disques, grands plats ou bassins, qui seruoyent pour mettre les intestins de la victime, dont la façon se voit telle en plusieurs lieux de l'Italie & de nostre Gaule.

FIGV

FIGVRE DV DISQVE DES anciens Romains, retiré du marbre antique.

Ces choses ne se faisoyent sans signification : pource que ayants les Anciens sacrifié les beufs, ils faisoyent alors mettre basſins auecques testes de taureaux despouillez de leur chair, accompaignez de festons (que les Grecs ont nommé carpuscules, ou encarpies) aux frises de leurs temples sacrez, pour monstrer la pieté de la religion, & la deuotion qu'ils auoyent aux cerimonies de leurs sacrifices: comme lon peult veoir par les marbres, qui sont sus la grand porte du cloistre de Sainct Iust lez Lyon.

Carpuscules & encarpies.

FIGVRE RETIRE'E DV *marbre antique qui est à Lyon.*

Testes des taureaux.

Les testes aussi desdicts beufs & taureaux estoyēt insculpées dans ces frises, sans disques ou festons, ayants seulement autour des cornes leurs patenotres, ou chappelets, desquelles elles auoyent esté decorées viuãtes, qui pendoyent contre bas: comme nous monstre le marbre antique qui est à Rome, ou sont taillées vne partie des enseignes de la religion.

TESTE

TESTE DE TAVREAV DESpouillée de ſa chair, miſe entre les enſeignes de la religion.

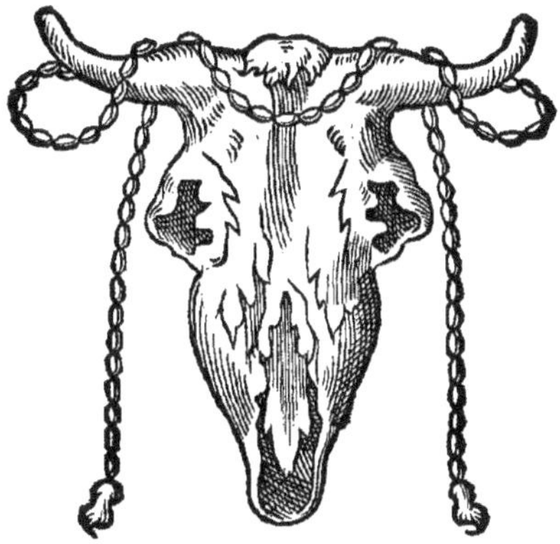

Et comme les teſtes des beufs eſtoyent là miſes, pour monſtrer la pieté & religion, qu'ils auoyent à l'endroit de leurs cerimonies & ſacrifices : ſemblablement les teſtes des moutõs, y eſtoyent painctes & taillées, tout ainſi qu'elles ſe voyent par le friſe antique deſſuſdict, duquel i'ay faict retirer la preſente figure. *Teſtes des moutons.*

TESTE DE MOVTON, MISE ENtre les enſeignes de la religion par les Anciens.

Couſtume des Romains de dormir ſur les peaux des victimes dedãs les tẽples.

Les miniſtres des ſacrifices eſcorchoyent la victime, qui auoit eſté mactée:& faiſoyent mettre ſouuentesfois la peau parmy les autres enſeignes de la religion: pource que les Romains ſe couchoyent dedãs les temples, & dormoyent ſus leſdictes peaux, attendãts que les Dieux leur donnaſſent reſponce de ce qu'ils demandoyent. Ce que nous liſons en Virgile, qui dit,

Pellibus incubuit ſtratis, ſomnóſque petiuit.

Couſtume des Iuifs.

Les Iuifs (comme recite Strabo au ſeiziéme liure de ſa deſcription du monde) auoyent de couſtume de veiller & dormir en leurs temples pour eux & pour les autres. Et les Romains pour prendre, en ſe repoſant & en ſongeant, les reſponces des Dieux, prenoyent les peaux qui eſtoyent pendues en leurs temples pour dormir deſſus: car les Dieux (comme dit Cicero) parlent auecques ceux qui dorment.

PEAV DE LA VICTIME, MISE parmy les autres enſeignes de la religion.

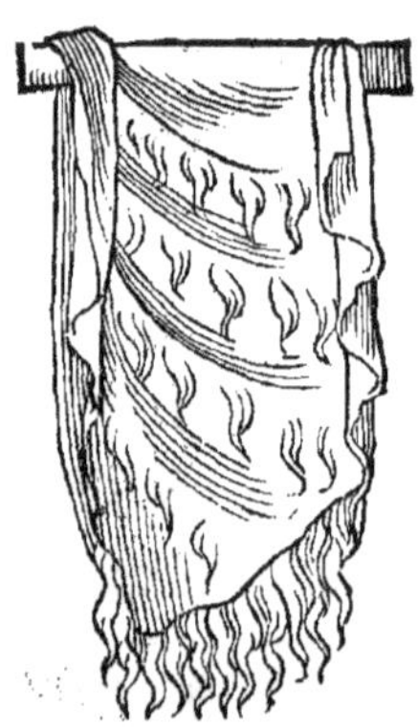

Et

Et quant aux veilles que faisoyent les Romains, Cõstantin le Grand changea ceste façon de faire, pour les insolẽces que lon y faisoit, en prieres qui se font de iour: comme recite Eusebius Pamphilus au quatriéme liure qu'il a faict de sa vie. *Constantin Cesar.*

La victime mactée, le Flamine ou le prebstre faisoit dresser vne table nommée *enclabris:* & de là est venu, que les vases qui seruoyent pour les sacrifices, estoyent nommez *enclabria.* Et là ils faisoyent mettre la victime toute ouuerte, pour chercher diligemmẽt les intestins (qui estoyent le cueur, le poulmon, & le foye) auecques vn cousteau de fer. Et conseilloyent les Dieux s'ils auoyent esté bien contentez & pacifiez. Les Grecs (comme recite Pausanias) apres qu'ils auoyent regardé les intestins des aigneaux, des cheureaux, & des veaux, annõçoyent les choses qui debuoyent aduenir. Les Aruspices obseruoyent les flambes de feu, qui se faisoyent des victimes, que lon brusloit. Apres que les sacerdotes auoyent bien regardé les parties interieures de leurs victimes, ils faisoyent diuiser les mẽbres des bestes par leurs bouchiers (ainsi ie puis nommer les ministres de leurs sacrifices) & puis iettoyẽt de la farine sus les parties diuisées, & mises dedans vne corbeille les offroyent à celuy qui auoit faict le sacrifice. Et alors estoit l'hostie parfaicte. *Enclabris.* *Enclabria.* *Qu'estoyẽt ce que les intestins.* *Pausanias.* *Aruspices.*

Le cousteau, duquel estoit demembrée la victime, & duquel vserent les sacrificateurs, estoit nommé des Latins *Dolabra Pontificia.* Tite Liue a nommé *Seua* le cousteau, duquel ils couppoyent la gorge à la victime, autrement nommé *à secando, Secespita.* Et proprement les petits cousteaux, desquels estoyent tuées les petites victimes, estoyent nommez *Cultri.* Ce que nous pouuons entendre par Ouide au quinziéme liure de sa Metamorphose, *Dolabra Pontificia.* *Seua.* *Secespita.* *Ouide.*

phoſe,diſant ainſi,

--Percuſsúſque ſanguine cultros
Inficit.

Couſteaux des veneurs. *Tranquillus.* Combien qu'il y a d'autres couſteaux, que portẽt les veneurs, nommez des Latins *Venatorij cultri.* Et de ceux-là a faict mention Tranquillus en la vie de Claudius Ceſar, par ces mots, *Reperti equeſtris ordinis duo in publico cum dolone & venatorio cultro.* Les Iuifs en leurs circoncisions vſoyent de couſteaux de pierre. *Les Hebreux en leurs circõciſions vſoyent de couſteaux de pierre.* La façon de ceſte coignée Pontificale eſt retirée cy deſſoubs en la propre maniere, qu'elle ſe treuue par les ſacrifices des marbres antiques qui ſont à Rome.

COIGNE'E PONTIFICALE, ACcompaignée du couſteau, retirez de l'antique.

Couſteaux pour demẽbrer la victime. Quant au couſteau, duquel le Victimaire demẽbroit la victime, il eſtoit faict à la vraye ſemblance de celuy, que i'ay faict paindre cy apres, retiré de l'antique marbre, comme celuy qui eſt repreſenté cy deſſus.

COVS

COVSTEAV DVQVEL ESTOIT demembrée la victime par le Victimaire.

La diuersité de ces cousteaux me fera mettre la figure de ceux, que portoyent ordinairemēt pendus à leurs ceintures les Victimaires, quand ce venoit à sacrifier & macter les victimes : chose qui tousiours seruira pour donner le plaisir aux lisants de pouuoir entendre la façon, quand ils les verront retirez des frises antiques, qui sont à Rome.

Diuersité des cousteaux des sacrificateurs.

P

COVTEAVX QVE LES VIctimaires portoyent ordinairement pendus à leur ceinture.

Par les ſacrifices qui ſe monſtrent en la colonne de Traian, ayſement ſera congnu ce qui a mis ſouuenteſfois en doubte les gens de ſçauoir, qui trauaillent pour la congnoiſſance du ſacrifice, que faiſoyent les anciens Romains.

SACRI

SACRIFICE ANTIQVE RE-tiré de la colonne de Traian, qui est à Rome.

Depuis que le prebstre auoit regardé la victime, & qu'il auoit faict presenter au sacrificateur les meilleurs pieces, il les iettoit sus l'autel, pour les brusler dedans le feu : combiẽ que le plus souuent l'hostie estoit seulement immolée, & la chair demeuroit aux sacerdotes, apres que le sang auoit esté respandu sus les autels : si biẽ nous entendons Virgile, quand il dit, *Virgile.*

Sanguinis & sacri pateras.

Et aux grãds sacrifices, nommez des Grecs ὁλοκαυτώματα, la victime se iettoit entiere dedans le feu : comme nous lisons en Virgile soubs ces mots, *Holocau- tomata.*

Et solida imponunt taurorum viscera flammis.

La chair n'estoit pas si tost dedans le feu, que le prebstre iettoit par dessus de l'encens, coste & autres choses odoriferãtes, selon le pouuoir du sacrificateur, qu'il prenoit d'vn petit coffre thuraire, nommé des Latins *Acerra*, ainsi taillé aux antiques marbres de leurs cerimonies.

Acerra coffre turaire.

PETIT COFFRE, OV TENOYENT *leur encens les sacrificateurs.*

Ie pense que c'estoit pour suffoquer la senteur de la chair, qui se roustissoit. Et apres toutes ces choses, le prebstre versoit du vin sus les autels: & à l'heure tout estoit parfaict, combien que le sacrifice estoit estimé plein & parfaict, qui se faisoit d'vne truye, d'vn taureau, d'vn bouc, & d'vn mouton: ençores que les Atheniens le feissent de la truye, du mouton, & du taureau: sacrifice nommé des Romains, *Solitaurilia*, qui estoit faict par les Censeurs au terme de cinq ans, pour lustrer la cité de Rome. Et par la paincture du sacrifice cy apres mis, est

Sacrifice plein & parfaict.

Sacrifice nommé des Romains Solitaurilia.

est veu le sacerdote, qui veult sacrifier, acompaigné de son petit ministre des sacrifices, du Sacrificule, & du Victimaire, qui tient son maillet, pour macter les victimes qui sont le taure, le mouton, & la truye.

SACRIFICE RETIRE' DV marbre antique, nommé des Romains Solitaurilia.

Le nom seul designe l'immolation de diuerse espece des trois hosties, comme elles sont painctes cy dessus, lesquelles estoyent toutes entieres & saines: car *solum* en langue Tusque, ne veult dire autre chose, que tout entier. Ce que monstre Tite Liue, qui nomme les traits soliferrez, pource qu'ilz estoyent tous de fer. *Que veut dire Solum en langue Tusque. Tite Liue.*

Au demeurāt de leurs sacrifices, les prebstres accoustroyent la cene. Et estoit permis à ceux qui assistoyent *La cene.*

aux sacrifices d'en manger. Du residu des autres membres, selon l'ordonnance de la loy, pouuoit le sacrificateur emporter vne portion à ses domestiques & familiers, & en faire part à leurs amys: comme lon fait en nostre religion du pain benist, qui est presenté tous les dimanches en noz eglises. I'ay obserué que les Romains mangeoyent tous debout en leurs temples, auecques des petits pains ronds, qu'ils seruoyent en l'honneur des Dieux: comme lon faict à la cene le ieudi absolu, en la grand eglise de Lyon. Et ce pendant qu'ils mangeoyent, estoyent chantées les louënges des Dieux. Apres que les mysteres estoyent acheuez, ceux qui auoyent esté aux sacrifices, mangeoyent ensemble dedans le temple, & faisoyent cuire leur chair dedans vn vase nommé *Olla*, qui est retiré de l'antique en telle façon.

Petis pains ronds faits en l'hõneur des Dieux.

Olla.

OLLE, VASE OV FAISOYENT cuire leur chair les sacrificateurs.

I'ay

Marbre antique qui est à Beauieu.

I'ay encores obserué par la sculpture d'vn marbre, qui se voit pour ce iour sus la porte du grãd temple de Beau Ieu, ce que i'ay escript cy dessus. C'est qu'apres que la victime auoit esté mactée & presentée à l'autel, le Victimaire la chargeoit sur ses espaules, & l'emportoit pour l'aler mettre en pieces, & la faire cuire : comme lon voit par le ieune Victimaire, qui porte le pot & le cuilier, & par le sacrificule, qui porte vn panier de la main droitte, ou estoit la mole salée.

FIGVRE DV MARBRE ANTIque qui se voit sur la porte de l'eglise de Beau-Ieu en Beauiolois.

Raison qui faisoit mãger les Anciẽs ensemble dedans les tẽples.

La raison qui faisoit manger les Anciens ensemble, n'estoit point pour se remplir de viandes : car là ils tastoyent la chair legerement, plustost qu'ils ne la mangeoyent: mais c'estoit pour entretenir l'amytié auecques telle façon de viure, qu'estoit remplie de bons enseignemens, qu'ils rapportoyẽt en leurs maisons, plus enuieux de la vertu. En apres ils offroyent de leurs biens, comme gens de pieté, selon que leur pouuoir & faculté le portoit. Et telles offertes estoyent distribuées à ceux qui estoyent en necessité: que pleust à Dieu, que telle coustume fust retournée à nostre vsage. Et en mangeant lon chantoit hymnes & cantiques accommodez aux louënges diuines, qui estoyent, c'estassauoir à Diane, vn hymne, qui se nommoit *hyppingos:* à Apollo, *pæan, vel hyporchema*, qui se chantoit principalement pour faire cesser la force de la peste. L'hymne d'Apollo & de Diane se nommoit *prosodia:* a Ceres, *ïulus*, pour le froment. Les hymnes Veneriens estoyent appellez erotiques, cõme si tu disois amatoires, & pleins d'amour ; à Dionysius, *dithyrãbus*, hymne obscur & entremeslé. Les yurongnes auoyẽt leurs hymnes à part, duquel Aristophane a parlé *in Ranis*, qui se disoit κραιπαλόκωμος: pource que les Grecs nomment κραιπάλην la tremeur & tremblement de la teste qui vient du vin, & κῶμον comessation ou bãquet, ou bien (si tu veux) festin plein d'intẽperance & yurongnerie.

Offertes des anciens Romains données aux poures.

Hymnes accomodez aux louẽges des Dieux, & Deesses.

Hymnes des yurongnes nommez des Grecs Crepalocomos.

Quand les choses diuines estoyent faictes, & les cerimonies acheuées, le prebstre disoit les derniers mots. Ce que monstre Virgile, quand il dit,

Virgile.

--*Dixitque nouissima verba.*

C'estadire, *I licet*, pour monstrer qu'il estoit temps de s'en aler: cõme noz prebstres disent à la fin du seruice diuin,

Fin du sacrifice.

Ite,

ste, missa est. Et ce mot donnoit à entendre à ceux qui a-uoyent esté au sacrifice, qu'il estoit temps de se retirer. Tous ces sacrifices se faisoyent en leurs temples & basiliques, que les nostres pour l'vsage de nostre religion ont vsurpé. Et la raison, que du commencement les Princes auoyent de coustume d'estre assemblez en ces basiliques. Et deuant le siege, qui estoit ordonné pour le Prince, ou pour celuy qui rẽdoit la iustice, estoit mis vn autel auecques grande dignité, & autour de l'autel le chore tresbeau. Le demeurant de la basilique, comme les ambulations, portiques, & galeries, estoyent ordonnées pour donner lieu cõmode au peuple pour se pourmener, attendant que le sacrifice se feroit. Et certainement il n'est rien, en quoy il soit necessaire de mettre plus de diligence, d'esprit, d'industrie, & de cure, qu'à bien edifier noz temples, & de les decorer de choses triomphãtes & magnifiques: pource que le temple qui est bien serui & bien orné, apporte grand decoration à la cité, ou il est. Et si nous faisons palaiz, & grands edifices pour nostre demeurance, que debuons nous faire à Dieu Immortel, que nous appellons à nostre sacrifice & à noz prieres. Et se trouuera chose bien duisante pour decoration de la pieté, d'auoir temples qui delectent nostre couraige, & nous detiennent auecques leur grace & admiration.

Chores dedans les basiliques. Portiques & galeries.

Le temple bien serui apporte grand decoration à la cité ou il est.

Et en cela les Anciẽs asseuroyent que la pieté estoit honorée, quand nous frequentions noz temples, & faisiõs sacrifices aux Dieux. Ce que nous ont mõstré par leurs medailles Cesar Auguste, Vespasian, Nerua, Marc Aurele, tous bons Empereurs, dediez à la religion, ou lon peut veoir les enseignes d'vne gracieuse volonté, & la pieté par les vaisseaux, & autres choses que nous auons veu par figure, qui sont asses cõgnues par la decla-

Comme estoit anciennemẽt honorée & prisée la pieté de la religion.

ration que ièn ay faict cy dessus,ou nous auõs veu quelle estoit la religion des anciens Romains.

ANTON. PIE. *ARG.* — M. AVRELE. *ARG.*

Religion des Egyptiens.

Maintenãt il demeure à escrire de celle des Egyptiẽs, qui furent les premiers qui leuerẽt les yeux au ciel, considerants le mouuement, lordre & la qualité des choses celestes:& qui penserent que le Soleil & la Lune fussent Dieux,donnants au Soleil le nom d'Osyris,& à la Lune

ISIS.

d'Isis,qui fut encores adorée cõme Deesse des Romains: ce que mõstre la medaille cy dessoubs mise,ou est representé par le reuers vn Cynocephale, duquel iày escript ailleurs asses amplement.

MEDAILLE *D'ARGENT.*

Et

Et entre les autres ſacrifices Commode l'Empereur (comme dit Spartian) honora ceux de la Deeſſe, laquel le eſt repreſentee dedans ſa medaille, tenant vne ſphere à la main, comme mere des arts, & vne amphore pleine d'eſpis de blé, qui mõſtre la fertilité du païs de l'Egypte. *L'Egypte mere des arts.*

COMMODE CESAR.

BRONZE.

La couſtume des Egyptiens d'adorer leurs Dieux fut premierement pure & chaſte, ſans entremeſler cruaulté: pource qu'en ce temps-là (comme depuis) le ſang des beſtes n'eſtoit pas repandu en leurs ſacrifices, mais offroyent les fruicts de la terre, deſquels ils mangeoyent. Ce que firent encores les Romains, qui les preſentoyẽt ſus leurs autels, comme i'en ay monſtré la figure cy deſſus. Et auecques les racines & fueilles qu'ils bruſloyent enſemble, gardants les fruicts qui eſtoyent preſentez à l'autel, ils litoyent & appaiſoyent les Dieux celeſtes de la fumée & exhalation. *Couſtume des Egyptiens d'adorer leurs Dieux.*

SACRIFICE RETIRE' DV marbre antique, qui se voit à Rome encores auiourdhuy.

Porphyrius.

En ce temps là (comme dit Porphyrius) l'encens, la myrrhe, la casse, le soulphre, & le saffran n'estoyent pas en vsaige, mais l'herbe verte, qui monstroit la puissance de la terre: & telle litation, qui proprement se faisoit des herbes, fut nommée des Grecs θύσια. Depuis la coustume vint d'appaiser les Dieux auecques les bestes: & les premiers qui les tuerent, furent Hyperbius & Promotheus: & de là vint la superstition des victimes, & les loix données à ceux qui faisoyent les sacrifices: C'est assauoir d'esprouuer la beste, si elle estoit entiere & saine, & si elle refusoit d'estre tirée iusques à l'autel. Ils elisoyent les taureaux en leur presentant la farine, & les cheures auecques des ciches: car si ces bestes eussent refusé à manger

Litation nommée Thysia.

Hyperbius & Promotheus premiers sacrificateurs des bestes.

ces

ces viandes, les Anciens conceuoyent de là, qu'elles n'estoyent pas entieres & saines. Apres suruint vne façon de faire, qui estoit l'oblation de la myrrhe & du saffran, & depuis ils firẽt vne boucherie de leurs sacrifices. *Cerimonies des Aegyptiens.*

Les autres cerimonies des Aegyptiẽs estoyent de saluer les Dieux de matin, que les Anciens nommerent adorations. Ce que monstre Vitruue au quatriéme liure *Vitruue.* de son Architecture, quand il cõmande, que les temples & edifices des Dieux soyẽt ordonnez de telle façon. S'ils sont pres des rues publicques, que les passants les puissent regarder, & deuant faire salutatiõs, c'est à dire adorations. Ce diuin seruice, qu'ils faisoyent de matin, ont suyui ceux de nostre religion Chrestiẽne, qui disent l'office de matines, & gardent encores ce que les Aegyptiẽs *Heure premiere, secõde & tierce.* faisoyent, l'heure premiere, seconde, & tierce, que nous auons nõmées prime, tierce & sexte: lesquelles ils auoyẽt legitimes pour leurs cerimonies & sacrifices: & là ils chãtoyent hymnes & louẽnges, qu'ils auoyẽt en leurs liures rituels, qui estoyẽt faicts de chartes hieratiques, c'est *Liures rituels faicts de papier sacré.* à dire sacrées, qui estoyent dediées seulement (cõme dit Pline) aux volumes religieux: & là ils escripuoyent par figures & caracteres des bestes, des oyseaux, & autres choses seruants aux secrets de leurs cerimonies, que Tacitus, Macrobius, & Marcellinus disent estre nommées Hieroglyphes: dont estoyent insculpez les obelisques, *Lettres Hieroglyphes des Aegyptiens.* desquels Pline au liure trentesixiéme de l'histoire naturelle escript ainsi: Les sculptures et effigies, que nous voyons, sont lettres des Aegyptiẽs. Et telle lecture de leurs lettres & de leurs liures estoit impenetrable, & sans chemin, ormis à ceux, qui estoyent de leur religiõ, & de leur colliege: et ceux là en auoyẽt la congnoissance, & nõ autres. Et quand Orpheus (ainsi que dit Iulius Firmicus) *Orpheus.*

ouuroit aux hommes estrangers la cerimonie des sacrifices, il ne demandoit autre chose à ceux, qu'il receuoit en cest ordre sus le premier portal du temple, que la necessité de iurer:& auecques vne certaine & terrible autorité de la religion, il leur faisoit promettre de ne decouurir point les secrets de la religion aux prophanes, c'est à dire à ceux, qui n'estoyent point initiez, & de leur ordre: pource que toutes ces choses souffrent vne grand perte, quand elles sont mises dedans les cueurs de gens perdus & desesperez: mais bien fault qu'elles soyent receuës entre gens qui soyent separez de tous vices, c'est assauoir entiers, pudiques, sobres, & modestes. Et quand premierement les sacerdotes des Aegyptiens venoyent à prendre leurs ordres des choses sacrées, la coustume estoit de leur donner des presents, & ils faisoyent vn festin à ceux, qui auoyent assisté à leur recession. Puis le premier prebstre (que nous pourrions nommer en nostre religion l'Euesque) les enseignoit, & leur bailloit vn liure qui estoit en role, comme sont ceux des Hebreux encores auiourdhuy.

Deffense de ne publier point les secrets de la religion.

Les Romains eurēt autre façon de faire leurs dignitez sacerdotales, comme le grand Pontife, les petits Pontifes, Flamines, Archiflamines, & Protoflamines: tout ainsi que nous auons le Pape, les Cardinaulx, Euesques Archeuesques & Patriarches: collieges, cōme sont chanoines, & satellites, cōme sont les Cheualiers de Sainct Iean de Ierusalem. Et à tous ceux-là obeissoyent les Anciens par grande reuerence & honneur, obseruants par grand cure leur religion. Ce que nous monstre la tresnoble sentence de Cicero, *De Aruspicum responsis*, ou il dit, Que les Romains, encores qu'ils ne fussent de nombre esgaulx aux Espaignols, de force aux Gaulois, d'astu-

Dignitez des Romains sacerdotales.

Collieges. Satellites.

ce

ce & cautelle aux Africans, & de ſcience & diſcipline aux Grecs,& d'eſprit aux Latins, que de pieté & religiō, & auecques la ſeule ſaigeſſe (par laquelle ils auoyent regardé,que toutes choſes eſtoyent regies & gouuernées par l'ayde des Dieux Immortels)ils auoyēt vaincu toute maniere de gens & eſtrangeres nations.

Et depuis le plus petit iuſques au plus grand, les Anciens eurent pluſieurs benefices, qu'ils tenoyent auecques la diſpenſe du grand Pontife. Ce que teſmoigne Tranquillus en la vie de Claudius Ceſar, & Tite Liue au trentiéme dit, que le fils de Fabius Maximus auoit deux ſacerdoces, quand il fut créé Pontife. Et de ces benefices le reuenu eſtoit tel & ſi grand, que de ceux-là non ſeulement ils entretenoyent leurs familles, mais eſtoit le moyen de venir à la pompe de leurs triomphes. Et nourriſſoyent les prebſtres leurs femmes & enfans de leurs benefices, comme de leur patrimoine & reuenu:& s'ils tenoyent des offices publicques, & ſuyuoyent la gendarmerie, & exerçoyent la marchandiſe, tout ainſi que la fortune le donnoit. Et furent ces ſacerdoces ſemblables à ceux, que nous autres Chreſtiens nommons, par vn nom plus propre, benefices. Et de ces ſacerdoces, comme des benefices, il s'en trouuoit deux eſpeces, les vns qui eſtoyent à la collation des Pontifes, de la Republicque, & des Princes. L'autre, dont les fruićts, la rente & la charge demeuroit à la maiſon, & à la famille, & perpetuels ſucceſſeurs. Et tels ſacerdoces furent nommez des Anciens gentilicies, que les noſtres nomment droit de patronage. Et de ceux là parle Cicero *De Aruſpicum reſponſis* ſoubs ces motz, Il y a en ceſt ordre pluſieurs perſonnes, qui ont faićt les ſacrifices gentilicies en ce meſme temple. Et ſi le reuenu de tous ces benefices

Les Anciēs auoyēt des benefices.

Tranquillus.

Prebſtres des Romains.

Sacerdoces gentilicies.

Reuenu grand des benefices des anciens Romains.

nefices eſtoit grand, il ne le fault point trouuer eſtrãge: car les Romains, quand ils venoyent à conſtruire, fonder temples & religions, ils adiouſtoyẽt fonds & poſſeſſions, gaiges & reuenuz, dont la nourriture des prebſtres prouenoit auecques les oblations. Et faiſoyent les Roys & Empereurs fondations ſemblables à celles, que nous appellons Royales, & dont les prebſtres prenoyẽt le reuenu par les mains du Queſteur: comme les noſtres les prennent du Receueur du domeine. Ce que monſtre Tite Liue, quand il dit, que Numa inſtitua les Flamines & les vierges Veſtales, & ordonna leurs gaiges & reuenu du public. Ce que les autres fondateurs (il ne fault point doubter) obſeruerent touſiours depuis. Et ſi nous regardons curieuſement, nous congnoiſtrons que pluſieurs inſtitutions de noſtre religion ont eſté priſes & tranſlatées des cerimonies Aegyptienes, & des Gentils: comme ſont les tuniques & ſurpelis, les corõnes que ſont les prebſtres, les inclinations de teſte autour de l'autel, la pompe ſacrificale, la muſique des temples, adorations, prieres & ſupplications, proceſsions & letanies: & pluſieurs autres choſes, que noz prebſtres vſurpent en noz myſteres, & referent à vn ſeul Dieu IESVSCHRIST ce que l'ignorãce des Gentils, faulſe religiõ & folle ſuperſtition repreſentoit à leurs Dieux, & aux hõmes mortels apres leurs conſecrations.

Fondatiõs royales.

Inſtitutiõs des Gẽtils. Cerimonies trãslatées des Egyptiens & des Gẽtils.

Faulſe religion des Gentilz.

FIN DE LA RELIGION ET ANTIQVES CERIMONIES DES ROMAINS.

INDICE DES MATIERES PRINCIPALES, DIEVX ET DEESSES CONTENVES EN CE PRESENT OEVVRE.

AESCVLAPIVS. 102
APOLLO. 186
AVGVSTE CESAR. 61
ANTINOVS. 212

BACCHVS. 132

CERES. 129
CONCORDE. 22
CHASTETE'. 108
CLEMENCE. 125
CONGIAIRE. 138
CONSECRATION. 69

DIANE. 77
DES SACERDOCES DES ANCIENS ROMAINS. 226
DES FRERES ARVALES. 226
DES AVGVRES. 227
DV GRAND PONTIFE. 241
DV FLAMINE DIALE. 237
DES AVGVSTALES. 246
DES SALIES. 238
DES DEVX, DIX ET QVINZE-HOMMES. 240
DES SEPT-HOMMES EPVLONES. 239
DES SACERDOTES DE SYBELE. 249

EQVITE' 114
ETERNITE'. 126

R

ESPERANCE. 29

FORTVNE. 199
FOY. 30
FELICITE'. 110. 154
FECONDITE'. 158

GENIVS. 148

HERCVLES. 178
HERCVLES ROMAIN. 181
HONNEVR. 33

IVPITER. 38
IVNO. 45. 156
IANVS. 16
ISIS. 306
ITALIE. 164
IVSTICE. 112

LARES. 149
LIBERTE'. 109
LIBERALITE'. 137

MARS. 203
MERCVRE. 152
MINERVE. 47. 93
MONNOYE. 114

NEPTVNE. 96
NOBLESSE. 141

ORIENT. 193

PAIX. 9. 131
PIETE'. 119
PROVIDENCE. 65

ROME. 161
ROMVLVS. 160

SYBELE. 87
SANTE'. 106
SOLEIL. 190

TERRE. 128

VENVS. 207
VESTA. 214
VERTV. 33
VICTOIRE. 166
VOEVX DES ROMAINS. 250

FIN.

TABLE DES CHOSES MEMORABLES, QVI SE TREUVENT EN CE PRESENT OEVVRE.

A Brutus apparut son mauuais esprit. 150
Abstinence de Numa Pompilius & de Iulian l'Empereur, quand ils vouloyent sacrifier aux Dieux. 268
Acerra, petit coffre ou tenoyent leur encens les sacerdotes. 121.217.300
Acoustrement des Salies, sacerdotes du Dieu Mars. 239
Acoustrement des vierges Vestales. 217
Acoustrement du Flamine Diale. 237
Acoustrement du prebstre qui faisoit le sacrifice. 273.279
Adorations des Gentilz. 261
Aegiuchus, surnom de Jupiter. 51
Aegypte, mere des arts & bonnes disciplines. 307
Aesculape, Dieu de la santé. 102
Agate antique grauée d'vn Neptune. 99
Aigle consacrée à Jupiter. 42
Aigle qui emportoit aux cieux l'ame des Empereurs à leur consecration. 75
Alba vestis. 273
Albogalerus, chappeau du Flamine. 274
Alciat Jurisconsulte renommé, grand amateur de l'Antiquité. 248

Alexander Seuerus fils de Mammea. 54
Alexander Seuerus tenoit en son laraire l'imaige de IESVS CHRIST. 150
Alpha & Ω, commencement & la fin, n'est autre chose que le Createur. 170
Amatiste antique grauée du triomphe de la Judée. 11
Ambassade de Symmachus à Theodosian l'Empereur touchant les vierges Vestales. 220
Amoindrir par faulseté le pris de l'argent est chose, fort detestable. 115
Ance, ville en Lyonnois. 120
Animaux immolez aux Dieux & Deesses. 273
Animaux, qui seruent grandement à la vie de l'homme. 279
Animaux, qui sont en la tutelle de Diane. 84
Anoblissement du soldat Romain, qui auoit faict acte de vertu. 142
Antinous estoit de Bithynie. 213
Antinous, homme heroique. 212
Antonio Fantussi painctre de nostre temps excellent. 93
Antonin Pie feit dresser vn temple à son predecesseur Hadrian. 64
Antonin Pie restituteur du temple d'Auguste. 64
Apelles painctre renommé entre ceux de la Grece. 200
Apollo conseruateur. 186
Apollo Dieu des Citharistes. 187
Arbres consacrez aux Dieux & Deesses. 272
Arc triomphal de Tite Vespasian dressé à Rome par le Senat en son honneur. 8
Arche couuerte de lames d'or au temple de Salomon. 8
Archesilaus statuaire excellent. 111. 210
Archigallus principal des sacerdotes de Sybele. 249
Aspergile des anciens Romains. 265

Augura

Auguratoire des Anciens. 229
Auguste Cesar edifia le temple de Mars Ulteur au Capitole. 206
Auguste Cesar feit faire l'autel de Paix à Rome. 14
Auguste Cesar receu au nombre des Dieux. 62
Autels dressez pour l'eternité d'Auguste Cesar. 64
Aux vierges Vestales estoit deffendu de nourrir leur poil. 220

B

Bacchanales representées aux medailles de Nero & d'Antonin Pie. 136
Bacchantes, Bacches, ou Mimalonides, sacerdotes de Bacchus. 135
Baßins & testes de taureaux pourquoy mis par les Anciens aux frises de leurs temples. 291
Belliβime responce du Philosophe Anacharsis à un homme qui luy reprochoit qu'il estoit Barbare. 145
Bellona Deesse de la guerre. 95
Benestiers des Anciens, tant Hebreux que Romains. 267
Bibliotheque au temple d'Hadriã cõmun à tous les Dieux. 7
Bibliotheque belliβime au tẽple d'Auguste en Alexãdrie. 61
Bois de la tede agreable aux sacrifices. 268
Bois de la vigne fort durable. 224
Bois de mauuais augure pour le feu des sacrifices. 285
Bons & mauuais Anges, ou Esperitz. 149
Bottines de Diane nommées Endromides. 81

C

Cachet de Nero l'Empereur. 195
Caducée symbole de paix. 12.16.153
Caducée verge de Mercure entortillée de deux serpens. 153
Caige pullaire des Anciens. 236

Caius Memmius premier des Romains qui celebra les Cereales. 129
Candelabre qui estoit au temple de Salomon. 8
Candelabre des anciens Romains. 285
Caßidoine antique grauée d'vn Iupiter aßis en son throsne. 53
Caßidoine, pierre consacrée à Jupiter Fulgurateur. 52
Celebration de la feste de Diane en Ephese. 78
Cene des prebstres Romains. 301
Ce que doibt auoir l'homme noble. 147
Ce qu'il fault laisser pour venir à la beatitude. 269
Ce que la terre porte est estimé pur & net. 273
Ceres ennemye mortelle de la guerre. 131
Cerimonies des Romains aux consecrations de leurs Empereurs. 73
Cerimonies des Romains en leurs sacrifices. 264
Cerimonies des sacerdotes auant que la victime fust mactée. 284
Changement d'estat faict perdre la noblesse. 143
Chappeau de Mercure nommé Galerus, & Petasus. 152
Chappeau du Flamine. 274
Chappeau du grand Pontife. 242
Char de Bacchus tiré par deux Tigres ou deux Onces. 136
Char de Ceres tiré par deux serpens. 130
Char de Juno tiré par des paons. 46
Char de Neptune tiré par cheuaux. 98
Char de Sybele mené par deux lions. 88
Char de Venus tiré par des cygnes. 208
Char de Venus conduit par deux Cupido. 210
Charge des Maistres des monnoyes des anciẽs Romains. 116
Charge des Quinze-hommes. 241
Charge des sacerdotes Romains. 250
Charge des Sept-hommes Epulones. 239

Charge des Victimaires. 278
Charge du grand Pontife. 241
Chasteté des Hierophantes, sacerdotes des Atheniens. 269
Cheure de la Nymphe Amalthea, nourrisse de Jupiter. 51
Chien de bronze, faict par vn merueilleux artifice. 42
Chiffre de CHRIST *painct aux medailles des Empereurs.* 171
Chores dedans les basiliques des Anciens. 305
Chose bien difficile que d'oster vn peuple de sa loy. 37
Claue & peau du lion pourquoy donnees à Hercules. 174
Claudius l'Empereur monstre encommencé & non acheué de nature. 70
Cicero fut de l'ordre des Augures. 227
Coignée Pōtificale, de laquelle estoit demēbrée la victime. 295
Colasses feit le colosse de Rhodes. 194
Colliege des Salies. 238
Colliege des sacerdotes Augustales à Lyon. 246
Colonnes dreßées à Rome à l'honneur de Traian & d'Antonin Pie par le Senat. 71
Colonie Commodiene. 182
Colosse de Rhodes. 194
Combat d'Apollo & de Marsias. 195
Comme Hercules estoit painct des Gaulois. 184
Comme Jupiter fut painct des Anciens. 54
Cōme les Anciens ordonnerent les temples de leurs Dieux. 36
Comme les femmes Romaines estoyent purgées par les sacerdotes de Juno. 157
Comme les Pheniciens sacrifierent à la Deesse Venus. 209
Comme paignirent les Lacedemoniens le simulacre de Mars. 207
Comme paignirent les Rhodiens l'effigie d'Apollo. 191
Comme se faisoyent les pains, que les Latins ont nommé panes Picentes. 246

Commo

Commode l'Empereur acheptoit la foy de ses soldats à deniers contants. 30
Commode l'Emp. dict Hercules Romain. 182
Commode l'Emp. en accoustrement d'Hercules. 181
Commode l'Emp. faisoit porter deuant luy la massue & peau d'Hercules. 183
Commode repudia le surnom de sa maison. 181
Commode sacrifia à la mere des Dieux, ayant eschappé la mort. 249
Concorde fort estimée entre les Empereurs Romains & leurs gendarmes. 25
Confessiō des pechez gardée et vsitée des sacerdotes Romains. 270
Conflagration du temple de Paix à Rome. 9
Conflagration du temple de Vesta. 215
Congiaire, liberalité faicte au peuple. 137.258
Consecration des Empereurs Romains. 69.73
Consecration des Pontifes. 243
Consecration du cierge de Pasques. 219
Conspiration de Maternus cōtre Commode l'Empereur. 249
Constantin le Grand adora IESVSCHRIST, & luy feit temples magnifiques. 169
Consualia, festes de Neptune. 100
Coronnes de laurier pendues sur le portal des maisons des Empereurs. 188
Coronnes triomphales, ciuiques, murales & autres enseignes de vertu. 141
Cornes de cerfs estachées aux temples de Diane. 80
Corniol antique graué d'vn Aesculapius. 103
Corniol antique graué d'vne Fortune. 202
Corniol antique graué d'vn Mercure aßis sus vn Cancre de mer. 155

Corniol antique graué d'vn Mercure tout droit. 156
Corniol antique graué d'vn Neptune. 99
Corniol antique insculpé d'vn Satyre, qui meine vn bouc à l'autel. 133
Couleur blanche agreable à Dieu. 273
Cousteau des Anciens duquel ils demembroyent les victimes. 296
Cousteaux que les Victimaires portoyent pendus à leur ceinture. 298
Coustume des Aegyptiens d'adorer leurs Dieux. 307
Coustume des Anciens aux funerailles. 143
Coustume des Iuifs de veiller en leurs temples. 294
Coustume des Romains de dormir sur les peaux des victimes dedans leurs temples. 294
Coustume retenue des Anciens à la feste Dieu. 250
Couuerture du temple de Pantheon, d'argent. 4
Cultri, petits cousteaux desquels estoyent tuées les petites victimes. 295
Cultri venatorij. 296

D

Danse des Bacchantes representée par les medailles. 135
Danse des poulets, nommée tripudium. 234
Danse d'vne mesure appellée Pyrrique. 75
Deesse de nature 93
Defense d'Orpheus de ne publier les secrets de la religion. 310
Definition de Chasteté. 109
Definition de Iustice. 112
Definition de Liberté. 109
Definition de Noblesse selon Sceuola. 143
Definition de Noblesse selon Aristote. 144
Definition de Pieté. 121

S

Definition de Prouidence. 65
De la concorde des Princes prouient le salut du peuple. 24
De quelle matiere firent premierement les Anciens les simulacres des Dieux. 19.224
Description de la Rome paincte aux medailles de Vespasian. 162
Despence de trois cens talents d'or pour la façon du colosse de Rhodes. 195
Despence du temple de Iupiter Capitolin à Rome. 42
Deuise de la prouidence. 66
Deuise de la velocité accompaignée de la tardité. 155
Deuotion de Loys IIII. Empereur à l'endroit de la religion Chrestienne. 119
Deux especes de benefices des sacerdotes Romains. 311
Deux Venus selon Plato. 209
Diane auoit la charge des enfans apres qu'ils estoyent nez. 157
Diane conseruatrice adorée en Sicile. 90
Diane Deesse de la venerie. 79
Diane & la Lune estoyent vne mesme chose. 79
Diane nommée des Anciens Ceruicide. 79
Diane dicte Taurobolos. 85
Diane pourquoy nommée Tauropola. 84
Diane Taurique. 84
Diane triforme. 93
Diane Venatrice. 81
Dict d'Epicure. 66
Dieu est appaisé par l'oraison. 251
Dieux des anciens Rom. meritent plustost d'estre appellez Demones. 121.226.250
Dieux & Deesses representez par leurs animaulx. 43.136
Difference entre le noble & genereux. 146

Diffe

Difference qui est entre la definition de Noblesse d'Aristote, & celle de Sceuola. 144
Dignité des Decurions. 248
Dignité du grand Pontife. 242
Dignitez sacerdotales des anciens Romains. 310
Dignitez sacerdotales en la religion des Romains differentes. 237
Dinocrates Architecte renommé. 78
Disque des Anciens. 290
Dissention entre Neptune & Pallas. 95
Diuersité de noms de Diane. 78
Diuersité des cousteaux des sacrificateurs. 297
Dolabra Pontificia. 295
Domitian l'Emp. feit dresser vn těple à la Deesse Santé. 107
Donatif, liberalité faicte aux gendarmes. 137
Donatifs figurez par vn suggeste qui se treuue faict par les medailles en forme d'vn dé. 30
Doreure Prenestine. 202
Droit public & priué. 113
Du temps des Romains il n'estoit point permis de iurer par le Genie du Prince. 150
Duumuirs instituez par Tarquinius Superbus. 240

E

Eaue beniste des Anciens. 267
Eaue de Mercure. 266
Edict de C. Annius Fannius à Rome. 245
Election des Salies. 238
Election du grand Pontife. 241
Eleemosyna, mot qui se treuue vnique entre les liures des Gentilz. 270
Enclabris, table seruant aux sacrifices. 295

Enclabria, vases des sacrifices. 295
En la victoire lon ne sent point le labeur. 172
En l'vnion & concorde demeuroit la seureté du peuple de Rome. 26
En quelle recommandation estoit l'aumosne à l'endroit des Romains & des Grecz. 270
Enseigne du labarum comme portée à la guerre. 172
Enseigne sacrée à IESVSCHRIST. 171
Enseignes de la religion des Romains. 122. 231
Enseignes de la Victoire. 168
Enseignes de Mercure. 152
Enseignes des Empereurs Chrestiens. 257
Entrée du temple de Vesta defendue aux hommes. 216
Epidaure, ville d'Esclauonie, auiourdhuy nõmée Raguse. 103
Epigramme qui est à Lectore ville de Gascoigne. 87
Epitaphe de Clælia Claudiana Vestale. 219
Epitaphe de Flauia Manilia Vestale. 218
Epitaphe de Sabina Tranquillina femme de Gordian l'Empereur. 87
Epitaphe trouué à Turin. 142
Epithetes d'Hercules. 176
Epithetes du Dieu Mars. 203
Erostratus brusla le temple de Diane en Ephese. 78
Erreur des Gentilz à la congnoissance d'vn seul Dieu. 37
Esculus, espece de chesne. 272
Esperance l'vnique consolation des hommes. 28
Estoille de Iupiter. 56
Estoille de Mercure. 152
Eternité de l'Empire Romain. 127
Exclamation de Seneque contre l'estomach insatiable des hõmes. 245
Exemple du loup & du lion. 146
Exemple

Exemple ſingulier de pieté. 125
Exploration de la victime. 283

F

Façon de faire de ceux qui auoyent eſchappé vn naufrage de mer. 264
Façon de parler des Anciens en leurs ſacrifices. 286. 288
Façon des temples qui doibuent eſtre edifiez aux Dieux & Deeſſes ſelon l'opinion de Vitruue. 36
Faulſe opinion des Gentilz. 263
Faulſe religion des Gentilz. 312
Felicité pourquoy paincte des Romains tenant le caducée. 154
Feſte ſolennelle de la Mere des Dieux faicte tous les ans par les Romains. 249
Figure de Cerberus tiré des enfers par Hercules. 177
Figure de Iuno Lucina. 157
Figure de la Deeſſe Equité. 114
Figure de la Deeſſe Venus. 209
Figure de la Pieté. 121
Figure de la Terre adorée des Anciens. 129
Figure de Rome Deeſſe. 160
Figure des Anciles, armes celeſtes. 238
Figure differente de la Prouidence. 67
Figure du Dieu Apollo. 186
Figure du Dieu Genius. 148
Figure du ſympulle. 284
Figure du Tibre fleuue. 162
Figure du tripos d'Apollo. 197
Figure du vaſe nommé Prefericule. 283
Fin du ſacrifice. 304
Flamines & les Veſtales prenoyent leur reuenu du public. 312
Flamines ordonnez pour les Emp. qui auoyẽt eſté deifiez. 237

Fluſtes de bouïs & d'argent. 275
Folle ſuperſtion des Romains. 50.69.76
Force de iuſtice. 113
Force du ſel & de l'eaue ſacrez. 263
Fortune paincte aueugle. 202
Fortune pourquoy paincte couchée par Apelles. 200
Fortune pourquoy tenant vn rameau de laurier. 201
Fulgure de Iupiter tenu en grande reuerence par les Anciens 262
Fuſcine ſceptre de Neptune. 97

G

Gal en la tutelle de Mercure, & pourquoy. 154
Galerus chappeau de Mercure. 44.152
Galli, ſacerdotes de la Mere des Dieux. 249
Genius Dieu de nature. 148
Genius & les Lares ſont vne meſme choſe. 149
Geſtes & triomphantes victoires des Romains reſplendiſſent par tout le monde. 163
Grains d'orge meſlez auec du ſel ſe mangeoyent auant l'vſaige de mouldre. 282
Griues farſies en grande recommandation du temps d'Auguſte. 245
Gymnaſe & bibliotheque au temple d'Hadrian commun à tous les Dieux. 6

H

Habit des Miniſtres aux Victimaires different. 287
Habit des Tubicines & Liticines des ſacrifices. 288
Habit des Victimaires. 276
Hecatombes, mactations de cent beufs. 288
Heliogabale, ainſi nommé le Soleil des Pheniciens. 198

Helioga

Heliogabalus l'Emp.painct en habit de sacerdote pheniciẽ.199
Hercules a couru le païs de la Gaule. 184
Hercules Ogmius ou Gallique. 184
Hercules painct des Anciens tenant trois pommes. 179
Hercules pourquoy painct des Anciens tout nud. 174
Hercules pourquoy painct vieil des Gaulois. 186
Hermes, Mercure, ainsi nommé des Grecz. 152
Hippocrates a consommé la medicine. 103
Hippocratia, feste en l'honneur de Neptune. 100
Hypbius et Promotheus premiers sacrificateurs des bestes.292
Hymnes accõmodez aux louanges des Dieux & Deesses.304
Hymnes chantez aux sacrifices. 275
Hymnes des yurongnes. 304

I

Iacquomo Strada Antiquaire Mantuan. 20.40
Ianus Dieu de la paix & de concorde. 19
Ianus Geminus. 15.17
Ianus pourquoy painct des Anciens à deux visaiges. 18
Ianus premier edificateur des temples. 4
Ianus Quadriforme. 20
Ianus reduist les hommes sauuaiges à toute humanité & douceur. 18
Iaspe antique graué de la teste de bonne fortune. 202
Iaspe antique graué d'vn formis. 66
Iaspe antique graué du tripos d'Apollo. 197
Ida, mont en Candie & en Phrygie. 88
Ieusne institué à la Deesse Ceres par les Anciens. 269
Ieux publicques ou seculaires des Anciens. 258
Ieux seculaires de Domitiã l'Emp.& d'Antoninus Geta.261
Imaige d'Aesculapius. 103
Imaige de la Deesse Chasteté. 108
Imaige de la Mere des Dieux. 88.91

Imaige

Imaige de la Paix Deesse adorée des Romains. 12.131
Imaige de Liberalité Deesse. 139
Infule de laine de laquelle estoit decorée la victime. 277
Institution de Numa Pompilius pour adorer les Dieux. 264
Interpretation de la paincture d'Hercules Gallique. 185
Isis Deesse adorée des Romains. 306
Italie figurée par les medailles des Empereurs. 164
Italie iadis Dame & maistresse de tout le monde. 164
Italie pourquoy paincte auec le Cornucopie. 164
Iule Cesar a passé tous les Princes de misericorde & clemence. 125
Iule Cesar deprisa la superstition des Romains es victimes. 278
Iulio de Calestan Parmesan, singulier amateur de l'Antiquité. 135
Iuno auoit la charge des femmes enceintes. 157
Iuno femme & sœur de Iupiter. 156
Iupiter Ammon. 50
Iupiter Anxurus. 60
Iupiter Capitolinus. 40
Iupiter Conseruateur. 57
Iupiter Croissant. 51
Iupiter Custos. 59
Iupiter Eleus, ou Olympius. 55
Iupiter Fulgurateur. 58
Iupiter Propugnateur. 58
Iupiter seul coronné d'oliue. 60
Iupiter Stateur. 59
Iupiter stateur de l'Empire Romain. 59
Iupiter Victeur. 48.52
Iupiter Vlteur. 58

L'aigle

L

L'aigle qui porte la teste de Iupiter & de Iuno. 44
Labarum enseigne principale des Empereurs. 168
L'abondance de tous biens vient de la concorde. 22
Labrum, cuue des Hebreux. 267
La Cheure consacrée à Iupiter. 51
La Chouëtte consacrée à Aesculapius. 104
La Chouëtte dediée à Minerue. 47. 94
La Colombe symbole de chasteté. 188
La Corneille consacrée à Apollo. 197
La Corneille deuise de concorde. 27
La Corneille en la tutelle de la Deesse Concorde. 26
La diligence & la vertu font dresser expeditions d'immortelle renommée. 36
La garde de la cité de Rome demeuroit entre les mains de Iupiter, de Minerue, & de Iuno. 49
La iustice faict regner les Princes. 112
La puissance de faire battre la monnoye appartenoit aux Tribuns. 117
Laraire des anciens Romains. 150
Lares & Lemures. 149
Lares filz de la Lune & de Mercure. 152
Largesse vient d'vn noble cueur. 141
La truye consacrée à Ceres. 130
La vertu frappe de loing. 180
La Victoire pourquoy paincte tenant le caducée de Mercure. 167
La vraye noblesse est en la vertu. 144
Le Belier consacré à Iupiter. 50
Le Bouc immolé à Iuno. 158
Le Bouc pourquoy sacrifié à Bacchus. 132
Le chappeau deuise de liberté. 109

T

Le Cheual consacré à Neptune. 99
Le cyprez ne reiette iamais quand il est couppé. 272
Le Daulphin dedié à Neptune. 96
L'Empire de Rome auoit forme de liberté. 116
L'espieu donné à Diane pour le sanglier. 80
Le formis symbole de la prouidence. 66
Le Gal, le Bouc, l'Escorpion, la Mouche, animaulx qui apartiennent à Mercure. 155
Legats en grand nombre laissez par les Romains aux vierges Vestales, & depuis ostez à la persuasion des Chrestiens. 220.221
Le ieusne obserué des Anciens. 269
Le laure consacré à Apollo. 188.199.272
Le laure dedié aux triomphes. 188
Le Paon & l'Austriche consacrez à Iuno. 46
Le sacerdote Romain tenoit l'autel en sacrifiant. 280
Le sel symbole d'amytié. 282
Le serpent dedié à Aesculapius. 104
Le serpent painct auecques la Deesse Santé aux monnoyes des Empereurs. 106
Le serpent symbole de prudence. 104
Le simulacre d'Hercules representoit la vertu. 34.173
Le Soleil honoré des Pheniciens. 198
Le tẽple bien serui aporte grãd decoration à la cité ou il est. 305
Les Anciens auoyent des benefices. 311
Les Anciens vserent de l'aumosne. 270
Les armes & les lettres sont deux choses qui font viure leurs possesseurs eternellement. 143
Les auspices en grande recommandation à l'endroit des Romains. 236
Les Gouuerneurs Romains faisoyent coigner monnoye d'or & d'argent à Lyon. 119
Les

Les grands honneurs naissent de la racine de vertu. 34
Les lettres rendent le nom des Princes immortel. 13
Les liures Sybillins reposoyẽt au temple de Iupiter Capitolin. 42
Les Muses ont monstré aux hommes la religion. 197
Les Muses pourquoy faintes demeurer par les montaignes. 196
Les muses pourquoy vierges. 196
Les Pheniciens auoyent la Deesse Venus en grande reuerence. 209
Les Quinze-hommes presidoyent aux sacrifices d'Apollo. 241
Les Romains faisoyẽt leurs sacrifices de matin & droit à l'Orient. 280
Les Romains ne faisoyent point sacrifice sans feu. 284
Les Romains sur tous garderent la religion. 4
Les trois iambes deuise de la Sicile. 82
Les vertuz des predecesseurs ne seruent que d'exemple. 144
Ler vierges Vestales prenoyent leurs rentes du public. 220
Lettres hierogliphes des Aegyptiens. 293
L'homme vitieux qui presche sa noblesse par les faicts de ses Maieurs, s'enterre de luy mesmes. 145
L'honneur fait maintenir la foy promise. 33
Liairre dedié à Bacchus. 272
Liberalité d'Auguste Cesar. 137.138
Liberalité d'Hadrian & d'Alexander Seuerus figurée par leurs medailles. 140
Liberalité de Marc Aurele. 139
Liber erigea vn temple à Iupiter Ammon. 50
Liberté rend heureux l'homme qui la possede. 109
Liqueur pretieuse pour teindre les robes. 245
Litation faicte d'herbes, nommée des Grecz Thysia. 292

Les

Lithostrates ou Musaiques des Anciens. 203
Litue, baston augural des Anciens. 229
Liure de l'Auteur de Imaginibus, siue de natura Deorum. 93.133
Des epigrammes de toute la Gaule. 86
Des animaux feroces & estranges. 146
XII. Des Antiquitez de Rome. 17.248
Liures rituels aux téples des Anciés faicts de papier sacré. 293
Loix Decemuirales. 118
Loix des Macedoniens, Amazones & Scythes contre celuy qui n'auoit faict à la guerre preuue de sa vertu. 141
Lothos capillata. 220
Louange de l'abstinence & sobrieté. 268
Louange de la cité de Lyon. 248
Louanges de la paix. 13. 132
Louanges de liberalité. 137
Louanges de liberté. 109
Louanges de l'Italie. 166
Loys IIII. Empereur Prince belliqueux. 119
Lucerne antique de bronze trouuée à Lyon. 151
Lupercal lieu sacré à Rome au Dieu Lupin. 158
Lysimachus, l'vn des successeurs d'Alexandre. 48

M

Machaon fils d'Aesculapius. 102
Mactation des beufs pourquoy defendue aux sacrifices de Ceres. 130
Maillets des Anciens, desquels le Victimaire frappoit les victimes. 286
Mains dextres deuise de concorde. 32
Mains dextres representées des deux costez aux medailles antiques. 32

Maison

Maison de Cicero consacrée par Clodius à la Deesse Liberté. 109
Maniere de faire des sacerdotes Lupercales quand ils couroyẽt parmy les rues de Rome. 158
Manteau de pourpre bellissime au temple de Iupiter Capitolin à Rome. 42
Marc Antoine en habit d'augur. 231
Marc Antoine & Lepidus Augurs. 237
Marcellus voüa le temple d'Honneur & de Vertu. 33
Marius edifia vn temple à Honneur & à la Vertu. 33
Mars pourquoy nommé Quirinus. 204
Mars pourquoy painct tout nud. 203
Marsias vaincu par Apollo, & escorché. 195
Massue & peau du lion pourquoy données à l'antique Hercules. 177
Maxentius Conseruateur de tout le monde. 161
Medailles d'or & d'argent trouuées à Reims. 91
Medailles d'argent trouuées en Lyonnois. 120
Medaillons frappez pour la memoire des Empereurs. 181
Megalesia festes de la Mere des Dieux. 249
Mercure Dieu d'eloquence. 156
Mercure Dieu des marchants. 152
Mercure adoré par les Gaulois. 154
Mercure inuenteur de plusieurs choses necessaires aux hommes. 156
Mercure pourquoy nommé Pacifere. 153
Meßire George de Vauzeles Cheualier de Rhodes, homme liberal à l'endroit de ses amys. 194
Minerue fondatrice d'Athenes. 94
Minerue preside à la memoire. 96
Minerue Victorieuse. 48
Miracle faulx de Vespasian l'Empereur en Alexandrie. 263

Mola des Anciens, & comme elle se faisoit. 264
Monnoye des Princes sacrée. 114
Monsieur le Thresorier Grolier grand amateur de l'Antiquité. 32
Myrthe, arbre consacré à la Deesse Venus. 272

N

Nauire de marbre Thaßie à Rome. 106
Neptune Equestre ou Cheualier. 100
Neptune pourquoy fainct Dieu de la mer. 100
Noblesse de sang seule est comme vne nuée & comme le vent. 145
Noblesse des antiques maisons se treuue ruinée par les vices. 147
Nombre des Augures des anciens Romains. 229
Nombre des vierges Vestales ordonnées pour le seruice de la Deesse. 217
Noms de mauuais augure euitez aux sacrifices des Romains. 286
Noms diuers de la Mere des Dieux. 90
Noms & tiltres de Commode l'Empereur. 183
Nostre religion est vraye & venue de Dieu. 263
Numa Pompilius edificateur du temple de Vesta. 216
Numa Pompilius fondateur du temple de Ianus. 15. 20
Numa Pompilius institua les Salies. 238. 274
Numa Pompilius premier edificateur du temple de la Foy. 33
Nuncupare vota. 252

O

Oeuure vertueuse est plus excellente que la vertu. 147
Offertes des Romains faictes aux temples estoyent données aux poures, & indigens. 304

Olæ

Olæ & Vlæ. 282
Oliue dediée à Minerue. 95.272
Oliue deuise de la paix. 12
Oliue de Pallas. 96
Once animal consacré à Bacchus. 136
Onice antique grauée d'vn Aesculapius. 103
Onice antique insculpée d'vn Mercure. 156
Onice antique insculpée du cheual de Neptune. 101
Onices antiques grauées chascune d'vn Bacchus. 135
Oraison attribuée à Hercules par les Gaulois. 185
Ordre des Philosophes Brachmanes. 269
Ordre des processions des Anciens. 250
Ordres & collieges des sacerdotes Romains. 225
Orient insculpé aux medailles des Empereurs. 193
Ornement des grandes hosties, qui debuoyent estre immolées. 275
Ornement des petites victimes. 277

P

Painćture de la Deesse Ceres. 130
Painćture de la Deesse Eternité differente. 126
Painćture de la Deesse Fortune. 199
Painćture de la Deesse Iustice. 113
Painćture de la Deesse Liberté. 109
Painćture de la Deesse Victoire. 166.172
Painćture de Minerue. 94
Painćture de Noblesse. 147
Painćture diuerse d'Apollo. 189
Painćture du Dieu Bacchus. 133
Painćture du Dieu Mars. 207
Painćture du simulacre de Neptune. 97
Pains

Ola

Pains ronds faicts en l'honneur des Dieux. 302
Paix vniuerselle du temps de Vespasian l'Emp. 12
Palladium de Troye. 122. 214. 217
Paludament manteau Royal. 170
Par les imaiges les Anciens entendirent la noblesse du sang. 143
Par quelles raisons commencerẽt les Anciens à sacrifier. 264
Parolle pennigere comme vne flesche. 186
Pateres, vases des Anciens. 289
Penitence est le vray arrosement de salut. 270
Perle de Cleopatra, singulier ouuraige de nature. 4
Petrus Gilius amateur singulier de l'Antiquité. 86
Peuple arbre dedié à Hercules. 179. 272
Phidias sculpteur renommé entre ceux de la Grece. 4
φράτορες, *ainsi nommez des Grecz les Sept-hommes Epulones.* 239
Pieté enuers les parents. 122
Pieté enuers noz enfans. 123
Pieté de la Cigogne à l'endroit de ses parents. 123
Pieté, qui assemble les deux freres Titus & Domitian. 125
Pin arbre dedié à Sybele. 88. 92
Pin arbre dedié au Dieu Pan. 272
Plautille femme d'Antoninus Caracalla. 27
Pompe des Vestales du temps de Prudence. 223
Populonie cité d'Italie tresantique. 224
Portes du temple de Ianus fermées par trois fois. 15
Pourquoy furent adioustées deux cornes aux statues & medailles de Lysimachus. 48
Pourquoy les Anciens paignirẽt le Cheual de Neptune auec la queuë du Daulphin. 101
Pourquoy les Empereurs feirẽt insculper leurs visaiges à leurs monnoyes. 115
Pour

Pourquoy ont fainct les Poëtes Minerue estre née de la teste de Iupiter. 93
Pourquoy paignirẽt les Atheniẽs la Victoire sans aisles. 168
Prebstres d'Auguste nõmez Sextum-viri Augustales. 247
Prebstres de Iupiter & de Mars par qui instituez. 237
Prebstres des Romains estoyent mariez & exerçoyent la marchandise. 311
Prebstres des Romains portoyent la teste rase. 276
Prebstres & Flamines ordõnez pour le seruice des temples des Empereurs consacrez. 72
Preféricule, vase des sacrifices. 283
Primices & fruicts mis sus l'autel auant le sacrifice. 281
Principale des Vestales nommée Maxima. 217. 218
Processions des Anciens. 250
Proserpine femme de Pluto. 156
Purgation des Romains auec l'eaue sacrée. 265

Q

Qualitez requises aux victimes pour estre agreables aux Dieux. 278
Quatre Venus differentes descriptes par les Anciens. 208
Que demandoyent les Romains aux Dieux en leurs vœux publicques. 257
Qu'est ce que Fauere, proprement. 271
Qu'est ce que Fortune. 202
Qu'est ce que Quiris en language des Sabins. 204
Qu'est ce qui meut les Romains de creer les Triumuirs des mõnoyes. 116
Qu'est signifié par le serpent d'Aesculapius. 104
Qu'estoit signifié par Iupiter & Iuno. 156
Que signifie Cerberus vaincu par Hercules. 178
Que signifie le baston que porte Aesculapius. 104

V

Que signifie solum en langue Tusque. 301
Que signifient la raseure de teste des prebstres, & leur coronne. 276
Que signifioit la claue que portoit Hercules. 176
Que signifioit le chapeau de Mercure. 153
Que signifioit le feu, qui brusloit perpetuellement sur l'autel des Hebreux. 219
Que vouloyent entendre les Anciens par ce nom, Macter. 286
Que voulurent signifier les Anciens, quand ils paignirent le simulacre de Bacchus en figure d'vn enfant. 341
Quel fut Hercules selon les Historiographes. 183
Quel sacrifice estoit estimé plein & parfaict. 300
Quels estoyent les Sextumuirs Augustales. 247
Quelles estoyent les victimes, desquelles vsoyent en leurs sacrifices les Romains. 279
Qui estoyent les intestins. 295
Quinquatria, festes de Minerue. 96

R

Racine de l'oliue seruoit aux Anciens pour leurs petites imaiges. 224
Racine de thya arbre. 224
Raguse ville d'Esclauonie, anciennement nommée Epidaure. 103
Raison qui faisoit manger les Anciens ensemble dedans les temples. 304
Religion & cerimonies des Aegyptiens. 293. 306
Responce de Prudentius à Symmachus, touchant les legats ostez aux vierges Vestales. 220
Reuenu grand des benefices des sacerdotes Romains. 312
Reuerence de Dieu est le vray fondement de la vie saincte. 251

Riches

Richesses necessaires à l'homme noble pour deux raisons. 144
Robe de l'Augur nommée lena, ou trabea. 230
Robe pure & religieuse. 273
Robe xyline des sacerdotes Aegyptiens. 272
Robes de l'Empereur Aurelian. 42
Rome Eternelle. 161
Rome tenue entre les autres Deesses des Romains. 160
Rome Victorieuse. 160
Rome victorieuse de tout le monde. 163
Romulus en acoustrement de Mars. 160
Romulus receu au nombre des Dieux. 160

S

Sabina femme d'Hadrian l'Empereur. 124
Sacerdoce des Augures en grande autorité & veneration des Romains. 227
Sacerdoce des freres Aruales par qui institué. 226
Sacerdotes Augustales, Heluiens, Antoniens, Aureliens & Faustiniens. 225
Sacerdotes Romains mangeoyent tous debout dedans les temples. 302
Sacerdotes de Mars nommez Salies. 203
Sacerdotes des Aegyptiens ne portoyent point de cheueux. 276
Sacrifice à Diane soubs le nom d'Hecate. 93
Sacrifice des Bacchantes. 135
Sacrifice des ieux seculaires. 258. 261
Sacrifice nommé Amberuale, & comme il estoit faict. 226
Sacrifice ordonné à Diane par la Royne des Amazones. 85
Sacrifices des Anciens ne se faisoyent point sans musique. 279

Sacrifices des vierges Vestales. 217
Sacrifices faicts à la Terre par les Anciens. 128
Sacrifices gentilicies. 311
Sacrifices pour les vœux. 254
Sacrilege commis à Rome par Constantin III. Empereur. 6
Salacia femme de Neptune. 156
Salies sacerdotes d'Hercules. 179
Sans la mole salée le sacrifice n'estoit point agreable aux Dieux. 283
Secespita, cousteau des Victimaires. 289. 295
Seua, cousteau des Victimaires. 295
Sentence bellissime retirée d'vn marbre antique. 125
Sentence d'Antonin Pie pleine de pieté. 71
Senteur du laurier dechasse l'infection de l'air. 189
Sept montaignes de Rome. 162
Septemuirs Epulones par qui instituez. 239
Sergius Galba de l'ordre des Augustales. 248
Seuere l'Empereur canonizé. 69. 76
Signe de la Croix qui apparut à Constantin. 169
Signes de bon & de mauuais augure es victimes qui debuoyent estre immolées. 277
Silence grand gardé par les Romains aux sacrifices de leurs Dieux. 271
Simulacre d'Æsculapius aporté à Rome. 105
Simulacre de Bacchus de bronze. 134
Simulacre de bronze de Romulus & Remus. 158
Simulacre de Diane des Ephesiens. 77
Simulacre d'Hercules. 179
Simulacre d'Hercules tenant Anteus. 173
Simulacre de Iupiter en Populonie faict du bois de la vigne. 224

Simulacre de Vertu. 33
Simulacre de la Deesse Concorde. 22
Simulacre de la Deesse Felicité. 111
Simulacre de la Foy. 30
Simulacre de l'Honneur. 33
Simulacre de Prouidence. 67
Simulacres de l'Eternité. 127
Six tasses d'emeraude, & six vases murrhins au temple de Iupiter Capitolin à Rome. 42
Soleil inuincible nommé Apollo des Anciens. 190
Solennité aux vœux publicques des Romains. 258
Solitaurilia, sacrifices faicts par les Romains. 300
Solitaurilia, nom qui designe l'immolation de trois hosties. 301
Soteria, ieux & sacrifices faicts pour le salut de Commode l'Empereur. 249
Souper des Pontifes. 244
Statue d'Hercules faicte par Polyclete. 173
Statue de Mercure en Auuergne. 154
Statue de Mercure en Arcadie, faicte du bois de thya arbre. 224
Suffibulæ, robes blanches des Vestales. 217
Supposer les cousteaux. 286
Sylla augmenta le nombre des Dix-hommes. 240
Symbole de victoire. 47
Symmachus homme patrice de noblesse, d'eloquence & dignité tresinsigne. 220

T

Table d'or au temple de Salomon. 8
Table sacrée des Pythagoriens. 269
Tauropolium sacrifice faict à Diane. 85

Et à la Mere des Dieux. 86
Temple à Diane erigé par Auguste Cesar, en signe de la desfaicte de Sextus Pompeius. 82
Temple d'Aesculapius à Epidaure. 103. 105
Temple d'Auguste à Rome commencé par Tibere, & acheué par Caligula. 62.246
Temple d'Auguste dressé à Lyon au lieu, ou est à present l'Abbaye d'Aisnay. 247
Temple de Concorde dedié par Tibere. 22
Temple de Diane en Ephese, mis entre les sept spectacles du monde. 77
Temple de Diane en l'isle de Icarie. 84
Temple de Diane renommé en Sicile. 83
Temple d'Hadrian à Athenes commun à tous les Dieux. 7
Temple de Salomon en Hierusalem. 8
Temple de Ianus de bronze, faict premierement par Numa de la grandeur d'vne chapelle. 15
Temple de Ianus Quadriforme. 17. 21
Temple de Iuno. 45
Temple de Iupiter. 41
Temple de Iupiter Capitolin. 38
Temple de Iupiter Olympius, ou Eleus à Syracuse. 55
Temple de Liberté. 107
Temple de Mercure. 156
Temple de Paix entre les œuures magnifiques de la cité de Rome. 9
Temple de Pantheon dressé par Marc Agrippe. 6
Temple de Pantheon dedié à Iupiter Vengeur. 6
Temple de Venus Genitrice dedié par Auguste à Iule Cesar. 210
Temple de Vertu. 33
Temp

Temple de la Deesse Felicité. 111
Temple de la Desse Victoire. 166
Temple de Pieté. 125
Temple de Santé. 107
Temple dresse à Auguste Cesar en Alexandrie. 61
Temple du Soleil. 191
Temple faict à la Terre par les Romains. 128
Temple superbe de Fortune à Preneste. 202
Temples d'Antinous magnifiques, l'vn en Arcadie & l'autre sur le bort du Nil edifiez par Hadrian l'Emp. 211
Temples de Concorde. 21
Temples de Iupiter Vlteur, Olympique & Tonant. 39
Temples de Mars. 206
Temples de Vesta de forme ronde. 216
Temples dressez à la Deesse Rome. 161
Temples erigez à l'honneur d'Auguste. 63
Teste de Clemence figurée aux medailles de Tibere Cesar. 125
Teste de Iustice representée par les medailles de Tibere. 113
Testes des victimes despouillées de leur chair, insculpées par les Romains aux frises de leurs temples. 292
Theodosian Empereur Chrestien. 220
Thya arbre odorant entre les delices des Anciens. 224
Thyrsus, baston que porte ordinairement Bacchus. 135
Tibere Cesar fondateur des Augustales. 246
Tigre, animal consacré à Bacchus. 134
Tite Liue auoit veu fermer les portes du temple de Ianus. 16
Torches de tede en vsage pour les sacrifices des Anciens. 285
Tous biens consistent en silence & taciturnité. 271
Trasymedes sculpteur excellent. 103
Tripos d'Apollo. 197. 241
Triumuirs

Triumuirs des monnoyes des Romains. 116
Trois manieres de purgation des Anciens. 268
Tullius Hostilius augmenta le nombre des Salies. 238
Tunique des prebstres Romains. 279

V

Vases antiques de voirre trouuez en Daulphiné. 225
Veilles des Romains changées par Constantin le Grand en prieres qui se font de iour. 295
Veneration d'Albinus homme populaire à l'endroit des vierges Vestales. 219
Venus comme paincte des Anciens. 207
Venus Deesse de beauté. 208
Venus Genitrice. 210
Venus Victrice. 207
Verbenes estimées heureuses aux sacrifices des Anciens. 271
Vers de Petrarque en la louënge d'Italie. 165
Vertigines in sacris à Numa institutæ. 275
Vertu d'Hercules triple. 179
Vertu du soulfre. 268
Vertu qu'estimerent les Anciens estre en l'oliue. 271
Vertu honorée & grandement prisée des Romains. 141
Vertu se contente de l'homme nud. 175
Vespasian l'Empereur, & Tite son fils triompherent de la Iudée. 10
Vesta mise des Poëtes pour le feu. 220
Vestales estimées sacrosainctes. 220
Vestales ordonnées pour garder le feu perpetuel. 219
Victime qui se iettoit entiere dedans le feu aux grands sacrifices. 299
Victoire Britannique de Seuerus. 22
Victoire Deesse paincte des Anciens sans aisles. 168

Victoire

Victoire pourquoy figurée tenant vn cornucopie. 167
Victoires nauales comme painctes des Anciens. 101
Visaige d'Apollo accompaigné de deux serpens. 193
Visaige de Neptune painct differemment par les Anciens. 97
Visaiges de Rome & de Constantinoble figurez aux medailles de Constantin l'Emp. 156
Vne partie de nostre religion prise & translatée des cerimonies Aegyptiennes & des Gentilz. 312
Vœux publicques des Romains. 252. 258
Vœux escripts en marbre & tables dairain. 254
Vœux quinquennales, decennales, vicenales, tricenales & quadricenales des Romains. 255
Vsaige de la chair ne sert de rien pour la santé. 268

X

Xenodôrus Statuaire tresexcellent. 154
Xylon, espece de lin. 273

F I N.

INDICE DES MEDAILLES ET REVERS TANT DES Grecs, Consuls Romains, Triumuirs des monnoyes, que des Empereurs & Imperatrices, representez en cest œuure.

Et premierement des Grecs.

Medaille d'Alexandre Roy des Epyrotes. 43
Medaille des Atheniens. 48
Autre medaille des Atheniens. 48
Medaille de Lysimachus. 49
Autre med. de Lysimachus. 49
Reuers d'vne medaille Grecque frappée en l'honneur de Iupiter. 53
Medaille des Syracusiens. 56
Medaille frappée en l'honneur de Diane. 85
Medaille du Roy Agathocles. 90
Medaille frappée en l'honneur de Sybele. 91
Medaille des Tarentins. 100
Medaille du Roy Demetrius. 102
Reuers d'vne medaille des Epidauriens. 105
Medaille frappée en l'honneur de Liber. 135
Medaille d'vne Princesse des Macedoniens. 175
Reuers d'vne medaille faicte en l'honneur d'Hercules. 176
Medaille frappée en l'honneur d'Hercules. 180
Autre medaille d'Hercules. 180
Medaille coignée en l'honneur d'Apollo. 187
Medaille des Rhodiens. 192
Autre medaille des Rhodiens. 192
Reuers d'vne med. des Rhodiens. 192
Autre reuers d'vne medaille desdicts Rhodiens. 192

Medail

Medailles des Consuls Romains & Triumuirs.

Medaille frappée en l'honneur de Ianus. 18
Medaille de Petillius. 40
Reuers d'vne medaille de Lucius Cotta. 45
Medaille de Lucius Lentulus & Caius Marcellus. 56
Medaille de Pansa. 61
Reuers d'vne medaille de Pansa. 131
Autre reuers d'vne med. de Pansa. 131
Medaille de Lucius Hostilius. 80
Medaille de Geta Triumuir. 80
Medaille de Caius Postumus. 81
Medaille de Marcellinus. 83
Medaille de Aulus Postumus. 86
Medaille de Caius Volteius. 92
Medaille de Marc Agrippe. 7
Autre medaille de Marc Agrippe. 99
Reuers d'vne med. dudict Agrippe. 96
Autre reuers dudict Marc Agrippe. 96
Medaille de Quintus Creper. 101
Medaille de Marcus Valerius Acilius Triumuir. 106
Reuers d'vne medaille de Brutus. 110
Medaille de Titus Carisius. 115
Reuers d'vne medaille de Marcus Herennius. 123
Reuers d'vne med. de Caius Memmius. 130
Reuers d'vne med. de Marcus Volteius. 130
Medaille de Caius Mamilius Limeanus. 152
Medaille frappée en l'honneur de Rome. 159
Autre medaille à l'honneur de Rome. 164
Medaille de Sextus Po. 159
Medaille de Lucius Hostilius Saserna. 167
Reuers d'vne medaille de Quintus Cincinnius Triumuir. 175
Reuers d'vne med. de Caius Antius. 176
Reuers de Caius Poblicius Quinti filius. 176
Medaille de Lucius Plautius. 193
Reuers d'vne medaille de Lucius Cinna. 206
Reuers d'vne medaille de Clodius. 215

Medaille de Quintus Caßius. 216
Medaille de Lentulus Spinter. 231
Autre medaille de Lentulus Spinter. 232
Medaille de Claudius Caldus. 240
Medaille de Longinius Triumuir. 280
Medaille frappée en l'honneur d'Isis. 306

Medailles des Empereurs.

IVLE CESAR.

Teste de Iule Cesar. 122. 228

Reuers.

CAIVS COSSVTIVS MARIDIANVS A.A.A. F.F. 116
Aeneas qui porte son pere Anchises. 122
Teste de la Deesse Venus. 209
Autre teste de Venus. 209
Une Venus. PVBLIVS SEPVLLIVS MACER. 210
AVGVR, PONTIFEX MAXIMVS. 228
Enseignes de l'Augure. 228

POMPEE LE GRAND.

Teste de Pompée. 122

Medailles.

Un nauire, & lettres, MAGNVS IMPERATOR ITERVM.
Reuers. *Neptune qui frappe les monstres marins.* PRAEF. CLAS. ET ORAE MARIT. EX SC. 98
Teste de Neptune.
Reu. *Trophée naual.* 98

MARC ANTOINE III. VIR.

Teste de Marc Antoine. 191

Medailles.

Teste de la Concorde.
Reu. *Deux mains iointes & le caducée.* 23
Medaille, ou des deux costez sont les enseignes de l'Augure. 229
Marc Antoine en habit d'Augur.
Reu. *Teste du Soleil.* 231

Reuers,

Reuers.

Serpens qui embrassent vne are. 24
Autres serpens qui embrassent vne are. 24
Temple du Soleil. 191

AVGVSTE TRIVMVIR.

Teste d'Auguste estant encores Triumuir. 24

Reuers.

SALVS GENERIS HVMANI. 24

AVGVSTE CESAR.

Teste d'Auguste Cesar. 15. 16. 46. 62. 117

Medailles.

Auguste deifié, DEO AVGVSTO.
Reu. *Temple.* AETERNITATIS AVGVSTAE CVSTODI. 63
Teste de Diane.
Reu. *Temple erigé par Auguste à l'honneur de Diane.* 83
AVGVSTVS TRIBVNICIA POTESTATE.
Reu. C. PLOTIVS RVFVS III. VIR AERE, ARGENTO, AVRO FLAVO FERVNTO. 117

Reuers.

Ianus auec deux visaiges. 15
Deux mains qui tiennent deux cornucopies & vn caducée. PAX. 16
Temple. IOVI OLYMPICO. 39
Temple. IOVI TONANTI. 39
Vne Aigle. AVGVSTVS. 45
Temple de Iuno. IVNONI. 46
Temple. COMMVNIS ASIAE. ROMAE, ET AVGVSTO. 62
Vne are. PROVIDENTIA. 65
Vne are. CONSECRATIO. 65
Diane. IMPERATOR DECIES. SICILIA. 82
Diane. IMPERATOR VNDECIES. SICILIA. 82
Vn Neptune. 97
VICTORIA AVGVSTI. 102
C. CASSIVS CELER III. VIR AERE, ARGENTO, AVRO FLAVO FERVNTO. 116

M. SALVIVS OTHO TRIVMVIR AERE, ARGENTO, AVRO FLAVO FERVNTO. 117
Victoire qui porte l'enseigne du Labarum. 169
BALBVS PROPRAETOR. 175
DIVOS IVLIVS. 189
SALVS GENERIS HVMANI. 189
Temple. MARTI VLTORI. 206
Temple. MARTI VICTORI. 207
Temple. S. P. Q. R. 207
Venus auec son char tiré par deux Cupido. L. IVLI L. F. 210
Temple. DIVO IVLIO. 211
Les Anciles. P. STOLO. III.VIR. 239
Fulgure de Iupiter. 262

TIBERE.

Teste de Tibere. 113

Reuers.

PACE AVGVSTI PERPETVA. 14
MEDAILLON.
Temple dressé en l'honneur d'Auguste. 63
MEDAILLON.
Temple erigé pour l'eternité d'Auguste. AETERNITATIS AVGVSTAE. 63
Teste de Iustice. IVSTITIA. 113
Teste de Clemence. CLEMENTIAE. 126

C. CESAR DICT CALIGVLA.

Medaille.

PIETAS.
Reu. *Temple.* DIVO AVGVSTO. 63

Reuers.

Le chappeau enseigne de liberté. 110

CLAVDIVS CESAR.

Teste de Claudius. 70

Reuers.

Reuers.

Deification de Claudius Cæsar. 70

Temple. COMMVNIS ASIAE. ROMAE ET AVGVSTO. 77

Temple. DIANAE EPHESIORVM. 77

Les balances. 118

CLAVDIVS NERO.

Teste de Nero. 187

Reuers.

ARA PACIS. 14

Temple de Ianus. 17

Autre temple de Ianus. 17

IVPITER CVSTOS. 60

La Choüette sus vne are. 104

Sacrifice à Aesculapius. 105

Une balance. ΕΠΙ ΚΛΑΥΔΙΟΥ ΜΙΟΡΙΛΑΤΟΥ. 118
MEDAILLON.

Les Bacchanales. 136

GENIO AVGVSTI. 148

ROMA. 161

ΑΠΟΛΛΩΝ ΣΩΤΗΡ. 187

Un temple. 214

Temple de Uesta. 216

Autre temple de Uesta. 216

SERGIVS GALBA.

Reuers.

LIBERTAS PVBLICA. 110

FELICITAS PVBLICA. 154

SILVIVS OTHO.

Reuers.

Deesse de Paix. 132

VITELLIVS CESAR.

Reuers.

HONOS ET VIRTVS. 34

Un

Un Aesculapius. 104
CLEMENTIA IMPERATORIS GERMANICI. 126
QVINDECIM VIR SACRIS FACIVNDIS. 198
XV. VIR SACR. FAC. 198
Tripos d'Apollo. 198. 241
MARS VICTOR. 204

VESPASIAN.

Teste de Vespasian. 163

Reuers.

Temple de Paix. 10
Trophée de la Iudée. IVDAEA. 10
IVDAEA CAPTA. 11
IVD. CAP. 11
IVDAEA CAPTA. 11
PAX AVGVSTI. 12
PAX AVGVSTI. 13
FIDES PVBLICA. 31
IOVIS CVSTOS. 60
Vne are. PROVIDENTIA. 65
NEPTVNO REDVCI. 97
Victoire nauale. 102
PAX AVGVSTI. 132
Le Caducée de Mercure. 153
Rome assise sus sept montaignes. ROMA. 162
VICTORIA AVGVSTI. 168
Tripos d'Apollo. 198. 241
VESTA. 215
VESTA. 215

TITE VESPASIAN.

La teste de Titus Vespasianus. 125

Reuers.

Temple de Paix. 10
IVDAEA CAPTA. 10

IVDAEA

IVDAEA CAPTA. 11
PAX AETERNA. 13
PROVIDENTIA AVGVSTI. 68
PIETAS AVGVSTA. 125
AETERNITAS AVGVSTI. 126
CONGIARIVM TERTIVM POPVLO ROMANO IMPERATORI DATVM. 138
FELICITAS PVBLICA. 154
VICTORIA AVGVSTI. 108
Un temple. 214

DOMITIAN.

Teste de Domitian. 103

Reuers.

PACI AVGVSTI. 12
FIDEI PVBLICAE. 31
VIRTVTI AVGVSTI. 35
IOVI VICTORI. 53
IOVI SERVATORI. 57
SALVTI AVGVSTI. 108
Romulus & Remus qui tetent la louue. 158
VICTORIA AVGVSTI. 167
VICTORIA AVGVSTI. 167
Une Victoire. 167
Sacrifice. LVDOS SAECVLARES FECIT CONSVL DECIMVMQVARTVM. 261
Autre sacrifice. LVD. SAEC. FEC. COS. XIIII. 261
Autre sacrifice. 261
Temple. LVD. SAEC. FEC. COS. XIIII. 262

TRAIAN.

Reuers.

Enseignes militaires. S. P. Q. R. OPTIMO PRINCIPI. 28
Temple. IOVI OPTIMO MAXIMO. 39
PROVIDENTIA AVGVSTI, SENATVS, POPVLIQVE ROMANI. 67
Une colonne. S. P. Q. R. OPTIMO PRINCIPI. 71
La Deesse Liberté. 110

Y

CONGIARIVM SECVNDVM DATVM POPVLO. 138
Vn Hercules. 174
Teste de l'Orient. 193
SENATVS POPVLVSQVE ROMANVS FORTVNAE REDVCI. 200
Vne Fortune. 200
FOTVNAE REDVCI. 201

HADRIAN.

Teste d'Hadrian l'Empereur. 7. 20

Reuers.

Vn temple. ΚΟΙΝΟΝ ΙΣΙΟΥΝΙΑΣ. 7
Ianus Quadriforme. 20
SECVRITAS POPVLI ROMANI. 26
SPES AVGVSTA. 26
SPES POPVLI ROMANI. 29
FIDES EXERCITVVM. 30
Aigle qui porte la teste de Iupiter. 45
Aigle qui porte auec ses aisles la teste de Iupiter & de Iuno. 45
Iupiter Ammon. 51
IVSTITIA. 114
PIETAS. 121
AETERNITAS AVGVSTI. 127
AETERNITATI AVGVSTI. 127
LIBERALITAS AVGVSTI. 140
Romulus & Remus qui tetent vne louue. 159
Rome Victorieuse. 163
Vn Hercules. 174
Hercules qui tient Anteus. 174
FORTVNAE AVGVSTI. 200
Mars. 205
Vn Victimaire qui meine vn mouton à l'autel. 278

ANTINOVS.

La teste d'Antinous. 212. 213

Reuers.

Reuers.

MEDAILLONS.

Temple. ΑΔΡΙΑΝΟΣ ΩΚΟΔΟΜΗΣΕΝ. 212

Vn mouton. 213

Mercure & le cheual Pegasus. 215

ANTONIN PIE.

La teste d'Antonin Pie. 43

Reuers.

La Deesse Esperance. 29

Une Aigle, vn Paön & la Chouëtte. 43

Vn Iupiter. 57

TEMPLVM DIVI AVGVSTI RESTITVTVM. 64

Temple dressé en l'honneur d'Hadrian l'Empereur. 64

S. P. Q. R. OPTIMO PRINCIPI. 71

Colonne. DIVO PIO. 71

Tabernacle de la consecration des Empereurs. 72

Diane des Ephesiens. 78

SYBELE. 92

SALVTI AVGVSTI. 106

TEMPORVM FELICITAS. 112

PIETAS. 121

PIETATI AVGVSTI. 124

MEDAILLON.

Les Bacchanales. 136

GENIO SENATVS. 149

ROMVLO AVGVSTO. 160

ITALIA. 164

ITALIA. 164

APOLLINI AVGVSTO. 188

Une Fortune. 200

Mars Victeur. 204

MARTI VLTORI. 205

ANCILIA. 239

VOTA SVSCEPTA VICENALIA. 259

Le fulgure. PROVIDENTIAE DEORVM. 262

PIETAS AVGVSTI. 306

MARC AVRELE.

Reuers.

CONCORDIA AVGVSTORVM. 22
HONOS. 34
VIRTVS AVGVSTI. 35
IOVI VICTORI. 53
Iupiter Victeur. 53
Tabernacle. CONSECRATIO. 72
CONSECRATIO. 75
Minerue Pacifere. 95
La Santé qui sacrifie à Aesculapius. 106
MEDAILLON.
Minerue qui sacrifie à Aesculapius soubs la figure du serpent. 107
PIETAS AVGVSTORVM. 124
LIBERALITAS AVGVSTI SEPTIMA. 139
La Deesse Rome. 163
MEDAILLON.
VICTORIA AVGVSTI. 173
VOTA. 256
PIETAS AVGVSTI. 306

MARC AVRELE ET AELIVS VERVS.

ANTONIVS AVGVR TRIVMVIR REIPVBLICAE CONSTITVENDAE.
Reu. ANTONINVS ET VERVS AVGVSTI RESTITVTORES LEG. SEX. 228

COMMODE CESAR.

Teste de Commode l'Empereur. 129. 181. 182

Reuers.

CONCORDIAE. 22
FIDES EXERCITVVM. 31
ΑΡΤΕΜΙΣ ΕΦΕΣΙΑΝ. 78
MINERVAE PACIFERAE. 95
MEDAILLON.
SALVS. 107
MEDAILLON.
TELLVS STABILIS. 129

VICTO

VICTORIA BRITANNICA. 273
MEDAILLON.
Un Hercules. 176
MEDAILLON.
HERCVLI ROMANO AVGVSTO. 181
HERCVL. ROMAN. AVGV. 182
COLONIA LVCII ANTONINI COMMODIANA. 182
HERCVLES ROMANVS CONDITOR. 182
Une Victoire qui corone Commode l'Empereur, accõpaigné de l'Aegypte, qui tient vne sphere. 307

AELIVS PERTINAX.

Reuers.

PROVIDENTIAE DEORVM. 67
CONSECRATIO. 76

SEPTIMIVS SEVERVS.

Teste de Seuere l'Empereur. 69

Reuers.

VIRTVTI AVGVSTI. . 35
S. P. Q. R. OPTIMO PRINCIPI. 69
RESTITVTOR VRBIS. 70
FVNDATOR PACIS. 70
INDVLGENTIA AVGVSTORVM. 91
FELICITAS PVBLICA. 12
MEDAILLON.
MARTI PACATORI. 204
MEDAILLON.
Un Mars. 204
Un temple. 214
VOTA PVBLICA. 252

ANTONINVS GETA.

Teste de Anto. Geta, fils de Seuere l'Empereur. 148

Reuers.

INDVLGENTIA AVGVSTORVM. 91
NOBILITAS. 148
FORTVNAE REDVCI. 201
VOTA PVBLICA. 252
SACRA SAECVLARIA. 261

M. AVR. ANT. CARACALLA.

Teste de Caracalla Empereur. 23

Reuers.

CONCORDIAE AVGVSTORVM. 23
PROVIDENTIAE DEORVM. 68
TEMPORVM FELICITAS. 112
Un Apollo. 188
Un Mars. 205
VENVS VICTRIX. 208
Sacrifice. 254

HELIOGABALVS.

Reuers.

SVMMVS SACERDOS AVGVSTI. 199
INVICTVS SACERDOS AVGVSTI. 199

ALEXANDER SEVERVS.

La teste d'Alexander Seuerus fils de Mammea. 55

Reuers.

MEDAILLON.
Temple. IOVI VLTORI. 39
Effigie de Iupiter aßis au milieu des quatre elemens. 55
IOVI PROPVGNATORI. 58
PROVIDENTIA AVGVSTI. 68
IVSTITIA AVGVSTI. 114
LIBERALITAS AVGVSTI QVARTA. 140
MARS VLTOR. 205

MAXIMINVS.

Reuers.

CONCORDIA MILITVM. 25

GORDIAN.

Reuers.

VIRTVS AVGVSTI. 35
IOVI CONSERVATORI. 57
IOVI CONSERVATORI. 57

IOVI

IOVI VLTORI. 58
IOVI STATORI. 59
AEQVITAS AVGVSTI. 114
LIBERALITAS AVGVSTI QVARTA. 139
MARTEM PROPVGNATOREM. 205

PHILIPPE.

Reuers.

FIDES EXERCITVVM. 28
VIRTVS AVGVSTORVM. 35
IVNONI CONSERVATRICI AVGVSTI. 46
IOVI CONSERVATORI AVGVSTI. 52
DIANAE CONSERVATRICI AVGVSTI. 84
DIANAE CONSERVATRICI AVGVSTI. 84
AEQVITAS AVGVSTORVM. 114
AETERNITAS AVGVSTORVM. 128
LIBERO PATRI CONSERVATORI AVGVSTI. 137
LIBERALITAS AVGVSTORVM TERTIA. 140
ROMAE AETERNAE. 161
Temple. SAECVLVM NOVVM. 162

VALERIAN.

La teste de Valerian l'Empereur accompaignée de celles de ses deux filz Gallien & Valerian. 105

Reuers.

IOVI CRESCENTI. 52
Trois temples. ΤΡΙΣ. ΝΕΩΚΟΡΩΝ ΝΙΚΟΜΗΔΕΩΝ. 105

GALLIEN.

Reuers.

Cheual de Neptune. NEPTVNO. 101
LIBERO PATRI CONSERVATORI AVGVSTI. 137
APOLLINI COMITI. 190

POSTHVMIVS.

Reuers.

MERCVRIO PACIFERO. 153

HER

HERCVLI MACVSANO. 174

CLAVDIVS.

Reuers.

GENIVS EXERCITVVM. 149
MARS VLTOR. 205

QVINTILLIS.

Reuers.

CONCORDIA EXERCITVVM. 25

FL. IVL. CRISPVS.

La teste de l'Empereur Crispus. 257

Reuers.

VOTA DECENNALIA CAESARVM NOSTRORVM. 253
BEATA TRANQVILLITAS. 257

AVRELIANVS.

Reuers.

SOLI INVICTO. 190
ORIENS AVGVSTI. 193

TACITVS.

Reuers.

TEMPORVM FELICITAS. 112

FLORIANVS.

Reuers.

PROVIDENTIA AVGVSTI. 68

PROBVS.

Reuers.

CONCORDIA MILITVM. 25
PROVIDENTIA AVGVSTI. 68
Temple. ROMAE AETERNAE. 162
SOLI INVICTO. 190

DIOCLETIAN.

Reuers.

VIRTVS MILITVM. 35

IOVI STATORI AVGVSTORVM. 59
SACRA MONETA AVGVSTORVM ET CAESARVM NOSTRORVM. 115
VOTA TRICENALIA. 253

MAXIMIANVS.

Reuers.

IOVI CONSERVATORI. 58
PROVIDENTIA DEORVM. QVIES AVGVSTORVM. 68
VOTA TRICENALIA. 253

MAXENTIVS.

Reuers.

Temple. CONSERVATORI VRBIS AETERNAE. 162
Autre temple. CONSERVATORI VRBIS AETERNAE. 162
VICTORIA AVGVSTI LIBERATORIS ROMANORVM. 171
VICTORIAE DOMINORVM NOSTRORVM AVGVSTORVM ET CAESARVM. 255

LICINIVS.

Reuers.

IOVI CONSERVATORI AVGVSTORVM NOSTRORVM. 58

CONSTANTIN LE GRAND.

Reuers.

MEMORIA FELIX. 65
GENIO POPVLI ROMANI. 149
VRBS ROMA. 165
CONSTANTINOPOLIS. 165
VOTA VICENALIA DOMINI NOSTRI CONSTANTINI MAXIMI AVGVSTI. 253
VICTORIAE DOMINORVM NOSTRORVM AVGVSTORVM ET CAESARVM. 255
VOTA POPVLI ROMANI. 255

CONSTANS.

Reuers.

MONETA AVGVSTI. 115
FELIX TEMPORVM REPARATIO. 171

CONSTANTIVS.

Reuers.

SALVS DOMINORVM NOSTRORVM AVGVSTORVM LVCET. 171

DECENTIVS.

Reuers.

SALVS DOMINORVM NOSTRORVM AVGVSTORVM LVCET. 171

VICTORIA DOMINORVM NOSTRORVM AVGVSTORVM ET CAESARVM. 255

IVLIANVS.

Reuers.

VOTIS DECENNALIBVS, MVLTIS VICENALIBVS. 253

TRIVMPHVS CAESARIS. 253

VALENS.

Reuers.

VOTIS TRICENALIBVS, MVLTIS QVADRICENALIBVS. 257

THEODOSIVS.

Reuers.

VOTIS TRICENALIBVS, MVLTIS QVADRICENALIBVS. 257

LOYS IIII.

Medailles.

Une croix. LVDOVICVS, IMPERATOR.

Reu. *Temple.* CHRISTIANA RELIGIO. 119

Une autre croix. LVDOVICVS IMPERATOR.

Reu. BITVRIGES. 120

Reuers.

LVGDVNVM. 120

METALLVM. 120

Medailles des Imperatrices.

DOMITIA.

La teste de Domitia, femme de Domitian l'Empereur. 124

Reuers.

PIETAS AVGVSTAE. 124

PLOTI

PLOTINA.

Teste de Plotine femme de Traian l'Empereur. 31

Reuers.

FIDES PVBLICA. 31

SABINA.

Teste de Sabine femme d'Hadrian. 124

Reuers.

PIETAS AVGVSTAE. 124

FAVSTINA.

Reuers.

IVNONI REGINAE. 47
IVNONI REGINAE. 47
IVNONI REGINAE 47
CONSECRATIO. 75
CONSECRATIO. 76
MATRI DEVM MAGNAE. 92
AETERNITAS. 127
Deux elephants, qui tirent le chariot de Faustine deifiée. 128
AETERNITAS. 128

FAVSTINE LA IEVNE.

Teste de Faustine, fille de Marc Aurele, & femme de Lucius Verus. 27

Reuers.

CONCORDIA. 27
TEMPORVM FELICITAS. 111
SAECVLI FELICITAS. 111
Un Paön. 46
FECVNDITAS AVGVSTAE. 158
VENVS. 208
Temple de Vesta, & les Vestales qui sacrifient. 217

LVCILLA.

Teste de Lucille fille d'Antonin Pie. 157

Reuers.

IVNONI LVCINAE. 157

MEDAILLON.

Temple de Vesta, & les Vestales, qui sacrifient à la Deesse. 217

CRISPINA.

Reuers.

MEDAILLON.
VOTA PVBLICA. 254

IVLIA PIA.

Teste de Iulia Pia femme de Seuerus l'Empereur. 108

Reuers.

IVNO. 47
DIANA LVCIFERA. 79
LVNA LVCIFERA. 79
MATER DEVM. 92
PVDICITIA. 108
AETERNITAS IMPERII. 128
VESTA. 215

PLAVTILLA.

Teste de Plautille femme de Antoninus Caracalla. 28

Reuers.

CONCORDIA FELIX. 28
VENVS VICTRIX. 208

IVLIA MAMMEA.

Reuers.

FECVNDITAS AVGVSTAE. 158

SEVERINA.

Reuers.

CONCORDIAE MILITVM. 25

MACNVRBICA.

Reuers.

VENVS VICTRIX. 208

Medail

F. I N.

CE QVE LE PRVDENT LECTEVR pourra corriger en ce present œuure.

A la page 14. *ligne* 10. *tu liras*, & des bonnes sciences. *à la pag.* 23. *lig.* 2. *lis*, se pourra veoir la teste de la Concorde d'vn costé, &. *pag.* 29. *lig.* 4. *ostez ces mots*, & de Plotine. *pag.* 33. *lig.* 29. cor. *pag.* 38. *lig.* 8. & sa haste de l'autre. *pag.* 42. *lig.* 19. En celle. *pag.* 50. *lig.* 18. conduisant son armée. *pag.* 72. *lig.* 15. au second chapitre. *pag.* 88. *lig.* 15. *ostez ce mot*, que. *pag.* 123. *lig.* 13. & de Sabine femme d'Hadrian. *pag.* 143. *lig.* 12. serf. *pag.* 169. *lig.* 10. LIBERATORIS. *pag.* 223. *lig.* 3. prunas. *pag.* 245. *lig.* 15. glycymeridas. & *lig.* 20. & bures. *pag.* 251. *lig.* 29. ἐπιπέδησαι. *pag.* 275. *lig.* 12. Suyuants telle coustume Isiaque lon diroit. *pag.* 281. *lig.* 2. προθήματα. 282. *lig.* 6. se nommoyent ὀλαι: & ὀυλαχύσαι quand. & *lig.* 7. *sic miscellaneam.* *pag.* 310. *lig.* 16. à leur reception. Et à la table, en l'enumeration des medailles d'Auguste Cesar tu trouueras MARTI VICTORI pour VLTORI.

Lecteur, tu ne te doibs esbair, si l'auteur de ce present œuure a souuentesfois vsé des propres mots, qu'il a trouué corrompus par les medailles Grecques: ce qu'il a fait pour ne rien changer, adiouster, ou diminuer de l'Antiquité: & lesquels tu pourras ainsi corriger.

ΖΕΥΣ ΕΛΕΙΟΣ. *pa.* 55
ΑΡΤΕΜΙΣ ΕΦΕΣΙΩΝ. 77. 78
ΕΡΕΤΡΙΕΩΝ ΔΑΜΑΣΙΑΣ. 84
ΤΡΙΣ ΝΕΩΚΟΡΟΙ ΝΙΚΟΜΗΔΕΩΝ. 105
ΛΥΩΝ. 135
ΔΩΡΟΝ ΔΙΟΝΥΣΩ. 135

Au Lecteur.

LEcteur, la medaille qui ſe treuue auoir eſté miſe apres celle de Nero à la pag. 105. ou eſt inſculpé le Serpent & vne are, eſt demeurée ſans interpretation pour l'abſence de l'Auteur, laquelle depuis il a faict mettre cy deſſoubs en la maniere que s'enſuit.

L'inſcription Grecque de ΑΥΤΟΚΡΑΤΩΡ Ο ΥΑΛΕΡΙΑΝΟΣ, ΓΑΛΛΙΕΝΟΣ, Ο ΥΑΛΕΡΙΑΝΟΣ ΚΑΙΣΑΡΕΣ, ne nous monſtre autre choſe, que la medaille, que feit frapper Valerianus l'Empereur auecques la figure de ſon viſaige, & celle de ſes deux enfans Gallienus & Valerianus. Et du coſté du reuers ſe treuuent painćts trois temples, au milieu deſquels ſe monſtre vn autel enuironné & ceint d'vn ſerpent, auecques lettres qui diſent, ΤΡΙΣ ΝΕΩΚΟΡΟΙ ΝΙΚΟΜΗΔΕΩΝ: pour monſtrer que c'eſtoyent trois Cuſtodes deſdićts temples, qui faiſoyent prieres pour la ſanté (qui eſt ſignifiée par le ſerpent) aux Empereurs deſſus nommez.

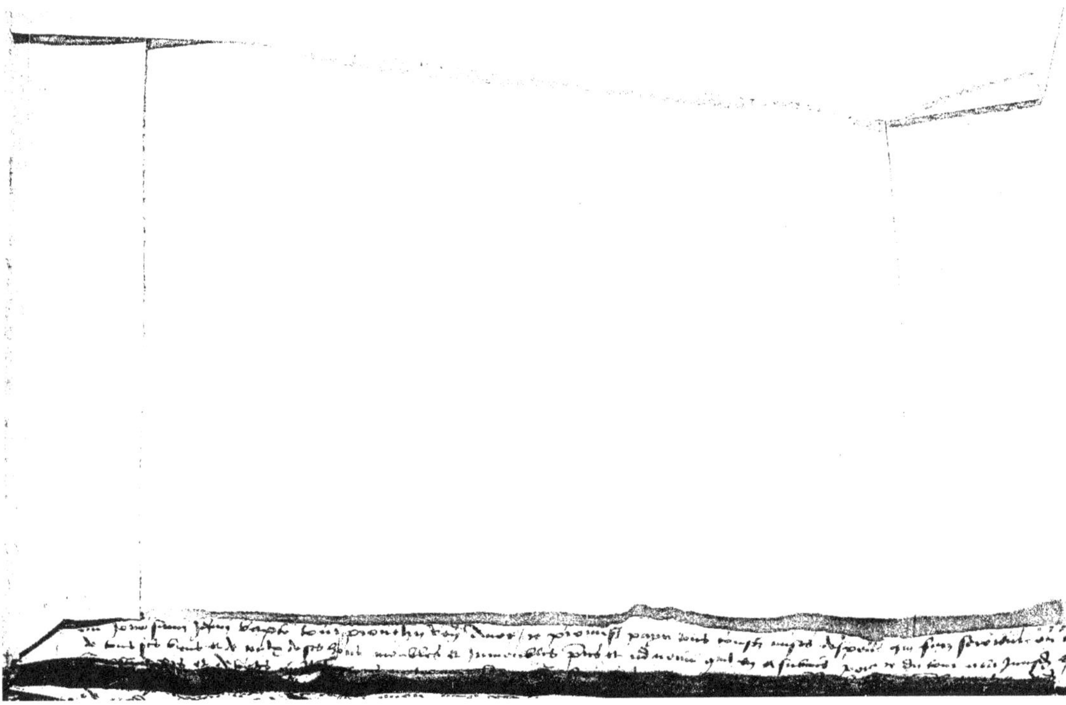

www.ingramcontent.com/pod-product-compliance
Lightning Source LLC
Chambersburg PA
CBHW071936240426
43669CB00048B/1663